실무에서 꼭 필요한

엑셀 함수
Q&A

이용학 지음

(주)교학사

실무에서 꼭 필요한
엑셀 함수 Q&A

2015년 7월 10일 초판 1쇄 인쇄
2015년 7월 20일 초판 1쇄 발행

펴낸곳   (주) 교학사
펴낸이   양진오
주 소   (공장) 서울특별시 금천구 가산디지털1로 42 (가산동)
         (사무소) 서울특별시 마포구 마포대로14길 4 (공덕동)
전 화   02-707-5310(편집), 02-839-2505/707-5147(영업)
팩 스   02-707-5316(편집), 02-839-2728(영업)
등 록   1962년 6월 26일 〈18-7〉

교학사 홈페이지   http://www.kyohak.co.kr

➜ **책을 만든 사람들**
저 자 이용학   기 획 교학사 정보산업부   디자인 송지선   표지디자인 장성현

* 예제파일 다운로드 방법은 이 책의 맨 뒤쪽에 있습니다.

PREFACE
머리말

엑셀의 기초를 익히고 실무에서 자신이 필요한 시트를 만들려면 제일 먼저 부딪히는 어려움이 함수식입니다. 엑셀을 오랫동안 전문적으로 사용해온 사람들에게도 함수식은 그리 만만한 문제가 아닙니다. 하지만 함수식을 잘 활용하면 아주 다양한 자동화 문서를 만들 수 있습니다.

본서에서는 함수들의 기능을 하나씩 설명하는 것이 아니라 실제 업무에 적용된 함수식들을 설명하고 있습니다. 함수식을 잘 구성하는 제일 빠른 방법은 많은 실제 함수식 사례를 살펴보는 것이라는 사실을 오랜 경험을 통해 알게 되었습니다.

자신이 처리하는 작업에 따라서는 본서가 제공하는 완성된 함수식을 그대로 사용할 수도 있을 것이며 또는 유사한 작업의 경우를 찾아 본서의 함수식을 조금만 수정하면 자신의 함수식으로 쉽게 만들 수 있을 것입니다.

함수가 익숙하지 않은 상태에서 처음부터 혼자 함수식을 만드는 어려움을 본서가 다소 덜어 줄 수 있을 것으로 기대합니다. 끝까지 읽어주셔서 고맙습니다.

저자 이용학

CONTENTS 목차

PART 01 함수식 사용의 기초 지식

SECTION 001 함수식에 사용되는 연산자와 연산의 우선순위 ····· 14
SECTION 002 절대주소와 혼합주소를 편하게 입력하는 방법 ····· 17
SECTION 003 입력하다가 함수의 형식을 알아보는 방법 ····· 19
SECTION 004 함수식을 복사하는 2가지 방법 ····· 20
SECTION 005 함수식을 수정하는 2가지 방법 ····· 22
SECTION 006 복잡한 함수식을 분석하는 방법 ····· 23
SECTION 007 수식 에러를 추적하는 편리한 도구들 ····· 25
SECTION 008 수식에서 발행하는 7가지 에러와 해결책 ····· 28
SECTION 009 에러 없이도 계산이 잘못되는 6가지 경우 ····· 31
SECTION 010 이름을 만드는 3가지 방법과 이름의 규칙 ····· 36
SECTION 011 이름 정의의 3가지 비밀 ····· 39
SECTION 012 이름을 사용해서 많은 데이터를 한번에 입력하는 방법 ····· 42
SECTION 013 여러 시트의 동일 범위에 하나의 이름 부여하기 ····· 43
SECTION 014 시트를 구분하지 않는 이름 만들기 ····· 45
SECTION 015 다른 시트나 다른 워크북의 셀을 참조하는 방법 ····· 47
SECTION 016 날짜와 시간의 계산 원리 ····· 48
SECTION 017 배열 상수와 배열식의 의미 ····· 49

PART 02 날짜와 시간 처리하기

SECTION 018 불규칙한 날짜를 빠르게 입력하려면 ····· 56
SECTION 019 2개의 날짜 간격을 년수, 월수, 일수로 계산하려면 ····· 58
SECTION 020 총 작업시간이 주어진 프로젝트 마감일을 계산해요 ····· 59
SECTION 021 오늘의 당직자를 자동으로 체크하려면 ····· 60
SECTION 022 휴일을 제외한 근무일수를 구해 임금을 지불하려면 ····· 61
SECTION 023 빠른 마감일을 찾아 작업 착수일을 결정하려면 ····· 62
SECTION 024 주민등록번호로 출생년도와 나이, 성별을 구하려면 ····· 63
SECTION 025 주민등록번호로 "1966년 10월 5일생"처럼 기록하려면 ····· 64
SECTION 026 수 많은 날짜에 한번에 분기를 표시하려면 ····· 65

SECTION 027	3월 결산, 9월 결산 법인의 경우에 분기 계산은?	66
SECTION 028	토요일, 일요일을 피해서 월말 결제일을 구해주세요	67
SECTION 029	날짜에서 해당 월의 일수를 구해 일일 평균을 구하려면	68
SECTION 030	다양한 기간의 어음 결제일을 구하려면	69
SECTION 031	기준일로부터 며칠, 몇 개월 후의 날짜를 구해요	70
SECTION 032	*월 *번째 *요일에 열리는 만년 행사표를 만들려면	72
SECTION 033	텍스트로 입력된 날짜를 엑셀의 날짜로 변신시켜요	74
SECTION 034	스핀 단추를 눌러 날짜를 설정하려면	75
SECTION 035	스크롤 막대로 날짜 구간을 지정하려면	77
SECTION 036	이 날은 올 초부터 따져서 몇 번째 주일까?	79
SECTION 037	다양한 과년도 날짜를 올해 날짜로 바꾸려면?	80
SECTION 038	숫자만으로 시간을 빨리 입력하려면	81
SECTION 039	2개 열의 숫자로 "시간:분" 만들고 총계를 구하려면	83
SECTION 040	시간을 구하는데 음수 때문에 에러가 나와요!	84
SECTION 041	시간을 1분, 1시간, 10분, 30분 단위로 정리하려면	85
SECTION 042	변치 않는 현재 날짜와 시간을 자동으로 기록하려면	86
SECTION 043	6개 열의 숫자로 년, 월, 일, 시, 분, 초 형식을 만들려면	87
SECTION 044	1개 셀에 기록된 날짜와 시간을 2개 열로 분리하려면	88
SECTION 045	날짜와 시간별로 일정표를 만들려면	89
SECTION 046	밤 12시를 넘는 임금을 계산하려면	91
SECTION 047	평일, 주말, 오버타임을 구분해서 임금을 계산하려면	92
SECTION 048	310분은 몇 시간 몇 분인가?	94
SECTION 049	52시간 20분은 며칠, 몇 시간, 몇 분?	95

PART 03 합계를 구하거나 집계표 만들기

SECTION 050	데이터가 입력된 행까지만 누계를 표시하려면	98
SECTION 051	- (음수)까지 모두 더해서 변동 회원수를 구하려면	99
SECTION 052	중간 합계를 제외하고 합계를 구하는 방법은?	100
SECTION 053	정수로 표시된 소수의 합계를 제대로 계산하려면	101
SECTION 054	특정 표시가 된 데이터만 합계를 구하려면	102
SECTION 055	기준 값 이상의 데이터와 기준 값 미만의 데이터 개수를 세려면	103
SECTION 056	여기저기 분산 기록된 직원의 판매량 합계를 구하려면	104
SECTION 057	판매 기록에서 사원별 집계표와 제품별 집계표를 만들려면	105
SECTION 058	판매 데이터를 제품별/사원별 2차 테이블로 정리하려면	107
SECTION 059	콤보상자로 선택해서 사원/제품별 판매액과 건수 구하기	109
SECTION 060	원본표에 데이터가 추가되면 자동 수정되는 집계표는?	111
SECTION 061	데이터를 요일별, 월별로 집계하려면	113
SECTION 062	여러 장의 월별 집계 시트를 빠르게 만들려면	115
SECTION 063	콤보 상자에서 선택해서 월별 집계표를 만들려면	117

SECTION 064	스크롤 막대로 날짜 구간별 집계표를 만들려면	119
SECTION 065	10월, 11월, 12월 시트를 더해서 4분기 시트를 만들려면	122
SECTION 066	500KB 처럼 단위가 있는 데이터의 단위별 합계는?	124
SECTION 067	데이터 순서가 다른 3개 표의 총괄표를 만들려면	125
SECTION 068	특정 데이터만 제외하고 합계를 구하려면	126
SECTION 069	특정 구간별로 합산하려면	127
SECTION 070	여러 개 표의 서로 다른 항목의 값을 더하려면	128
SECTION 071	처음부터 지정한 항목까지만 합계를 구하려면	130
SECTION 072	최상위 3개나 최하위 3개의 합계와 %를 구하려면	131
SECTION 073	특정 글자가 있는 데이터만 더하려면	132
SECTION 074	입력되는 금액과 수량의 누계가 계속 표시되게	133

PART 04 개수나 횟수 세기

SECTION 075	데이터 종류별로 건수를 구하려면	136
SECTION 076	데이터를 중복되지 않게 세려면	137
SECTION 077	0은 제외하고 세어서 평균을 구하려면	138
SECTION 078	평균 미만, 또는 평균 이상인 데이터의 개수는?	139
SECTION 079	딱 1번만 등장하는 데이터의 개수를 알려면?	140
SECTION 080	사원별로 당직 일수를 세어서 수당을 구하려면	141
SECTION 081	제품 코드에 섞여있는 숫자로 규격별 개수를 세려면	142
SECTION 082	특정 일 이후의 데이터 개수만 구하려면	144
SECTION 083	2차원으로 데이터 개수를 구하려면	146
SECTION 084	요일별, 월별로 데이터 개수를 구하려면?	147
SECTION 085	업체별 월별로 매출 건수를 구하려면	149
SECTION 086	7월 중 금요일에 5만원 이상 주문한 데이터 개수는?	150
SECTION 087	8월1일에서 8월10일 사이에 5만원 이상 판매한 건수는?	152
SECTION 088	시간대 별로 데이터 개수를 구하려면	154
SECTION 089	소수점 있는 데이터를 정수 구간 별로 카운트하려면	155
SECTION 090	특정 구간별로 개수를 구하려면	156
SECTION 091	값이 없는 데이터를 제외한 구간별 데이터 개수?	157
SECTION 092	특정 날짜와 시간에 속하는 데이터의 개수는?	158
SECTION 093	30분 단위로 나누어서 데이터 개수를 구하려면	159
SECTION 094	특정 월에 작성된 데이터의 개수를 세려면	160
SECTION 095	자료를 입력할 때 개수와 총액이 계속 표시되게	161
SECTION 096	도시별 데이터를 도별로 세려면?	162
SECTION 097	필터로 선택한 데이터만 개수와 합계를 구하려면	163
SECTION 098	주문횟수가 제일 많은 제품 이름과 주문 횟수는?	165
SECTION 099	기준 값이 바뀌면 다시 1부터 번호를 부여하려면	166
SECTION 100	빈 행은 제외하고 일련번호를 부여하려면	167

PART 05 텍스트 처리하기

SECTION 101	텍스트와 함께 기술한 숫자에 서식을 지정하려면?	170
SECTION 102	표의 제목과 오늘의 날짜를 같이 표시하려면	171
SECTION 103	텍스트 중간에 함수식을 사용하면 서식은 어떻게?	172
SECTION 104	4개 행에 기록된 값들을 묶어서 1개 행에 기록하려면	173
SECTION 105	코드를 참고해서 크기, 색상 등의 정보가 표시되게 하려면	174
SECTION 106	수량이 비어 있으면 금액도 공백이 되게 하려면	176
SECTION 107	괄호를 전부 없앤 후 "일반" 서식을 지정하려면	177
SECTION 108	1개 셀의 완전한 주소를 시, 구, 동 별로 소트하려면?	178
SECTION 109	주소에서 시, 구, 동까지만 추출하려면?	179
SECTION 110	지역과 상호를 분리해서 기록하려면	180
SECTION 111	"-" 앞부분 숫자만 10을 곱해 수정하려면	181
SECTION 112	"-" 문자 뒤의 부품코드로 단가를 입력하려면	182
SECTION 113	두 번째 "-" 문자 뒤의 값만 추출하려면	183
SECTION 114	완전한 주소에서 특정지역은 배송료에 "없음"을 기록하려면?	184
SECTION 115	전화 통화 목록에서 시외전화를 구분하려면	185
SECTION 116	"부장 이병재"를 "이병재 부장"으로 바꾸려면	186
SECTION 117	콤마로 구분된 데이터의 개수를 구하려면	187
SECTION 118	주민등록번호에서 뒷자리를 "*"로 표시하려면	188
SECTION 119	표의 제목과 차트의 도형 제목이 함께 바뀌려면	189
SECTION 120	양방향 문자 차트를 만들려면	190
SECTION 121	영문자의 첫 번째 문자만 대문자로 조절하려면	191
SECTION 122	사업자 번호를 "-"로 분리해 12개의 칸에 기록하려면	192
SECTION 123	세금계산서처럼 뒷자리부터 한 칸씩 채우려면?	193
SECTION 124	불필요한 공백을 정리하려면	194
SECTION 125	문자 사이에 "-" 문자를 삽입하려면	195

PART 06 값을 찾거나 가져오기

SECTION 126	데이터를 추가, 삭제하면 같이 변하는 콤보상자?	198
SECTION 127	주문번호만 선택하면 자동으로 완성되는 주문장	199
SECTION 128	제품을 선택하면 단가가 자동으로 입력되게	201
SECTION 129	운행 거리에 따라 임금을 지불하려면?	203
SECTION 130	우대고객과 일반고객을 구분해 할인율을 적용하려면?	204
SECTION 131	수평 테이블에서 직급별 기본급과 수당을 가져오려면	205
SECTION 132	기준표 없이 점수별 평점을 구하려면?	206
SECTION 133	사원 이름으로 인사 정보를 조회하려면	207
SECTION 134	직급별, 호봉별로 기본급을 가져오려면	209
SECTION 135	회사별 제품별 가격 조견표를 만들려면	210

SECTION 136	분기별로 최고 실적자와 최저 실적자를 찾으려면	212
SECTION 137	6개의 영업소 표에서 품목별 판매량을 가져오려면	214
SECTION 138	1반의 홀수, 2반의 짝수 학생은 1고사장으로	216
SECTION 139	3번째 등장하는 특정 항목의 데이터를 가져오려면	217
SECTION 140	3가지 항목으로 구분해 정보를 가져오려면	219
SECTION 141	3번째로 많이 팔린 제품의 정보를 가져오려면	221
SECTION 142	특정 시트의 값이 변하면 총괄 시트의 값도 변하게	223
SECTION 143	다른 시트에 있는 영업소별 매출표를 가져오려면	224
SECTION 144	제품별로 최고액 구매자 정보를 조회하려면	226
SECTION 145	2종류의 가격표에서 특정 제품의 가격을 찾으려면	228
SECTION 146	대리점 이름을 입력해서 그 대리점의 지역을 찾으려면	229
SECTION 147	제일 유사한 납품 가격과 업체 이름을 찾으려면	230
SECTION 148	이름을 선택해서 사진과 신상 정보를 가져오려면	232
SECTION 149	OA를 선택하면 OA 서적만 표시하는 이중 콤보상자	234
SECTION 150	한번 선택한 항목은 표시하지 않는 콤보상자?	236

PART 07   서식과 콤보상자로 데이터 관리하기

SECTION 151	1개 셀씩 건너서 색을 칠하려면	240
SECTION 152	1개 행씩 건너서 색을 칠하려면	241
SECTION 153	1개 열씩 건너서 색을 칠하려면	242
SECTION 154	2개, 3개 행씩 묶어서 색을 칠하려면	243
SECTION 155	2개, 3개 열씩 묶어서 색을 칠하려면	244
SECTION 156	3번째 행, 4번째 행마다 한번씩 색을 칠하려면	245
SECTION 157	2번째 열, 3번째 열마다 색을 칠하려면	246
SECTION 158	토요일과 일요일에만 노란색을 칠하려면	247
SECTION 159	특정 년 특정 월의 데이터만 굵게 표시하려면	248
SECTION 160	새로운 월이 시작될 때마다 색을 칠하려면	249
SECTION 161	특정 값 이상인 데이터만 색으로 구분하려면	250
SECTION 162	평균 값 이상인 특정 데이터를 구분하려면	251
SECTION 163	최대 값은 파란색, 최저 값은 빨간색으로 기록하려면	252
SECTION 164	값을 크기별로 3개 그룹으로 나누어 구분하려면	254
SECTION 165	제일 큰 값 3개와 제일 작은 값 3개를 구분하려면	255
SECTION 166	2번 또는 3번 이상 중복된 데이터를 구분하려면	257
SECTION 167	1번만 등장한 특정 데이터를 구분하려면	258
SECTION 168	콤보상자에서 선택한 데이터만 동적으로 색이 칠해지게	259
SECTION 169	데이터를 입력하는 행에 자동으로 테두리가 쳐지게	261
SECTION 170	중복 입력을 방지하려면	262
SECTION 171	토요일, 일요일의 입력을 거부하려면	263

| SECTION 172 | "A"로 시작해서 2자, "B"로 시작해서 3자만 입력되게 | 264 |
| SECTION 173 | 숫자만 또는 문자만 입력되게 하려면 | 265 |

PART 08 원하는 데이터만 추출하거나 값 구하기

SECTION 174	필터링할 때마다 다시 일련번호를 부여하려면	268
SECTION 175	추출한 데이터만 합계 금액과 거래 건수 등을 구하려면	269
SECTION 176	데이터를 추출해서 여러 항목의 통계 값을 구하려면	271
SECTION 177	데이터를 추출할 때마다 새로운 누계를 기록하려면	273
SECTION 178	인위적으로 숨기는 행을 합계에서 제외하려면	274
SECTION 179	특정 값 이상 특정 값 미만인 데이터만 골라내려면	275
SECTION 180	2개의 조건으로 데이터를 추출하려면	276
SECTION 181	2월의 자전거나 부천대리점의 롱스키만 추출하려면	278
SECTION 182	2월과 3월의 자전거 데이터만 추출하려면	280
SECTION 183	자전거 200대 이상, 롱스키 300대 미만만 추출하려면	282
SECTION 184	특정 년월부터 특정 년월까지의 데이터만 추출하려면	284
SECTION 185	평균 이상 데이터만 추출하려면	286
SECTION 186	2번 이상 중복되는 데이터만 추출하려면	288
SECTION 187	고급 필터에서 버튼만 누르면 데이터가 추출되게	290
SECTION 188	거래처와 상품명을 선택해 총 판매량과 총 금액을 구하려면	293
SECTION 189	거래처를 선택해서 총 금액과 최대, 최저 금액을 구하려면	295
SECTION 190	단가와 판매량을 기준으로 거래건수와 평균금액을 구하려면	297
SECTION 191	특정 월일부터 특정 월일까지의 데이터 개수와 값의 합계를 구하려면	298
SECTION 192	항목을 선택해서 해당 데이터를 조회하려면	299
SECTION 193	내 맘대로 조건을 구성하는 자동 검색기를 만들려면?	301
SECTION 194	특정 날짜로부터 특정 일 이후의 값만 계산하려면?	303

PART 09 자동화된 실무 차트 만들기

SECTION 195	콤보 상자로 선택한 월의 차트를 그리려면	306
SECTION 196	옵션 단추로 선택해서 해당 데이터의 차트를 그리려면	308
SECTION 197	목록 상자로 선택해서 해당 데이터 차트 그리기	310
SECTION 198	스크롤 막대로 선택한 값의 구간만 차트를 그리려면	312
SECTION 199	행을 선택하면 그 행의 데이터로 차트가 그려지게	315
SECTION 200	표에 추가되는 데이터도 자동으로 차트가 그려지게	317
SECTION 201	몇 개씩 데이터를 건너뛰면서 차트를 그리려면	319
SECTION 202	항상 마지막 7개 데이터만 차트를 그리려면	320
SECTION 203	온도계 차트를 만들려면	322
SECTION 204	게이지 차트를 만들려면	324

SECTION 205	좌우 대칭형 차트를 만들려면	326
SECTION 206	위, 아래 대칭형 차트를 만들려면	328
SECTION 207	간트 차트를 그리려면	329
SECTION 208	추세선을 표시하는 식을 표시하려면	331

PART 10 데이터 목록 처리하기

SECTION 209	함수식으로 오름차순(내림차순) 소트를 하려면	334
SECTION 210	역순으로 기록하려면	335
SECTION 211	중복되지 않게 데이터를 뽑으려면	336
SECTION 212	2개의 목록에서 2번째 목록에 없는 값만 추출하려면	337
SECTION 213	1차, 2차 표에 모두 있는 값만 추출하려면	338
SECTION 214	평균보다 큰 값만 추출하려면	339
SECTION 215	중복된 입력된 데이터를 골라내려면	340
SECTION 216	데이터 목록에 몇 번 등장하는지 알려면	341
SECTION 217	0은 제외하고 평균을 구하려면?	342
SECTION 218	평균에 가장 근접한 값은?	343
SECTION 219	특정 값 이상만 평균을 구하려면	344
SECTION 220	제품별로 수량 합계와 평균을 구하려면	345
SECTION 221	요일별로 판매액 합계와 평균을 구하려면	346
SECTION 222	동적으로 상위 N개의 합계와 평균을 구하려면	348
SECTION 223	동적으로 N개 이내에서 최대, 최소 금액을 구하려면	349
SECTION 224	팔릴 때마다 자동으로 재고가 조절되려면	350
SECTION 225	석차를 올바로 또는 거꾸로 구하려면	351
SECTION 226	데이터를 입력, 삭제할 때마다 동적으로 석차를 구하려면	352
SECTION 227	반별 석차와 학년별 전체 석차를 구하려면	353
SECTION 228	동점일 때 특정 점수로 석차를 조절하려면	354
SECTION 229	금액을 100원, 10원에서 반올림하려면	355
SECTION 230	금액을 100원 단위로 정리하려면	356
SECTION 231	소수 이하 자리에서 반올림, 올림, 내림을 하려면	357

PART 11 재무 계산 해결하기

SECTION 232	2천만원을 년 4%의 이율로 3년간 예치하면 얼마?	360
SECTION 233	500만원을 년리 10%로 예치하면 언제 1억이 될까?	361
SECTION 234	매월 50만원씩 월이율 1%로 적립하면 3년 후에는 얼마?	362
SECTION 235	천만원을 년리 7%로 3년간 빌리면 얼마를 갚아야 하나?	363
SECTION 236	당좌대월 상태에서 50만원씩 적립해서 1억이 되는 기간은?	364
SECTION 237	2년 후에 받을 3천만원의 권리는 얼마에 양도할 수 있을까?	365

SECTION 238	년간 4800만원의 임대수익이 있는 상가를 얼마에 사야?	366
SECTION 239	4개월 만기의 천만원짜리 어음을 950만원 받으면 할인율은?	367
SECTION 240	매월 250만원의 임대료 받는 상가는 얼마주고 사야 하나?	368
SECTION 241	2억에 산 임대 상가를 5년 후 3억에 팔면 수익률은?	369
SECTION 242	1억 6천만원짜리 임대 상가의 5년 후 매각 금액은?	370
SECTION 243	2천만원을 월 0.5% 이율로 3년 동안 상환하면 월 납입액은?	371
SECTION 244	월 상환 금액에 맞춰 대출 가능 금액을 알아보려면?	372
SECTION 245	주택 담보 대출의 상환 기간을 계산하려면?	373
SECTION 246	천만원을 빌리고 월 100만원씩 12개월 갚으면 이율은?	374
SECTION 247	2년 만기 7% 이율로 대출시 매회 이자는?	375
SECTION 248	2년 만기 7% 이율로 대출시 매회 상환 원금은?	376
SECTION 249	회차별 대출 원금, 이자, 누적 납입금, 잔액은?	377
SECTION 250	4회에서 6회까지 대출 이자 총계를 구하려면?	378
SECTION 251	4회에서 6회까지 대출 상환 원금 총계를 구하려면?	379
SECTION 252	정액법으로 차량의 감가상각비를 구하려면?	380
SECTION 253	정률법으로 차량의 감가상각비를 구하려면?	381
SECTION 254	년수 합계법으로 차량의 감가상각비를 구하려면?	382
SECTION 255	이중 체감법으로 차량의 감가상각비를 구하려면?	383
SECTION 256	명목 금리와 실질 금리를 변환하려면	384

PART 12 논리, 에러, 정보 처리하기

SECTION 257	점수대별로 평점을 부여하려면	388
SECTION 258	60점 미만의 과락 점수에 대해 "불합격" 처리하려면	389
SECTION 259	행사 참석자와 불참자를 구분하려면	390
SECTION 260	"서울", "경기"의 "디카" 구매자에게만 경품을 주려면	391
SECTION 261	한 과목이라도 공백이면 "재시험"을 기록하려면	392
SECTION 262	시간 계산에서 음수가 나오지 않게 하려면	393
SECTION 263	VLOOKUP 함수 사용시 #NA 에러를 없애려면	394
SECTION 264	작업 중인 시트의 완전한 경로 이름을 알려면	395
SECTION 265	현재 작업 중인 시트의 이름만 표시하려면	396
SECTION 266	작업 중인 엑셀 파일의 이름을 표시하려면	397

PART 13 업무에 바로 써먹는 실무 문서 만들기

SECTION 267	매입매출장 만들기	400
SECTION 268	금전출납부 만들기	403
SECTION 269	견적서와 거래명세서 만들기	405
SECTION 270	세금계산서 만들기	408

EXCEL **PART 01** 함수식

엑셀 함수
Q&A

사용의 기초 지식

Q&A

SECTION 001 함수식에 사용되는 연산자와 연산의 우선순위

함수식에는 크게 나누어 2 종류의 연산자를 사용할 수 있습니다. 하나는 일반 연산자이고, 또 하나는 참조 연산자입니다.

일반 연산자	+	덧셈
	-	뺄셈
	/	나눗셈
	*	곱셈
	%	퍼센트
	&	텍스트 연결
	^	지수승
	=	같다
	>	크다
	<	작다
	>=	크거나 같다
	<=	작거나 같다
	<>	같지 않다
참조 연산자	:	범위 지정
	,	합집합
	1개의 공백	교집합

먼저 참조 연산자 중 합집합과 교집합 연산자의 의미를 살펴봅시다.

샘플파일 : 기초1.xlsx

	A	B	C	D	E	F	G
1							
2	1	2	3				
3	4	5	6				
4	7	8	9				
5							
6		15	9				
7							

B6 = SUM(A2,B3,C4)

인수를 구분하기 위해서 사용하는 ,(콤마)도 하나의 연산자입니다. 콤마로 구분된 인수들은 그 인수들의 합집합을 의미합니다. 콤마는 그냥 인수 구분자로 생각해도 됩니다.

하지만 교집합을 의미하는 "1개의 공백"은 잘 볼 필요가 있습니다. 위의 예에서 두 번째 함수식은 인수로 지정된 두 개의 범위가 교차되는 범위인 A3, B3 셀의 합이 구해집니다.

이제 연산의 우선순위를 살펴봅니다. 여러 개의 연산자가 사용된 긴 식의 경우, 무조건 왼쪽부터 오른쪽으로 계산이 진행되는 것이 아닙니다. 엑셀에 정의되어 있는 우선순위에 따라 계산이 실행되며, 이 정해진 우선순위를 조절하는 역할을 하는 것이 ( ) 입니다. 예를 들어, 다음 식을 봅시다.

=A1 + B1* C1

이 식의 경우 * 연산자가 + 연산자 보다 우선순위가 높기 때문에 B1*C1이 계산된 후, 그 결과와 A1이 더해집니다. 그러나 다음과 같이 괄호를 사용하면 계산의 우선순위를 바꿀 수 있습니다.

=(A1 + B1) * C1

이 경우는 A1+B1의 결과에 C1이 곱해집니다.

PART-01 함수식 사용의 기초 지식

괄호가 없는 경우, 일반 연산자의 연산 우선순위는 다음과 같습니다.

우선순위	연산자	기능
높음	–	음의 부호
	%	퍼센트
	^	지수승
	*, /	곱셈, 나눗셈
	+, –	덧셈, 뺄셈
	&	텍스트 연결
낮음	=, <, >, <=, >=, <>	관계 연산자

함수의 인수는 괄호 안에 기술하며, RAND() 함수와 같이 인수가 하나도 없을 수도 있으나, 대부분은 1개 이상의 인수를 사용합니다. 또한 어떤 인수는 반드시 사용해야 하나, 어떤 인수는 생략할 수도 있습니다. 이런 인수의 종류는 다음과 같이 8가지로 나눌 수 있습니다.

- 셀주소
=PROPER(A1)

- 셀범위 주소
=AVERAGE(A1:A10)

- 이름
=SUM(Sales)

- 행이나 열 전체
=SUM(B:B)

- 숫자 값이나 텍스트
=SQRT(225)

- 연산식
=SQRT((A1^2) + (A2^2))

- 다른 함수
=SIN(RADIANS(A1))

- 배열
=OR(A1={1,2,3})

SECTION 002
절대주소와 혼합주소를 편하게 입력하는 방법

절대주소나 혼합주소를 입력할 때 F4 키를 사용하면 편리합니다.

1 수식을 입력하는 도중 또는 다음과 같이 모두 입력한 후, A1 뒤에 커서를 놓고 F4 키를 누릅니다. 그러면 절대주소로 변합니다.

SUM	▼	:	×	✓	fx	=$A$1+B1
	A	B	C	D	E	
1	10	20	=$A$1+B1			
2						
3						

2 다시 F4 키를 누르면 행 지정자만 변한 혼합주소가 됩니다.

SUM	▼	:	×	✓	fx	=A$1+B1
	A	B	C	D	E	
1	10	20	=A$1+B1			
2						
3						

③ 다시 F4 키를 누르면 열 지정자만 변한 혼합주소가 됩니다.

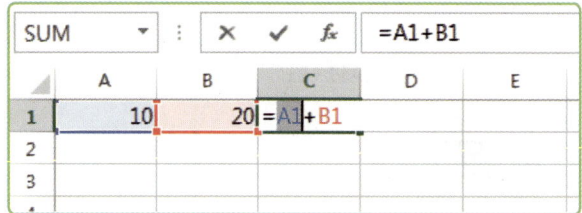

④ 이제 다시 F4 키를 누르면 상대 주소가 됩니다. 이 작업은 수식 입력줄에서 해도 됩니다.

입력하다가 함수의 형식을 알아보는 방법

함수식을 입력하다가 함수의 형식을 알아볼 수 있는 방법이 있습니다. 함수의 이름까지만 입력하고 Ctrl + A 키를 누릅니다.

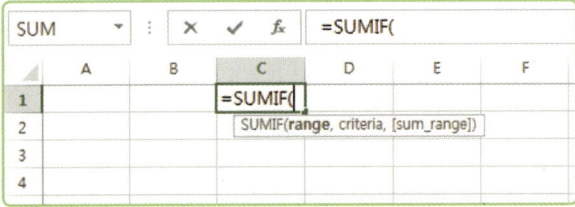

그러면 다음과 같이 [함수 인수] 창이 표시되어 형식을 알 수 있습니다.

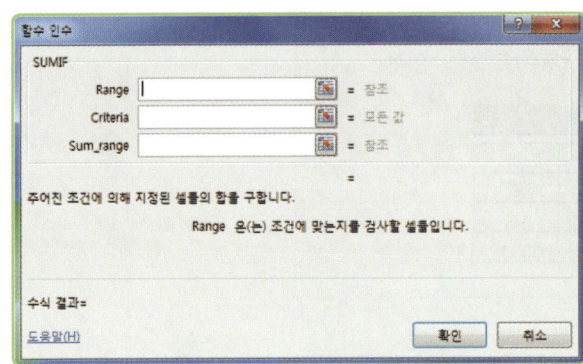

더 자세한 내용을 보려면 도움말을 클릭합니다.

샘플파일 : 기초2.xlsx

SECTION 004
함수식을 복사하는 2가지 방법

함수식을 복사하는 방법은 2가지가 있습니다. 첫 번째 방법은 함수식에 사용된 셀 주소가 변하지 않게 원본 그대로 복사하는 방법입니다. 두 번째 방법은 복사된 위치에 따라 셀 주소가 자동으로 알맞게 변하는 방법입니다. 이 책의 "완성" 시트에 있는 함수식을 복사해서 사용할 경우, 첫 번째 방법을 사용하는 것이 편합니다. 먼저 첫 번째 방법을 봅니다

1 함수식이 있는 셀을 클릭하고 수식 입력줄의 식을 블록으로 지정해서 Ctrl + C 키로 복사한 후 반드시 Esc 키를 누릅니다.

2 E6 셀을 클릭하고 Ctrl + V로 붙여넣기를 합니다.

복사된 함수식을 보면 인수로 사용된 셀 주소가 여전히 A6, B6 입니다. 함수식이 전혀 변화 없이 그대로 복사된 겁니다. 이제 수식 입력줄에서 인수를 수정해서 사용하면 됩니다.

두 번째 방법은 함수식이 복사되는 위치에 따라 인수로 사용된 셀 주소가 자동으로 알맞게 변합니다.

1 함수식이 있는 D6 셀을 클릭하고 `Ctrl` + `C` 키를 눌러 복사합니다. E6 셀을 클릭하고 메뉴에서 [파일][클립보드][붙여넣기][수식]을 클릭합니다.

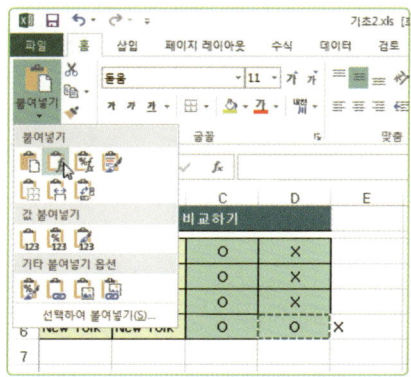

2 복사된 E6 셀을 클릭하고 수식 입력줄을 보면 함수식에 사용된 셀 주소가 B6, C6으로 변했습니다.

이 두 번째 방법은 인수로 사용된 셀 주소가 자동으로 변해서 편한 경우도 있지만, 위와 같이 모순이 발생할 수도 있다는 점을 주의해야 합니다.

샘플파일 : 기초3.xlsx

함수식을 수정하는 2가지 방법

함수식을 수정하는 2가지 방법이 있습니다.

① 첫 번째 방법은 다음과 같이 수식이 있는 셀을 더블클릭합니다. 그러면 그 셀의 위치에 수식이 표시되고, 수정을 할 수 있습니다. 또는 셀을 클릭하고 `F2` 키를 눌러도 됩니다.

② 두 번째 방법은 수식이 있는 셀을 클릭한 후 [수식 입력줄]로 가서 거기에 표시된 수식을 수정할 수 있습니다. 이 방법이 대체로 더 편합니다.

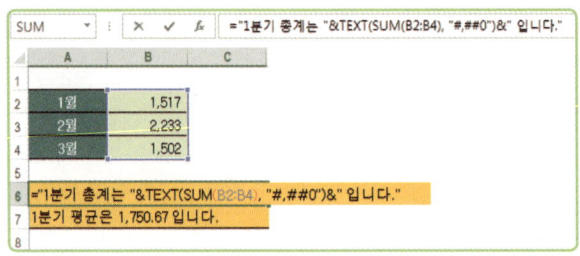

배열식인 경우는 수식을 수정한 후에 `Ctrl` + `Shift` + `Enter` 키를 눌러야 다시 제일 바깥의 중괄호가 입력됩니다.

샘플파일 : 기초.xlsx

복잡한 함수식을 분석하는 방법

괄호가 여러 겹 있는 복잡한 함수식을 이해하거나, 그런 함수식을 만드는데 도움이 되는 도구가 있습니다.

① 함수식이 있는 셀을 클릭하고 메뉴에서 [수식][수식 분석][수식 계산]을 선택하면 [수식 계산] 창이 나옵니다.

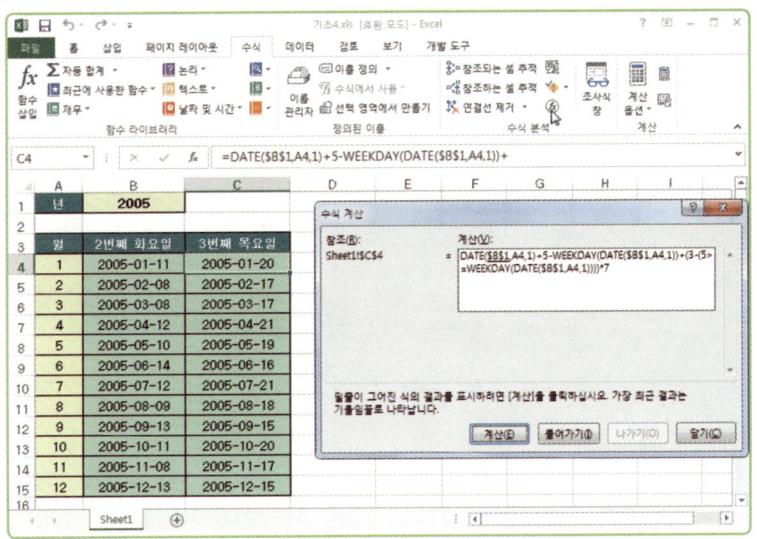

② [계산] 상자에 셀의 함수식이 표시됩니다. 아래의 [계산] 버튼을 클릭하면 제일 먼저 계산되어야 하는 항목부터 하나씩 밑줄이 표시되고 계산이 됩니다.

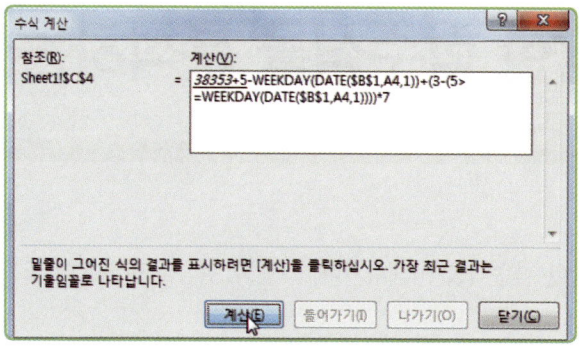

[계산] 버튼을 계속해서 클릭하면 모든 계산 단계를 살펴볼 수 있습니다. 모든 단계가 끝난 후에는 [계산] 버튼이 [다시 시작] 버튼으로 바뀌어 처음부터 다시 분석할 수 있습니다.

에러가 발생한 경우에도, 해당 함수식이 있는 셀을 클릭하고, 위와 같이 작업하면 어디에서 에러가 발생하는지를 쉽게 파악할 수 있습니다.

샘플파일 : 날짜1.xlsx

수식 에러를 추적하는 편리한 도구들

엑셀에는 복잡한 수식 에러를 잘 추적할 수 있도록 도와주는 도구들이 있습니다.

1 에러 셀을 클릭하고 [수식][수식 분석][오류 검사]를 클릭하면 [오류 검사] 창이 표시됩니다.

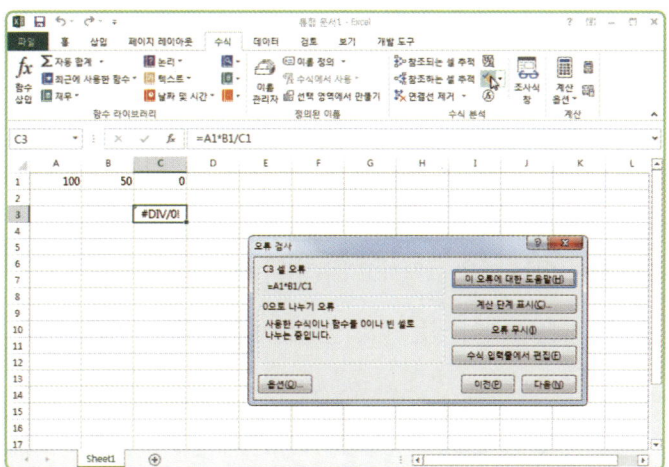

이 창에서 [계산 단계 표시]를 클릭하면 식이 한 단계씩 계산되어 오류가 발생하는 과정을 자세히 볼 수 있습니다.

❷ 에러가 발생한 셀을 클릭하고 [수식][수식 분석][참조되는 셀 추적]을 클릭하면 해당 수식에 동원된 셀들이 연결선으로 표시됩니다.

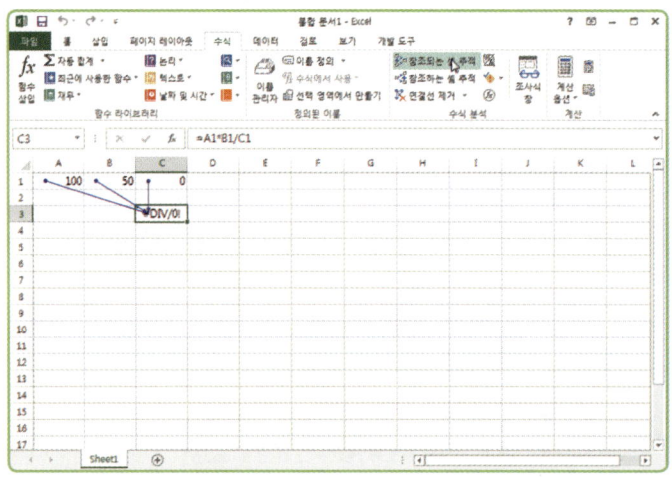

[연결선 제거]나 [연결선 제거][참조되는 연결선 제거]를 클릭하면 연결선이 없어집니다.

❸ 수식에 사용된 값이 있는 셀을 클릭하고 [수식][수식 분석][참조하는 셀 추적] 도구를 클릭하면 그 셀을 참조하는 수식이 있는 셀로 연결선이 표시됩니다.

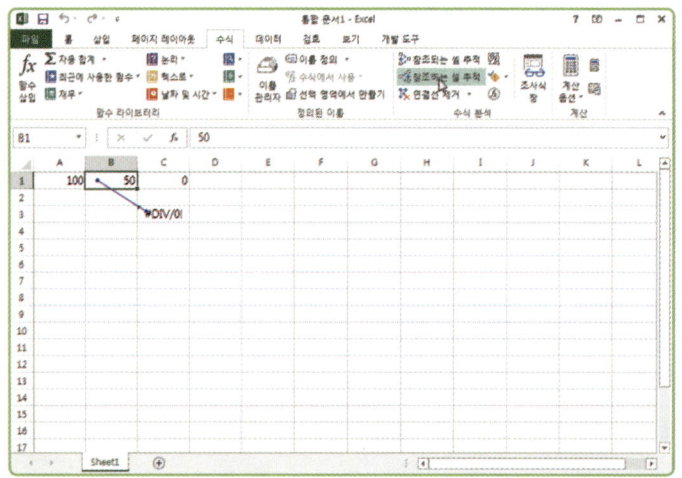

PART-01
함수식 사용의
기초 지식

[연결선 제거]나 [연결선 제거][참조하는 연결선 제거]를 클릭하면 연결선이 없어집니다.

4 그 외에도 메뉴에서 [수식] [수식 분석] [오류 검사]를 클릭하고 [오류 검사] 창에서 [옵션] 을 클릭하면 엑셀 옵션 창이 표시되어 오류에 관한 다양한 옵션들을 설정할 수 있습니다.

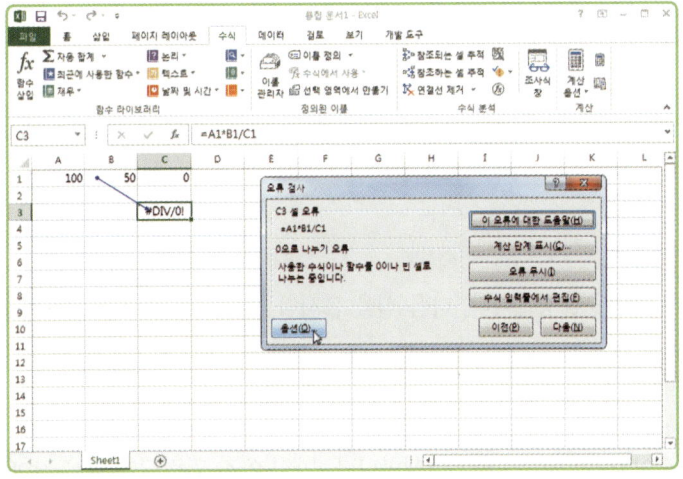

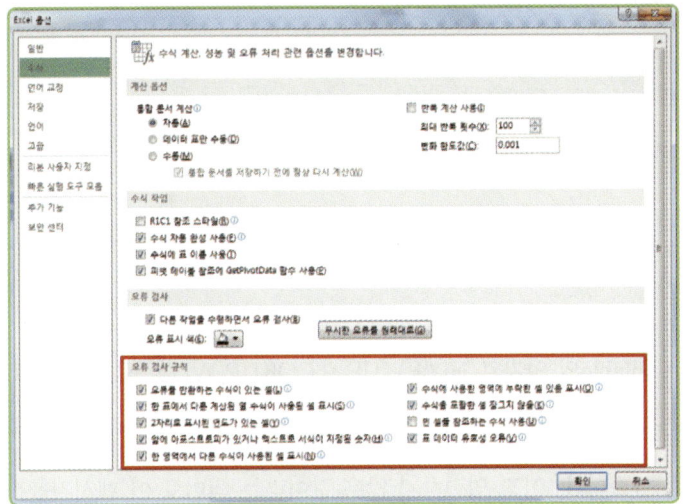

SECTION-007 | 수식 에러를 추적하는 편리한 도구들 • 27

SECTION 008 수식에서 발행하는 7가지 에러와 해결책

수식이나 함수식에서 발생할 수 있는 에러는 다음과 같이 7가지가 있습니다. 이 에러의 의미와 해결책을 알아봅시다.

① #DIV/0! 에러

이 에러는 0으로 나눌 때 발생합니다. 다음 식을 봅시다.

=(C1−B1)/C1

여기서 C1 셀의 값이 0이면 이 에러가 발생합니다. 만일 아직 입력되지 않은 값 때문에 이 에러가 발생하면 다음과 같은 식들을 사용하면 됩니다.

=IF(C1=0,"",(C1−B1)/C1)
=IF(ISERROR((C1−B1)/C1),"",(C1−B1)/C1)

② #N/A 에러

이 에러는 Not Available의 약자로 HLOOKUP, LOOKUP, VLOOKUP, MATCH와 같은 찾기 함수에서 일치하는 값을 찾지 못했을 때 발생합니다. =NA() 함수를 사용하면 이 에러 메시지를 임의로 표시할 수 있습니다. 아직 입력하지 않은 값이라는 의미로 이 메시지를 일부러 표시하기도 합니다.

③ #NAME? 에러

이 에러는 다음과 같은 경우에 발생합니다.

• **정의되지 않은 이름을 식에서 사용했을 경우**

이름을 정의해서 그 이름을 식에서 사용했는데 [이름 정의] 창에서 그 이름을 삭제한 경우, 그 이름이 기술되었던 곳을 엑셀이 자동으로 해당 셀 주소로 바꾸어 주지 않습니다. 그런 경우에도 이 에러가 발행하며, 사용자는 이름 대신에 셀 주소를 다시 기술해야 합니다.

• **함수의 이름을 잘못 기술했을 경우**

④ #NULL! 에러

이 에러는 흔히 2개의 셀 범위에 대한 교집합을 구하는데, 실제로 겹치는 부분이 없는 경우 많이 발생합니다. NULL은 비었다는 뜻입니다. 다음의 수식을 봅시다. 범위 지정 사이의 1개의 공백이 교집합 연산자입니다.

=SUM(A1:A5 A10:A15)

위 수식은 A1:A5 범위와 A10:A15 범위에서 서로 겹치는 셀들의 합을 구하는 식입니다. 하지만 겹치는 부분이 없으므로 이 식은 #NULL! 에러를 발생시키게 됩니다.

⑤ #NUM! 에러

이 에러는 다음과 같은 경우에 발생합니다.

• **숫자 인수를 지정해야 하는 함수에서 숫자가 아닌 인수를 지정한 경우**
• **다음과 같이 허용되지 않는 값을 함수의 인수로 지정한 경우**

=SQRT(−1)

- 재귀적인 반복 연산으로 계산이 끝나지 않는 경우
- 엑셀이 허용하는 범위의 큰 값(1E+307)이나 작은 값(-1E-307)을 넘는 값이 함수에서 반환되는 경우

❻ #REF! 에러

이 에러는 다음과 같이 셀 참조가 잘못되었을 때 발생합니다.

- 수식에서 사용되고 있는 셀을 삭제한 경우.

즉, D1 셀에서 =A1/B1 식을 사용했는데 A열이나 B열을 삭제하면 이 에러가 발생합니다.

- 수식 셀을 다른 셀로 복사하면서 상대참조가 잘못된 경우.

예를 들어, A2 셀에 있는 =A1-1 식을 복사해서 A1에 붙여넣기를 한 경우, 복사된 수식에서는 참조할 셀이 없으므로(A1 보다 앞에 있는 셀은 없으니까…) 이 에러가 발생합니다.

- 이미 수식에서 참조하고 있는 셀에 다른 값을 붙여넣기 했을 경우

❼ #VALUE! 에러

제일 자주 발생하는 에러입니다. 다음과 같은 경우에 발생합니다.

- 함수의 인수나 수식에 사용된 데이터 형식이 잘못된 경우.
- 함수의 인수에 셀 주소를 지정해야 하는데 셀 범위를 지정한 경우.
- 일부 함수가 실행되지 않은 경우.

시트를 삽입하거나 이동하면 가끔 이런 일이 발생합니다. 이 경우 Ctrl + Alt + F9 키를 눌러 강제로 재계산을 지시할 수 있습니다.

- 함수가 실행되면서 허용되지 않는 엑셀의 환경 값을 수정하거나, 다른 셀을 수정하는 경우.
- 배열식을 입력하고 Ctrl + Shift + Enter 키를 누르지 않아, 제일 바깥의 { }가 입력되지 않은 경우.

에러 없이도 계산이 잘못되는 6가지 경우

SECTION 009

일반 수식이나 함수식을 사용해서 계산 결과를 얻었고 에러 메시지도 없었습니다. 하지만 그런 경우에도 잘못된 결과인 경우가 있지요. 엑셀을 사용하면서 아주 조심해야 할 부분입니다. 잘 살펴봅시다!

① 스페이스 키로 공백 문자를 입력한 경우

다음의 함수식은 A1:A10 범위에서 비어 있지 않는 셀의 개수를 셉니다.

	A
1	1
2	2
3	3
4	4
5	
6	6
7	7
8	8
9	9
10	10
11	10

A11 셀: =COUNTA(A1:A10)

A11 셀의 결과를 보면 A5 셀이 비었는데도 비어있지 않은 셀의 개수가 10으로 표시됩니다. 이것은 비어 있는 A5 셀에서 스페이스 키를 눌렀기 때문입니다. A5 셀에는 아무 것도 없는 것처럼 보이지만 A5 셀에는 "공백 문자"가 들어 있는 것입니다. 즉, A5 셀은 빈 셀이 아닙니다. 그래서 COUNTA 함수의 결과에는 A5 셀도 포함됩니다.

② 절대주소와 상대주소의 지정에 따른 문제

다음 시트에서 C2, C3, C4 셀은 모두 가격(B열)에 세금을 더한 값을 표시해야 합니다. 그런데 C2 셀에 =B2+(B2*F1)과 같이 세율이 있는 F1 셀을 상대주소로 입력하고 C4까지 드래그했습니다.

[기초5.xlsx]

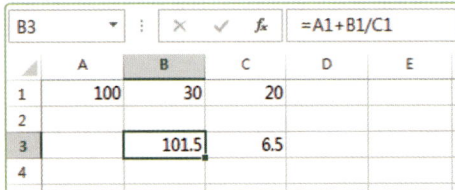

따라서 C3, C4 셀에서는 세율 대신에 할인율과 반품율이 곱해져 엉뚱하게 계산되었지만, 에러는 발생하지 않고 값도 비슷해서 알아채기 어렵습니다. 이런 문제는 상대주소가 기술된 셀을 복사하는 경우에도 많이 발생합니다. 상대주소가 기술된 셀은 복사되면서 복사된 위치에 따라 상대주소가 자동으로 조절된다는 점을 늘 염두에 두어야 합니다.

③ 연산의 우선순위 때문에 발생하는 문제

다음 식들을 봅시다.

괄호는 엑셀에 정의되어 있는 연산의 우선순위를 임의로 바꾸는 역할을 합니다. 첫 번째 식은 B1/C1의 결과에 A1을 더합니다. 그러나 두 번째 식은 A1+B1의 결과를 C1로 나눕니다. 이런 우선순위를 조심해야 합니다.

실제 값과 표시된 값의 사용에 따른 문제

모든 셀에 대해 [셀 서식] 창에서 [범주]는 "숫자"로 지정하고, [소수 이하 자릿수]는 3으로 지정했습니다. 그리고 C2에서 C4 셀에는 =1/3 식을 입력했습니다. C5 셀에는 =SUM(C2:C4) 식을 입력했습니다

[기초6.xlsx]

그런데 결과를 보면 1.000입니다. 0.999이어야 할 텐데…

이것은 SUM 함수가 C2, C3, C4의 실제 값을 사용했기 때문입니다. 즉, 1/3을 3번 더하니까 1이 되는 것입니다. 표시된 값은 서식 지정에 의해 표시되기 때문에 소수 이하 3자리를 표시하느라고 0.333으로 표시됩니다. 하지만 실제 입력된 값은 1/3이고, SUM 함수는 그 실제 값을 사용한 것입니다.

이 경우 표시된 값을 사용하려면 메뉴에서 [파일][옵션][고급][이 통합문서의 계산 대상]에서 "표시된 정밀도 설정"에 체크를 하면 됩니다.

하지만 한 가지 조심할 것이 있습니다. 이러한 설정은 시트에 있는 다른 숫자에도 영향을 미칩니다. 만일 어떤 셀에 있는 4.78이라는 값이 서식 지정에 의해 5로 표시되어 있는 상태에서 "표시된 정밀도 설정"에 체크를 하면, 4.78이라는 실제 값이 영원히 없어지고 5만 남습니다.

이런 혼란을 피하려면 소수 이하의 정밀한 계산을 할 때는, 미리 "표시된 정밀도 설정"에 체크를 해놓고 숫자를 입력하면 됩니다. 그 후 소수 이하 자리수를 조절할 필요가 있을 때는 ROUND 함수를 사용해서 조절합니다.

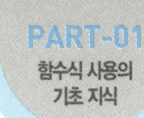

5 정밀도에 따른 오류

컴퓨터의 다른 연산과 마찬가지로, 엑셀도 내부적으로 모든 계산을 2진수로 합니다. 따라서 소수 이하 자리수가 많은 계산의 경우, 약간의 오차가 발생하게 됩니다. 대부분의 계산에서는 무시해도 되는 오차이나 문제를 발생시키는 경우가 있습니다. 다음의 예를 봅시다

[기초7.xlsx]

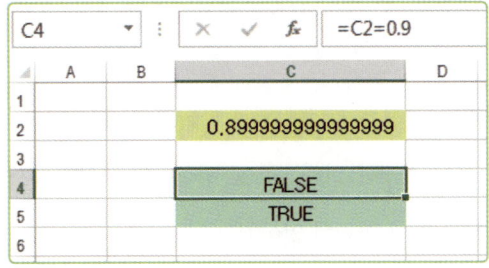

C2 셀에는 =(5.1-5.2)+1 식을 입력했습니다. 계산의 결과는 당연히 0.9가 되어야 하지만, [셀 서식] 창에서 소수이하 15자리까지 지정하면 위와 같은 값이 표시됩니다. 0.9가 아닙니다. 이것은 2진 계산에 따른 오차입니다. 대부분의 일반 연산에서는 이 정도의 오차가 문제를 일으키지 않습니다.

하지만 논리식의 경우는 다릅니다. =C2=0.9 식의 결과가 FALSE가 되는 문제점이 있습니다.

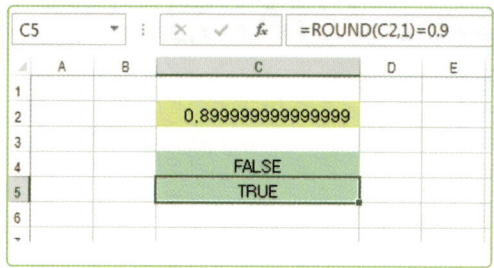

따라서 이렇게 소수 이하 정밀도가 높은 값을 논리식에서 사용할 때는 필요한 소수 이하 자리수를 미리 ROUND 함수로 조절해놓고 사용하는 것이 좋습니다.

6 휘발성 함수들이 제대로 재계산되지 않은 경우

엑셀에는 워크북을 열 때마다 다시 계산되는 함수들이 있습니다. 이 함수들은 한번 계산된 값을 계속 유지하는 것이 아니라, 워크북을 열기만 해도 매번 자동으로 다시 계산하기 때문에 휘발성 함수라고 합니다.

VBA 코드나 셀에서 이런 함수들을 사용한 경우는 Ctrl + Alt + F9 키를 눌러 강제로 재계산을 지시해 봅니다. 원인은 불분명하지만, 이 함수들이 제대로 재계산되지 않아 문제가 발생하는 경우가 있습니다. 휘발성 함수는 다음과 같은 것들이 있습니다.

RAND AREAS INDEX OFFSET CELL
INDIRECT ROWS COLUMNS NOW TODAY

010 이름을 만드는 3가지 방법과 이름의 규칙

[기초8.xlsx]

이름은 함수식을 간단하게 해줄 뿐만 아니라, 이름 없이는 불가능한 다양한 작업을 가능하게 해줍니다. 함수식에 익숙해지면 이름을 적극적으로 사용하는 것이 효율적입니다. 이름을 정의하는 3가지 방법이 있습니다.

1 첫 번째 방법은 다음과 같습니다.

	A	B	C	D	E	F
1						
2			바인더	펜	클립	
3		성만길	336,000	108,000	38,000	
4		구본성	168,000	0	283,000	
5		차현옥	154,000	0	26,000	
6		이성철	82,000	130,500	89,000	
7						

표 전체에 범위를 지정하고 [이름 상자]에 "표"라고 이름을 입력합니다. 이제 수식에서 "표"라고 사용하면 이 표 전체를 의미합니다. 물론 1개 셀에만 이름을 부여하려면 1개의 셀을 클릭하고 [이름 상자]에 원하는 이름을 입력해도 됩니다.

2 두 번째 방법은 다음과 같습니다.

메뉴에서 [수식][정의된 이름][이름 정의]를 선택합니다. [새 이름] 창에서 [이름]에 "표"를 입력하고 [참조대상] 안을 클릭한 후 표 전체를 드래그합니다. 그러면 [참조 대상]에 주소가 자동으로 표시됩니다. [확인]을 클릭합니다.

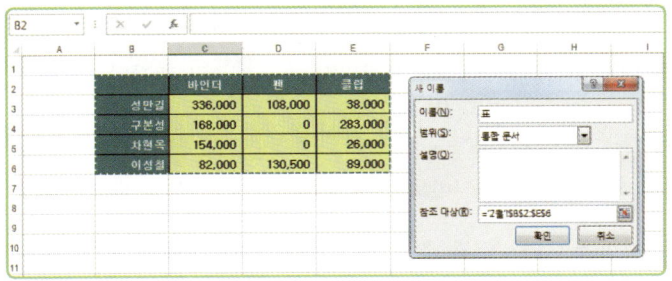

③ 세 번째 방법은 다음과 같습니다. 표에 범위를 지정한 후 메뉴에서 [수식][정의된 이름][선택영역에서 만들기]를 클릭합니다. [첫 행]과 [왼쪽 열]에 체크하고 [확인]을 클릭합니다.

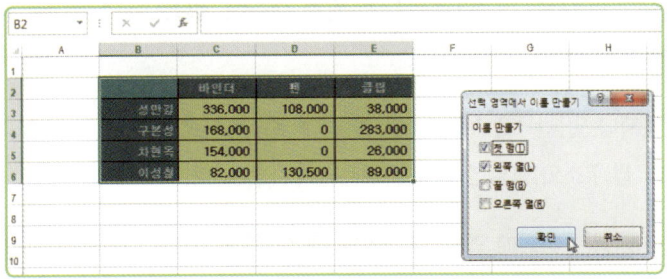

④ 이미 정의된 이름을 살펴보려면 메뉴에서 [수식][정의된 이름][이름 관리자]를 선택합니다. 그러면 정의되어 있는 이름이 표시되며 이름을 편집할 수도 있습니다.

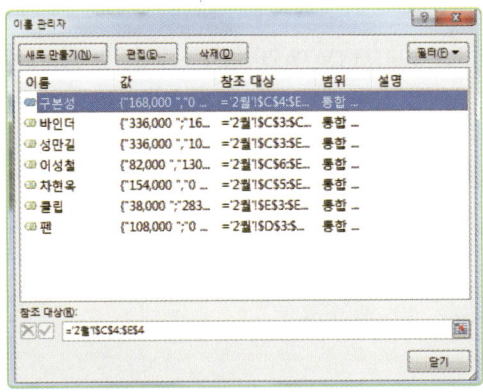

하지만 한 가지 조심할 것이 있습니다. 이러한 설정은 시트에 있는 다른 숫자에도 영향을 미칩니다. 만일 어떤 셀에 있는 4.78이라는 값이 서식 지정에 의해 5로 표시되어 있는 상태에서 "표시된 정밀도 설정"에 체크를 하면, 4.78이라는 실제 값이 영원히 없어지고 5만 남습니다.

이런 혼란을 피하려면 소수 이하의 정밀한 계산을 할 때는, 미리 "표시된 정밀도 설정"에 체크를 해놓고 숫자를 입력하면 됩니다. 그 후 소수 이하 자리수를 조절할 필요가 있을 때는 ROUND 함수를 사용해서 조절합니다.

5 이름은 다음과 같은 규칙에 의해 부여해야 합니다.

- 이름에 공백이 포함되어서는 안 됩니다. 대개 공백 대신에 밑줄(_)이나 점(.)을 사용합니다. 예를 들면 다음과 같습니다 : data_01 또는 data.01

- 이름은 반드시 문자나 밑줄(_)로 시작되어야 합니다. 즉, 숫자로 시작될 수 없습니다. 또한 문자의 경우도 A3과 같이 셀 주소와 동일한 이름은 사용할 수 없습니다.

- 이름에는 밑줄(_)과 점(.) 이외에 역슬래시(₩)와 물음표(?)를 사용할 수 있으나, 밑줄만 이름의 첫 번째 문자로 사용할 수 있습니다.

- 이름은 255자까지 사용할 수 있습니다. 하지만 가능한 의미 있는 간단한 이름을 사용하는 것이 좋습니다.

- 이름은 R자와 C자를 제외한 1개의 문자로 구성해도 됩니다. 그러나 좋은 방법은 아닙니다.

- 이름은 대소문자를 구별하지 않습니다. 따라서 DATA와 Data, data는 모두 동일한 이름으로 취급됩니다.

- 엑셀은 내부적으로 다음과 같은 이름을 사용하고 있기 때문에 이 이름들은 사용하지 않아야 합니다.

Print_Area, Print_Titles, Consolidate_Area,
    Database, Criteria, Extract FilterDatabase,
    Sheet_Title

[기초9.xls]

SECTION 011 이름 정의의 3가지 비밀

흔히 "이름을 정의해서 사용한다"고 말하지만, 실제로 잘 살펴보면 이름의 실체는 수식입니다

[이름 정의] 창에서 [참조 대상] 상자를 보면 =로 시작됩니다. 엑셀에서 모든 수식은 =로 시작합니다. 따라서 이름은 수식입니다.

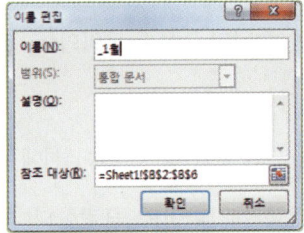

"**이름은 수식에 부여된 이름**"이라는 것은 아주 중요한 사실입니다. 그렇게 되면 우리는 함수식에도 이름을 부여해서 사용할 수 있게 됩니다. 확인해봅시다. 이미 이름이 정의되어 있는 시트에서 작업을 해봅니다.

메뉴에서 [수식][정의된 이름][이름 정의]를 선택해서 [이름 정의] 창을 부르고 [이름]에 "**이달**"이라는 이름을 입력합니다. [참조 대상] 상자에는 =MONTH(TODAY())를 입력한 후 [확인]을 클릭합니다.

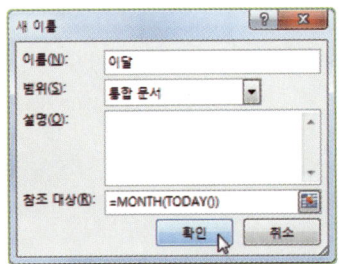

시트의 임의의 셀에서 아래와 같이 **=이달**을 입력하고 Enter 키를 누릅니다.

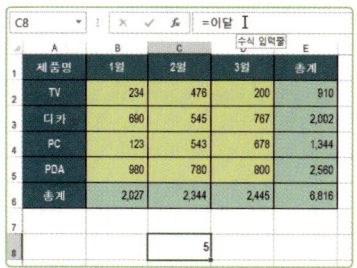

그러면 오늘의 달(5)이 표시됩니다.

이름 정의의 첫 번째 비밀은 이름은 단순히 셀 범위나 셀에만 부여할 수 있는 것이 아니라는 것입니다. 위와 같이 "**수식이나 함수식에도 이름을 부여할 수 있습니다.**" 이름 정의의 두 번째 비밀은 "**단순한 숫자에도 이름을 부여할 수 있다**"는 것입니다. 다음의 예를 봅시다.

메뉴에서 [수식][정의된 이름][이름 정의]를 선택해서 [이름 정의] 창을 부르고 [이름]에 **할인**이라는 이름을 입력하고, [참조 대상] 상자에는 수식 **=0.23**을 입력한 후 [확인]을 클릭합니다.

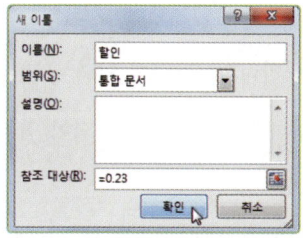

시트의 임의의 셀에서 **=E6*할인**을 입력하고 Enter 키를 누릅니다.

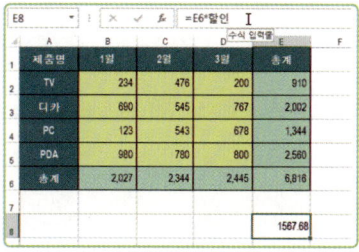

올바로 계산됩니다. 시트에는 보이지 않는 숫자를 사용하는 기법입니다.

마지막 세 번째 비밀은 "**텍스트에도 이름을 부여할 수 있다**"는 것입니다. 이 기능을 이용하면 자주 사용하는 긴 텍스트를 약자로 사용할 수 있습니다.

메뉴에서 [수식][정의된 이름][이름 정의]를 선택해서 [이름 정의] 창을 부르고 [이름] 상자에 "**주석**"이라는 이름을 입력하고, [참조 대상] 상자에는 **="이 시트는 3개월분의 데이터를 정리한 것입니다."**를 입력한 후 [확인]을 클릭합니다.

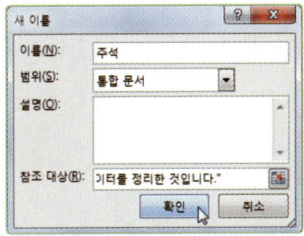

시트의 임의의 셀에서 **=주석**을 입력하고 Enter 키를 누릅니다.

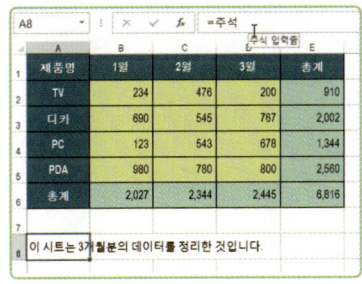

이름 정의에서 정의해둔 긴 텍스트가 표시됩니다. 자주 사용하는 긴 텍스트가 있으면 이런 식으로 이름을 정의해두고 사용하면 편합니다.

SECTION 012 이름을 사용해서 많은 데이터를 한번에 입력하는 방법

자주 입력해야 하는 데이터인데 내용이 많다면 배열 상수와 이름을 이용하면 편합니다.

메뉴에서 [수식][정의된 이름][이름 정의]를 선택해서 [이름 정의] 창을 부르고 [이름]에 "거래처"를 입력하고, [참조 대상] 상자에 아래와 같이 배열 상수를 입력한 후 [확인]을 클릭합니다.

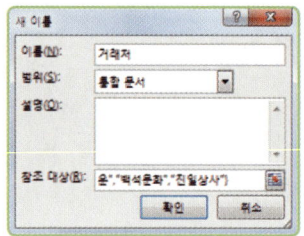

이제 시트에서 5개의 셀을 범위로 지정하고, =거래처를 입력한 후, Ctrl + Shift + Enter 키를 누릅니다. 그러면 이름으로 정의된 5개의 거래처 이름이 표시됩니다.

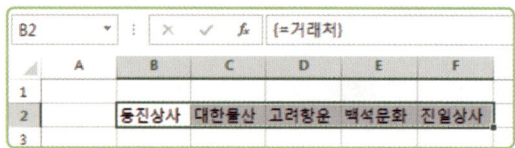

이렇게 배열 상수로 정의된 이름은 다음과 같이 INDEX 함수에서 사용할 수도 있습니다.

SECTION 013 여러 시트의 동일 범위에 하나의 이름 부여하기

[기초10.xlsx]

다음의 표를 봅시다. 1월의 표는 Sheet1에, 2월의 표는 Sheet2에, 그리고 3월의 표는 Sheet3에 기록되어 있습니다.

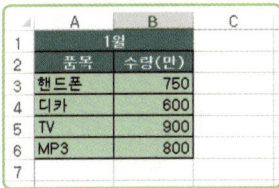 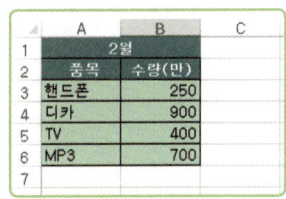 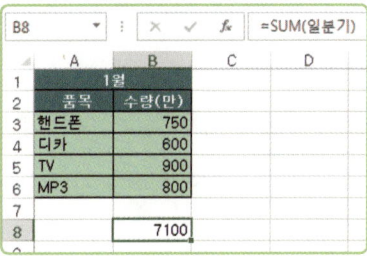

이 경우, 각 시트의 B3:B6에 동일한 이름을 부여할 수 있습니다. 즉, 이름 하나로 3개 시트의 B3:B6 영역을 모두 참조할 수 있습니다. 다음과 같이 하면 됩니다.

① Sheet1을 활성화시킵니다.

② 메뉴에서 [수식][정의된 이름][이름 정의]를 클릭해서 [이름 정의] 창을 부릅니다.

③ [이름] 상자에 **일분기**라는 이름을 입력하고, [참조 대상] 상자의 내용을 지운 후, Sheet1에서 B3:B6을 드래그해서 범위로 지정합니다. [참조 대상] 상자의 내용 변화를 주목하세요.

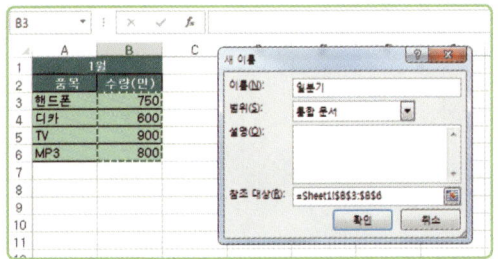

④ Ctrl 키를 누른 채 Sheet3 탭을 클릭합니다. [참조 대상] 상자의 내용이 어떻게 변하는지 주목하기 바랍니다.

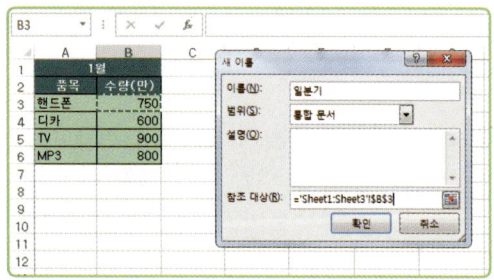

⑤ 다시 Sheet1의 B3:B6을 드래그해서 범위로 지정합니다. 그러면 [참조 대상 상자]에 최종적인 식이 표시됩니다.

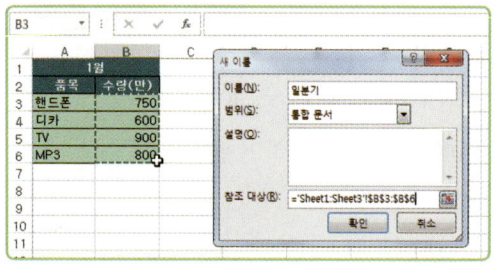

⑥ 이제 아무 시트에서나 다음과 같이 "**일분기**"라는 이름을 사용하면 Sheet1, Sheet2, Sheet3의 B3:B6의 값이 모두 하나의 이름으로 참조됩니다.

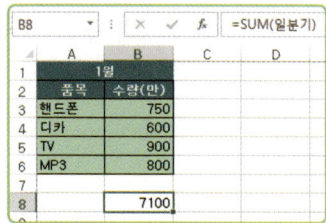

SECTION 014 시트를 구분하지 않는 이름 만들기

[기초11.xlsx]

이름을 정의하면 그 워크북 내의 시트에서는 어디서나 자유롭게 그 이름을 사용할 수 있습니다. 하지만 한 가지 불편한 점이 있습니다. 이름 정의는 절대주소로 구성되며 항상 셀 주소 앞에 시트 이름이 붙습니다.

따라서 예를 들어, Sheet1에서 B3:B6에 DATA라는 이름을 부여했다면, 다른 시트에서 DATA라는 이름을 사용해도 항상 Sheet1의 B3:B6 범위를 의미하게 됩니다. 이렇게 할 수는 없을까?

DATA라는 이름을 Sheet1에서 사용하면 Sheet1의 B3:B6을 참조한다.
DATA라는 이름을 Sheet2에서 사용하면 Sheet2의 B3:B6을 참조한다.
DATA라는 이름을 Sheet3에서 사용하면 Sheet3의 B3:B6을 참조한다.

이름이 사용되는 각 시트의 범위를 참조하게 하자는 것입니다. 다음과 같이 [이름 정의] 창의 [참조 대상]에 =!$B$3:$B$6을 기술하면 됩니다.

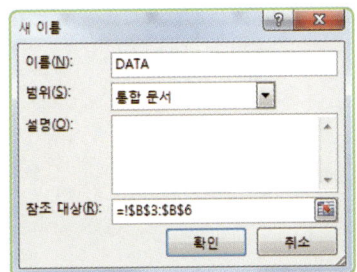

[참조 대상]에서 제일 앞의 시트 이름을 생략했습니다.

이제 각 시트에서 DATA라는 이름을 사용하면 DATA라는 이름은 각 시트의 B3:B6 범위를 의미합니다.

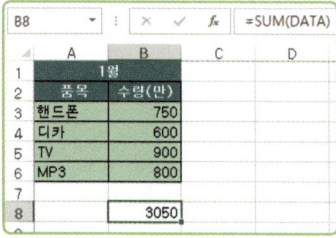 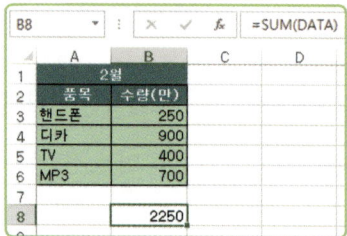

다른 시트나 다른 워크북의 셀을 참조하는 방법

- **동일한 워크북 내의 다른 시트에 있는 셀을 참조하는 경우**

다음과 같이 셀 주소 앞에 시트 이름과 시트 이름 구분자인 느낌표(!)만 추가하면 됩니다. 현재 BOOK1.xls 워크북의 Sheet1에서 작업 중이라고 가정하고 다음 식을 보세요.

=Sheet2!A1 + 1

이 식은 BOOK1 워크북의 Sheet2의 A1 셀에 1을 더한 값을 현재의 셀에 표시합니다.

- **다른 워크북의 셀을 참조하는 경우**

이 경우는 제일 앞에 워크북 이름을 추가해야 하며, 워크북 이름은 대괄호 안에 기술합니다. 다음 식을 보세요.

=[판매.xls]1월!A1 + 1

"판매.xls" 파일의 "1월" 시트에 있는 A1 값에 1을 더한 결과를 현재 셀에 표시합니다. 만일 파일 이름에 공백이 있는 경우는 다음과 같이 단일 따옴표 내에 파일 이름과 시트 이름을 기술합니다.

='[판매 데이터.xls]1월'!A1 + 1

위의 식들은 모두 파일이 열려 있다는 가정을 하고 있습니다.

- **파일을 열지 않고 다른 워크북의 셀을 참조하는 경우**

다음과 같이 완전한 경로 이름을 기술하면 됩니다.

='C:\영업부\[판매 데이터.xls]1월'!A1 + 1

이때도 파일 이름에 공백이 없으면 단일 따옴표는 사용하지 않습니다.

SECTION 016 날짜와 시간의 계산 원리

엑셀은 내부적으로 날짜는 1에서 2,958,465 사이의 정수(일련번호)로 표현하고, 시간은 0과 1 사이의 소수로 표현합니다. 날짜나 시간을 더하고, 빼는 등의 연산을 하려면 숫자로 표현되어야 하기 때문입니다. 내부적으로 날짜와 시간이 숫자로 표현되므로, 사용자는 서식 코드를 지정해서 엑셀에게 그 숫자들을 우리가 원하는 형식으로 변환해 달라고 요청하는 것입니다. 엑셀에 정의된 날짜 정수는 다음과 같습니다.

날짜	정수 (일련번호)
1900년 1월 1일	1
1900년 1월 2일	2
1900년 1월 3일	3
……	……
9999년 12월 31일	2,958,465

즉, 1900년 1월 1일이 정수 1이고, 그 이후 몇 번째 날인가를 의미하는 정수로 날짜를 표현합니다. 엑셀에 정의된 마지막 날짜는 9999년 12월 31일이고, 정수로는 2,958,465입니다.

반면에 시간은 다음과 같이 정의됩니다.

오전 시간	숫자	오후 시간	숫자
12:00:00 AM	0.00000000	12:00:00 PM	0.50000000
1:30:00 AM	0.06250000	1:30:00 PM	0.56250000
3:00:00 AM	0.12500000	3:00:00 PM	0.62500000
4:30:00 AM	0.18750000	4:30:00 PM	0.68750000
6:00:00 AM	0.25000000	6:00:00 PM	0.75000000
7:30:00 AM	0.31250000	7:30:00 PM	0.81250000
9:00:00 AM	0.37500000	9:00:00 PM	0.87500000
10:30:00 AM	0.43750000	10:30:00 PM	0.93750000

엑셀은 1일을 숫자 1로 정의하기 때문에 다음과 같은 공식이 성립합니다.

1시간의 숫자 값 : 1/24 = 0.04166666
1분의 숫자 값 : 1/(24*60) = 0.00069444
1초의 숫자 값 : 1/(24*60*60) = 0.00001157

배열 상수와 배열식의 의미

배열(array)은 기본적으로 "여러 개로 구성된 항목 집단"을 의미합니다. 따라서 배열 상수와 배열식은 다음과 같이 정의할 수 있습니다.

- 배열 상수 : 여러 개의 값으로 구성된 상수 집단.
- 배열식 : 여러 개의 값을 돌려주는 식. 즉, 배열을 돌려주는 식.

또는 식이 최종적으로 돌려주는 값이 1개이어도 식을 계산하는 과정에서, 내부적으로 배열이 생성되어 계산되는 식은 배열식입니다. 즉, 사용자가 식에 배열 상수를 직접 사용하지는 않았지만 그 식이 내부적으로 여러 개의 값을 돌려주면서 계산하는 경우, 그 식은 배열식입니다.
배열 상수와 배열식을 시트에 기술할 때 다음과 같은 규칙을 지켜야 합니다.

배열 상수

- 사용자가 직접 { }를 기술하고 그 안에 값을 기술합니다.
- 특정 행에 수평으로 입력할 때는 값을 , (콤마)로 구분합니다.
- 특정 열에 수직으로 입력할 때는 값을 ; (세미콜론)으로 구분합니다.

배열식

- 배열식이 돌려주는 값의 개수만큼 셀의 범위를 지정하고 식을 입력해야 합니다.
- 식을 입력한 후에 Ctrl + Shift + Enter 키를 눌러 식 전체를 { }로 둘러쌉니다.
- 식을 수정하거나, 복사해서 붙여넣기를 한 경우에도 다시 Ctrl + Shift + Enter 키를 눌러야 합니다.

배열 상수의 사용 예

C1			=SUM({1,2,3,4,5})		
A	B	C	D	E	
1			15		
2					
3					

이 식은 { } 안에 기술된 1에서 5까지를 더해서 15를 돌려줍니다. 즉, 결과는 하나이고, 계산 도중에 배열을 만들지도 않습니다. 따라서 배열식이 아닙니다. 그러나 이 식에 사용된 {1,2,3,4,5}는 여러 개의 값이므로 배열 상수입니다.

C1			=SUM({1,2,3,4,5}*{1,2,3,4,5})		
A	B	C	D	E	F
1			55		
2					

이 식은 1*1, 2*2, 3*3, 4*4, 5*5를 계산한 후, 5개의 곱셈 결과를 더한 값인 55를 돌려줍니다. 결과 값이 1개이고, 계산 과정에서 배열을 만들지도 않으므로 배열식이 아닙니다. 하지만 2개의 배열 상수 {1,2,3,4,5}, {1,2,3,4,5}를 사용하고 있습니다.

1초의 숫자 값 : 1/(24*60*60) = 0.00001157

배열식의 사용 예

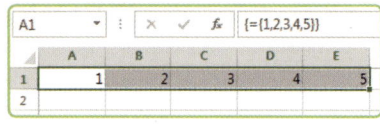

앞에 =이 있으므로 식입니다. 이 식은 먼저 A1 셀에서 E1 셀까지 범위를 지정해놓고 ={1,2,3,4,5} 식을 입력합니다. 또한 식을 입력한 후 [Ctrl] + [Shift] + [Enter] 키를 눌러 제일 바깥에 있는 { }를 입력합니다. 이 식은 여러 개의 결과를 돌려주므로 배열식이며, {1,2,3,4,5}라는 배열 상수를 사용했습니다.

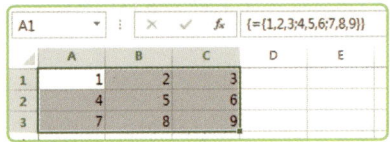

먼저 A1:C3에 범위를 지정한 후 ={1,2,3;4,5,6;7,8,9} 식을 입력합니다. 식을 입력한 후 Ctrl + Shift + 엔터키를 눌러 제일 바깥의 { }를 입력합니다. 콤마는 다음 열을 의미하고, 세미콜론은 다음 행을 의미합니다. 이 식도 여러 개의 결과를 돌려주므로 배열식입니다.

이 식은 A1*10, B1*20, C1*30을 계산해서 그 결과를 모두 더하는 식입니다. 계산의 최종 결과는 1개(140)이지만, 이 식은 계산 과정에서 배열을 만들어서 계산하게 됩니다. 즉, 이 식은 다음과 같은 과정을 거치게 됩니다.

=SUM(A1:C1*{10,20,30})
    ↓
=SUM({1,2,3}*{10,20,30})
    ↓
=SUM({10,40,90})
    ↓
140

이 식은 A1:C1이라는 범위가 {1,2,3}이라는 배열 상수로 변환되는 과정을 거칩니다. 다시 말해서 계산 도중에 배열이 만들어지는 것입니다. 이런 경우는 배열식이므로 식을 입력한 후에 Ctrl + Shift + Enter 키를 눌러 식을 { }로 둘러싸야 합니다.

앞의 식과 같은 배열 상수의 사용과 관련해서 한 가지 주의해야 할 것이 있습니다. 다음 식을 봅시다.

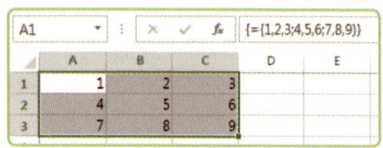

A1*10, A2*20, A3*30의 계산을 해서 그 결과를 모두 더하려고 합니다. 현재 시트에는 A1에서 A3까지 수직으로 숫자들이 기록되어 있습니다. 따라서 배열 상수를 기술할 때도 수직으로 기술해야 합니다.

즉, 배열 상수를 기술할 때 콤마를 사용해서 {10,20,30}으로 기술하지 말고, 세미콜론을 사용해서 {10;20;30}으로 기술해야 합니다.

사용자가 시트에 직접 입력한 배열 상수나 배열식에 의해 반환된 여러 개의 값은 시트 상의 연속적인 셀에 하나의 배열로 기억됩니다. 따라서 배열 전체를 삭제하는 것은 가능하지만, 배열을 구성하는 일부 셀을 삭제하거나, 수정할 수 없습니다. 수정하려면 수식 입력줄에서 해야 합니다.

배열식으로 A1에서 C3까지 숫자를 입력했습니다. 이들은 배열이기 때문에 하나씩 별도로 삭제, 수정할 수 없습니다.

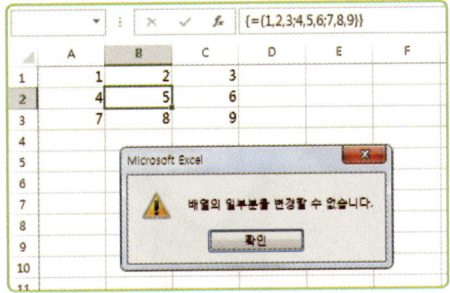

배열을 구성하는 특정 셀만 삭제하거나 수정하려고 하면 경고 메시지가 표시됩니다.

EXCEL PART 02 날짜와

엑셀 함수 Q&A

시간 처리하기

Q&A

SECTION 018

불규칙한 날짜를 빠르게 입력하려면

[날짜1.xlsx]

저는 2014년 10월의 날짜를 계속 입력하다가, 2015년 1월의 날짜를 계속 입력하기도 하고, 또 2015년 8월의 날짜를 계속 입력하는 등의 형식으로 데이터를 작성하는 경우가 많습니다. 그런데 제 작업은 년도와 월이 고정된 채 일만 바뀌니까, 제가 일의 숫자만 입력하면 자동으로 년, 월, 일이 기록되면 편할 거 같은데요. 무슨 방법이 없을까요? 입력할 날짜가 넘 많아서...

A열에 숫자를 입력하면 B열에 자동으로 완전한 날짜가 표시됩니다. A1 셀에는 입력할 기준 날짜를 월까지만 입력해둡니다. A열은 나중에 삭제할 겁니다.

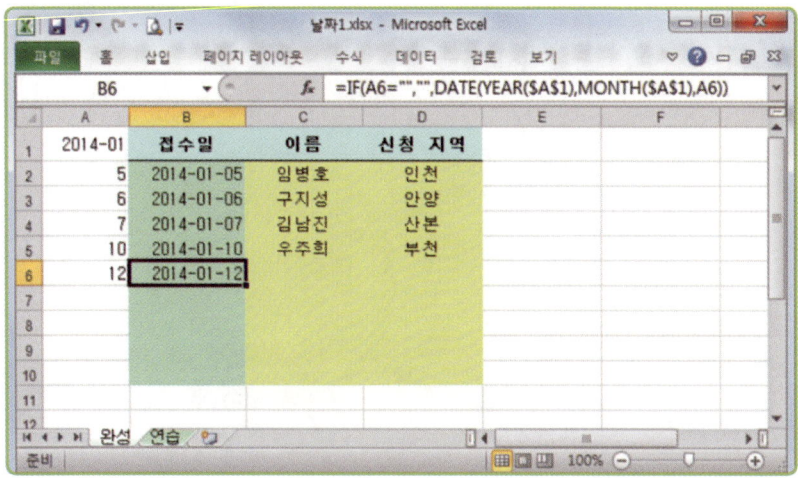

① 입력할 기준 날짜를 A1 셀에 2014/1과 같이 월까지만 입력합니다.

② B2 셀에 =IF(A2="","",DATE(YEAR($A$1),MONTH($A$1),A2))를 입력합니다.

③ B2 셀의 채우기 핸들을 잡고 날짜가 입력될 행만큼 드래그합니다. 이제 A2 셀부터 일의 숫자만 입력하면 B열에 완전한 날짜가 표시됩니다.

④ 동일한 기준 월의 입력을 마치면, B열에 현재 기록된 날짜까지만 범위를 지정하고, [홈][클립보드][복사] 메뉴를 선택합니다. 이제 함수식을 결과 값으로 바꾸기 위해 [홈][클립보드][붙여넣기][값 붙여넣기][값 및 숫자 서식]를 선택하고, [Esc] 키를 누릅니다.

⑤ 이제 A1 셀의 년/월을 수정하고 다음 행부터 계속 입력합니다.

⑥ 입력이 모두 끝나면, B열에 새로 기록된 날짜에 대해 4번 작업을 하고 A열을 삭제하면 됩니다.

> A열에 숫자가 입력되어야만 B열 날짜가 표시되도록 IF 식을 사용했습니다. DATE 함수 안에서 YEAR와 MONTH 함수로 A1 셀 값에서 년도와 월을 구하고, A2 값을 일로 지정해서 완전한 날짜를 구성했습니다.

SECTION 019

[날짜2.xlsx]
2개의 날짜 간격을 년수, 월수, 일수로 계산하려면

퇴직자를 포함해서 사원들의 근무기간을 계산하려고 합니다. 근무기간은 년, 월, 일로 구해야 하는데, 현재도 근무 중인 사람은 오늘까지의 근무기간을 계산해야 합니다. 현재도 근무 중인 사원은 퇴직 일자를 기록하지 않은 상태입니다.

년수, 개월수, 일수를 구했습니다. D, E, F 열에는 서식 코드를 이용해서 "년", "개월", "일"자를 표시했습니다.

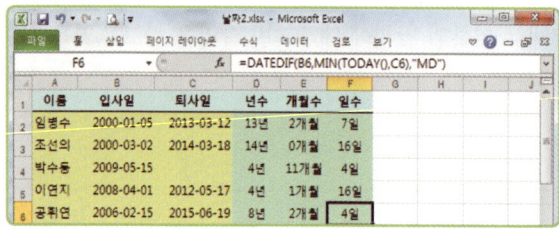

① D열 머리글을 클릭하고 단축 메뉴를 불러 [셀 서식]을 선택합니다. [표시 형식][범주][사용자 지정]을 선택하고, [형식]에 **#0"년"**을 입력한 후, [확인]을 클릭합니다.

② E와 F열에도 각기 동일한 방법으로 **#0"개월"**과 **#0"일"**과 같이 서식 코드를 지정합니다.

③ D2 셀에 **=DATEDIF(B2,MIN(TODAY(),C2),"Y")**을 입력하고, D6셀까지 드래그합니다.

④ E2 셀에 **=DATEDIF(B2,MIN(TODAY(),C2),"YM")**을 입력하고, 채우기 핸들을 더블클릭합니다. F2 열에 **=DATEDIF(B2,MIN(TODAY(),C2),"MD")**을 입력하고, 채우기 핸들을 더블클릭합니다.

> MIN 함수로 오늘의 날짜와 퇴사일 중 작은 값을 구하면, 퇴직자는 퇴직일, 현재 근무자는 오늘의 날짜가 구해집니다. 그 후 DATEIF 함수로 입사일과 퇴직일 또는 입사일과 오늘의 날짜 사이의 간격을 구합니다.

[날짜3.xlsx]

SECTION 020
총 작업시간이 주어진 프로젝트 마감일을 계산해요

팀별로 프로젝트를 완성해서 제출해야 합니다. 팀별로 시작일과 총 작업시간이 주어지는데, 팀마다 프로젝트 시작일도 다르고 총 작업시간도 다릅니다. 각 팀의 프로젝트 마감일을 구하는 방법을 알려주세요. 하루에 8시간을 작업하도록 되어 있습니다. 휴일을 빼고 계산해야 합니다.

D열에 함수식이 입력되어 있습니다. B열과 D열에는 [셀 서식]에서 [날짜] 서식을 요일까지 표시되도록 지정했습니다.

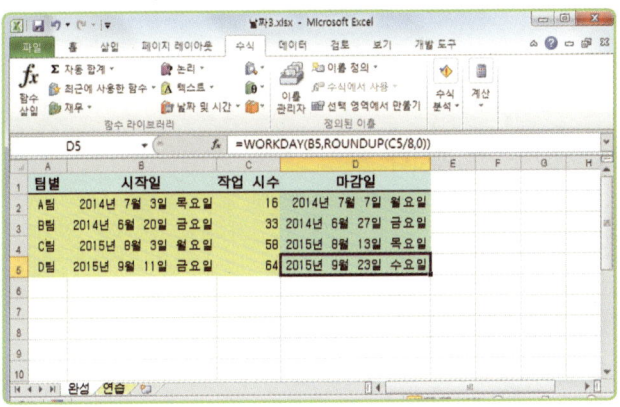

① D2 셀을 클릭하고 =WORKDAY(B2,ROUNDUP(C2/8,0))를 입력합니다.

② D5 셀까지 드래그합니다.

여기서 사용한 WORKDAY 함수는 시작일로부터 일정 날이 지난 날짜를 휴일을 고려하여 반환합니다. ROUNDUP 함수는 두 번째 인수를 0(소수 이하 자리 없음)으로 지정했기 때문에 작업 시수를 1일의 작업 시간인 8로 나눈 결과를 가장 가까운 정수로 반올림해서 일수를 구합니다.

SECTION 021

[날짜4.xlsx]

오늘의 당직자를 자동으로 체크하려면

우리 사무실에서는 6일에 한 번씩 당직을 서도록 되어 있습니다. 당직을 서는 순번은 미리 정해져 있는데, 파일을 열면 자동으로 오늘의 당직자를 표시하는 방법은 없을까요?

D1 셀에는 오늘의 날짜가 표시되고, D3 셀부터 오늘의 당직자가 표시됩니다.

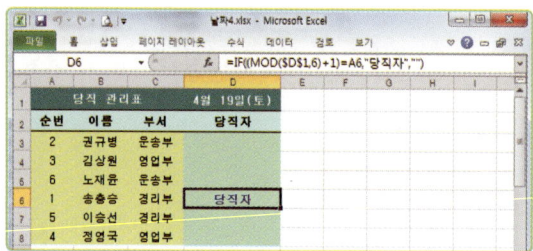

① D1 셀을 클릭하고 =TODAY()를 입력합니다.

② D3 셀을 클릭하고 다음 식을 입력합니다.

=IF((MOD($D$1,6)+1)=A3,"당직자","")

③ D3 셀의 채우기 핸들을 잡고 D8 셀까지 드래그합니다.

④ D1 셀을 클릭하고 단축 메뉴를 불러 [셀 서식]을 선택합니다. [표시 형식][범주][사용자 지정]을 선택하고, [형식]에 m"월" d"일"(aaa)를 입력한 후, [확인]을 클릭합니다.

⑤ D3:D8 셀에 범위를 지정하고 [홈][글꼴]에서 [굵게]와 [글꼴색][파랑]을 지정합니다.

> TODAY() 함수를 사용했기 때문에 이 파일을 여는 그날의 당직자가 표시됩니다. MOD 함수는 나머지를 구합니다. 오늘의 날짜를 6으로 나누면 나머지가 0에서 5까지 나옵니다. 거기에 1을 더해서 순번을 구한 후 해당 순번의 사원을 "당직자"로 표시합니다.

[날짜5.xlsx]

휴일을 제외한 근무일수를 구해 임금을 지불하려면

아르바이트 요원을 투입해서 판촉 활동을 하고 있습니다. 알바 일당은 45,000원이고요. 주 5일 근무에 각종 법정 공휴일도 쉽니다. 알바 임금을 계산하는 방법 좀 알려주세요.

D열에 근무 일수를 구하는 식이 있고, E 열에는 지급액을 구하는 식이 있습니다. "정보" 시트에는 법정 공휴일이 기록되어 있습니다.

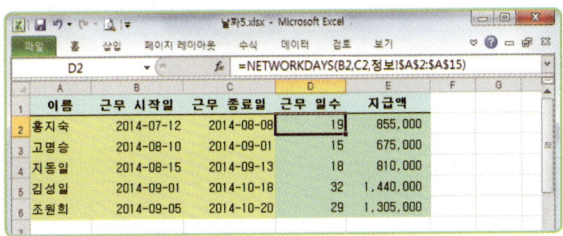

① D2 셀에 **=NETWORKDAYS(B2,C2,** 까지 입력하고, "정보" 시트로 가서 A2 셀에서 A15 셀까지 드래그한 후 **Enter** 키를 누릅니다.

② D2 셀의 채우기 핸들을 잡고 D6 셀까지 드래그합니다.

③ E2 셀에 **=D2*45000**을 입력하고 E6 셀까지 드래그합니다.

"정보" 시트의 A열에 있는 날짜는 NETWORKDAYS 함수가 일수 계산에서 제외합니다. 만일 이런 정보를 사용하지 않고 첫 번째 인수(시작일)와 두 번째 인수(종료일)만 지정하면 토요일과 일요일만 제외됩니다.

SECTION 023 빠른 마감일을 찾아 작업 착수일을 결정하려면

[날짜6.xlsx]

자사의 제품들에 대해 2가지 설문 조사를 하려고 합니다. 첫 번째 설문 조사는 3일의 기간이 필요하고, 두 번째 설문 조사는 5일의 기간이 필요합니다. 제품별로 2가지 설문 조사의 마감일이 기록되어 있는 상태에서 착수일을 계산하고 싶습니다. 제품에 따라 설문조사는 1가지만 있을 수도 있습니다. 2개의 설문 조사는 동시에 진행해도 되고, 빠른 마감일의 설문 조사부터 순차적으로 진행해도 됩니다.

D열에 착수일이 기록되어 있습니다. 이 날짜는 조사 기간을 고려해서 최대한 늦게 시작한다 해도, 그 날짜에는 착수해야 한다는 의미입니다.

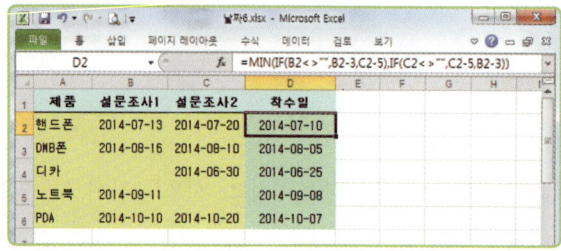

1 D2 셀을 클릭하고 =MIN(IF(B2<>"",B2-3,C2-5),IF(C2<>"",C2-5,B2-3))를 입력합니다.

2 D2 셀의 채우기 핸들을 잡고 D6 셀까지 드래그합니다.

> 설문조사가 1개만 있는 경우와 2개가 있는 경우를 모두 처리하기 위해서 IF 식으로 구분하고 있습니다. 설문조사가 2개 있는 경우는 둘 중에서 빠른 날짜를 취해야 하므로 MIN 함수를 사용했습니다. 설문조사가 1개만 있는 경우는 MIN 함수가 동일한 2개의 값 중에서 하나를 돌려주게 됩니다.

[날짜7.xlsx]

SECTION 024
주민등록번호로 출생년도와 나이, 성별을 구하려면

주문등록번호를 입력하면 출생년도와 나이, 성별이 자동으로 기록되게 하고 싶어요. 근데 2000년 이후 출생자 처리가 문제예요... 주민등록번호의 첫 번째 부분의 2자리가 출생년도인데 2000년 이후 출생한 사람은 00, 01, 02와 같이 시작됩니다. 두 번째 부분의 1자리는 1, 2, 3, 4 중 하나입니다. 1과 2는 1900년대 출생자이고, 3과 4는 2000년대 출생자입니다.

C열에 출생년도, D열에 나이, E열에 성별이 기록되었습니다.

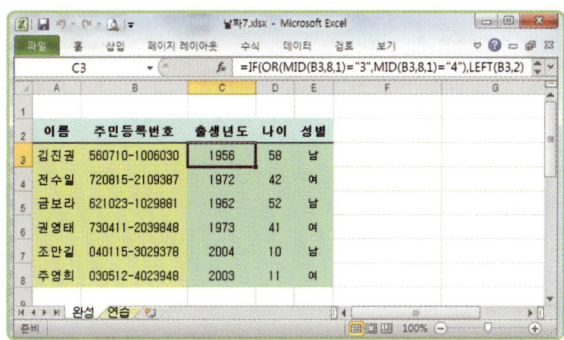

1 C열에 출생년도, D열에 나이, E열에 성별이 기록되었습니다.

=IF(OR(MID(B3,8,1)="3",MID(B3,8,1)="4"),LEFT(B3,2)+2000,LEFT(B3,2)+1900)

2 D3 셀에 =YEAR(TODAY())-C3을 입력하고 채우기 핸들을 더블클릭합니다.

3 E3 셀에 =IF(OR(MID(B3,8,1)="1",MID(B3,8,1)="3"),"남","여")를 입력하고 채우기 핸들을 더블클릭합니다.

IF 식에서 OR(MID(B3,8,1)="3",MID(B3,8,1)="4" 식은 2000년대 출생인가를 검사하는 것입니다. 2000년대 출생이면 주민등록번호의 년도에 2000을 더하고, 아니면 1900을 더해서 출생 년도를 구합니다. OR(MID(B3,8,1)="1",MID (B3,8,1)="3") 식은 남자인가를 확인하는 식입니다. 이 식이 "참"이면 "남"을 기록하고 "거짓"이면 "여"를 기록합니다.

[날짜8.xlsx]

SECTION 025

주민등록번호로 "1966년 10월 5일생"처럼 기록하려면

주민등록번호를 입력하면 그 옆의 열에 생일이 표시되게 해야 합니다. 1966년 10월 5일생과 같이 제일 뒤에 "생"이라는 글자도 추가되어야 합니다.

C열에 생일이 표시됩니다. 날짜 관련 함수를 사용하지 않고 단순히 문자 처리 함수를 사용하여 기록했습니다. 수식 입력줄에서 줄을 바꿀 위치에서 [Alt] + [Enter] 키를 눌러서 함수식을 2줄에 기술했습니다.

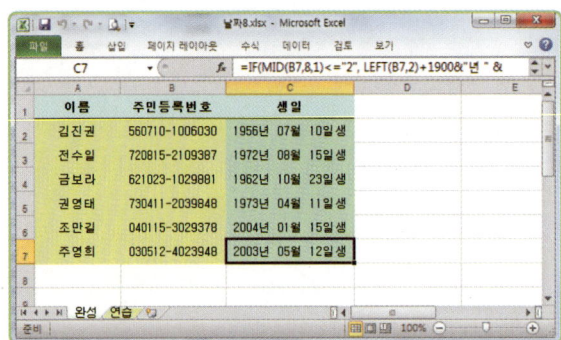

1 C2 셀에 다음 식을 입력합니다.

=IF(MID(B2,8,1)<="2",LEFT(B2,2)+1900&"년"&MID(B2,3,2)&"월"&MID(B2,5,2)&"일생",LEFT(B2,2)+2000&"년"&MID(B2,3,2)&"월"&MID(B2,5,2)&"일생")

2 C2 셀의 채우기 핸들을 더블클릭합니다.

> MID(B2,8,1)은 B2 셀의 값에서 왼쪽에서 8번째 문자부터 1개의 문자를 가져옵니다. LEFT(B2,2)는 B2 셀의 값에서 왼쪽에서 2개의 문자를 가져옵니다. 1900년대 출생자는 1900을 더해서 출생 년을 구하고, 2000년대 출생자는 2000을 더해서 출생 년을 구합니다. 각 문자들을 모두 연결(&)해서 생일을 기록합니다.

수 많은 날짜에 한번에 분기를 표시하려면

[날짜9.xlsx]

제가 받은 자료에는 A열에 날짜가 기록되어 있습니다. 그런데 보고서는 예를 들면, "2014년 4분기"와 같이 분기로 표시해야 합니다. 날짜가 무지 많아요. 한방에 해결하는 방법 좀...

B열에 분기가 표시됩니다. & 연산자를 사용해서 "년"과 "분기"라는 글자를 추가했습니다.

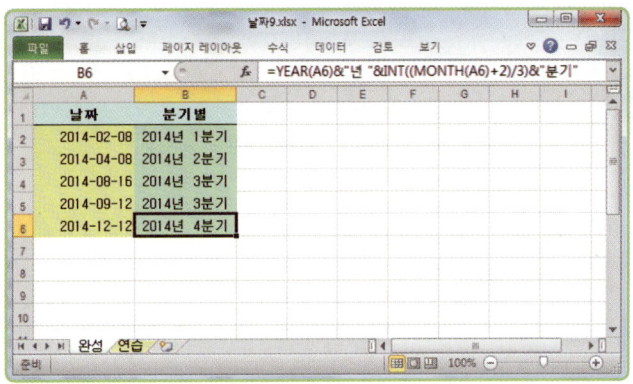

① B2 셀에 =YEAR(A2)&"년 "&INT((MONTH(A2)+2)/3)&"분기"를 입력합니다.

② B2 셀의 채우기 핸들을 더블클릭하세요. 그러면 날짜가 기록된 A열의 모든 행에 맞춰 B열에 분기가 한번에 기록됩니다.

> A열의 날짜에서 월을 추출해서 2를 더한 후 3으로 나누고, 그 결과에서 정수만 취합니다. 그러면 그 월이 포함된 분기 값이 구해집니다. 3으로 나누고 정수를 취할 것이기 때문에 월 값에 2를 더해야 합니다.

[날짜10.xlsx]

SECTION 027 3월 결산, 9월 결산 법인의 경우에 분기 계산은?

대부분 12월에 결산을 하지만 우리 회사는 3월 결산 법인입니다. 근데 우리 거래처 중에는 9월 결산 법인도 있어요. 그래서 거래처별로 분기가 다르게 적용되어야 하는데... 이럴 경우 분기 계산 방법을 알려주세요.

B열에는 3월 결산 법인을 위한 분기가 표시되고, C열에는 9월 결산 법인을 위한 분기가 표시됩니다.

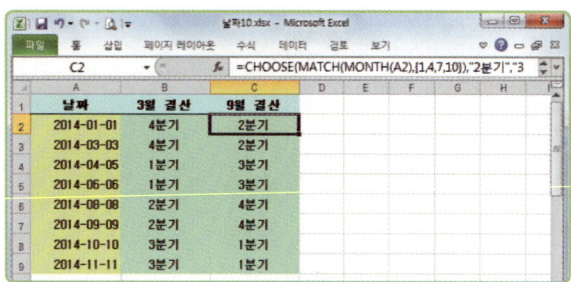

1 B2 셀을 클릭하고 =CHOOSE(MATCH(MONTH(A2),{1,4,7,10}),"4분기","1분기","2분기","3분기")를 입력합니다.

2 B2 셀의 채우기 핸들을 더블클릭합니다.

3 C2 셀을 클릭하고 =CHOOSE(MATCH(MONTH(A2),{1,4,7,10}), "2분기","3분기","4분기","1분기")를 입력합니다.

4 C2 셀의 채우기 핸들을 더블클릭합니다.

MONTH 함수로 월을 추출한 후, MATCH 함수가 배열 { } 안의 숫자와 비교해서 일치하는 값이 있으면 그 값의 위치를 돌려줍니다. 그러나 배열 안에 정확하게 일치하는 값이 없는 경우는, 월 보다 작은 정수 중 제일 큰 값의 위치를 돌려줍니다. CHOOSE 함수는 첫 번째 인수 값에 따라, 그 뒤의 4개의 텍스트 중 하나를 돌려줍니다.

[날짜11.xlsx]

SECTION 028 토요일, 일요일을 피해서 월말 결제일을 구해주세요

우리 회사의 모든 거래에 대해 그 달의 말일에 대금을 결제합니다. 그런데 말일이 토요일이거나 일요일이면 결제일을 당겨서 금요일에 결제를 하지요. 1년 동안 고정 납품 거래에 대해 미리 결제일을 기록해두려고 합니다. 빨리 좀 알려주시면 캄사!

A열에 납품일이 있고, B열에는 일반적으로 계산했을 경우의 말일 결제일이 있습니다. C열이 토요일이나 일요일을 고려한 말일 결제일입니다. [셀 서식][날짜]에서 요일까지 표시되는 서식 코드를 지정했습니다.

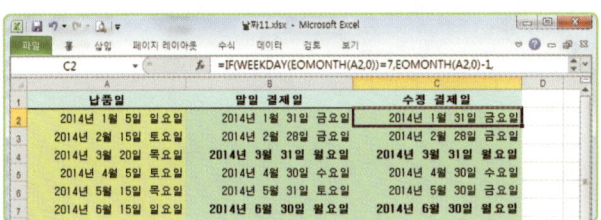

① B2 셀을 클릭하고 =EOMONTH(A2,0)를 입력합니다.

② B2 셀의 채우기 핸들을 더블클릭합니다.

③ C2 셀을 클릭하고 다음 식을 입력합니다.
=IF(WEEKDAY(EOMONTH(A2,0))=7,EOMONTH(A2,0)-1,IF(WEEKDAY(EOMONTH(A2,0))=1,EOMONTH(A2,0)-2,EOMONTH(A2,0)))

④ C2 셀의 채우기 핸들을 더블클릭합니다.

EOMONTH(A2,0)은 A2 셀에 있는 날짜의 말일을 돌려줍니다. WEEKDAY 함수는 요일을 숫자로 알려줍니다. 일요일이면 1, 월요일이면 2, … 토요일이면 7을 돌려줍니다. 말일이 토요일이면(=7) 말일에서 1을 빼고, 일요일(=1)이면 말일에서 2를 빼면 금요일이 됩니다.

SECTION 029

날짜에서 해당 월의 일수를 구해 일일 평균을 구하려면

[날짜12.xlsx]

온라인 접수에 대해 일일 평균 접수 건수를 구하려고 합니다. A열에 년도와 월이 기록되어 있고 B열에 그 달의 접수 건수가 있습니다. B열의 접수 건수를 그 달의 일수로 나누면 일일 평균을 구할 수 있을 것 같은데, 2월이 29까지 있는 년도 있잖아요. 이거 어떻게 자동 계산하는 방법이 없나요?

C열에 평균 접수 건수가 구해졌습니다. 참고로 D열에 해당 월의 일수가 기록되어 있습니다.

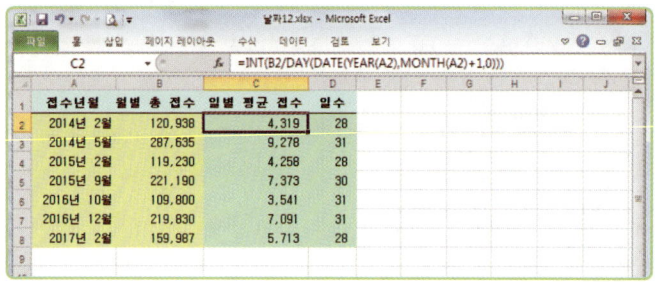

1 C2 셀을 클릭하고 다음 식을 입력합니다.

=INT(B2/DAY(DATE(YEAR(A2),MONTH(A2) +1,0)))

2 C2 셀의 채우기 핸들을 더블클릭합니다.

3 D2 셀을 클릭하고 다음 식을 입력합니다.

=DAY(DATE(YEAR(A2),MONTH(A2)+1,0))

4 D2 셀의 채우기 핸들을 더블클릭합니다.

> DATE(YEAR(A2),MONTH(A2)+1,0)는 해당 월에 1을 더해 다음 달을 구해서 일을 0으로 지정한 겁니다. 0일은 없기 때문에 이 경우 그 이전 달의 말일이 구해집니다. 그 이후 DAY 함수로 그 말일만 추출합니다.

[날짜13.xlsx]

다양한 기간의 어음 결제일을 구하려면

어음 관리를 하고 있는데 어음의 결제일은 어음 발행일로부터 일수로 결정됩니다. 30일짜리도 있고 90일짜리도 있습니다. 어음번호와 발행일, 기간을 입력하면 그 옆에 결제일 날짜가 정확히 표시되게 하고 싶습니다.

D열에 결제일이 표시됩니다. 5행부터 데이터를 계속 입력해보세요. C열의 기간까지 입력하면 결제일이 자동으로 표시됩니다.

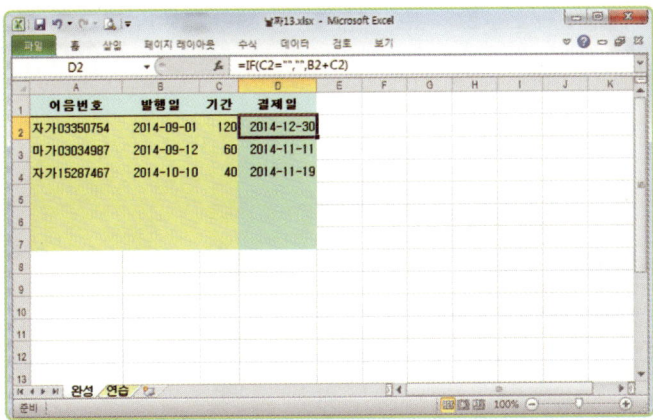

① D2 셀을 클릭하고 **=IF(C2="","",B2+C2)**를 입력합니다.

② D2 셀의 채우기 핸들을 잡고 D7 셀까지 드래그합니다.

> 결제일을 구하기 위해 단순히 발행일에 기간을 더했습니다. 이렇게 날짜에 정수를 더할 수 있습니다. 날짜는 엑셀 내부에서는 정수로 취급되기 때문입니다. 1900년 1월 1일이 1, 1900년 1월 2일 2와 같이 1900년 1월 1일부터 1씩 증가하는 정수 값입니다. 그래서 단순한 덧셈이 가능합니다. 기간이 입력되어야 결제일이 표시되도록 IF 식을 사용했습니다.

S·E·C·T·I·O·N 031

[날짜14.xlsx]

기준일로부터 며칠, 몇 개월 후의 날짜를 구해요

인테리어 소품을 주문 제작해서 판매하는 회사에 근무하고 있습니다. 주문을 받은 이후 제작에 들어가기 때문에 물건을 받으려면 제품마다 일정 기간을 기다려야 합니다. 제품은 6가지이고 대기 기간은 20일, 2개월, 6개월, 1년이 있습니다. 주문번호를 입력하고 주문일, 제품을 입력하면 기간과 배송 날짜가 자동으로 기록되었으면 좋겠습니다.

주문번호와 주문일자를 기록하고, 제품을 콤보 상자에서 선택합니다. 그러면 기간과 배송일이 자동으로 기록됩니다.

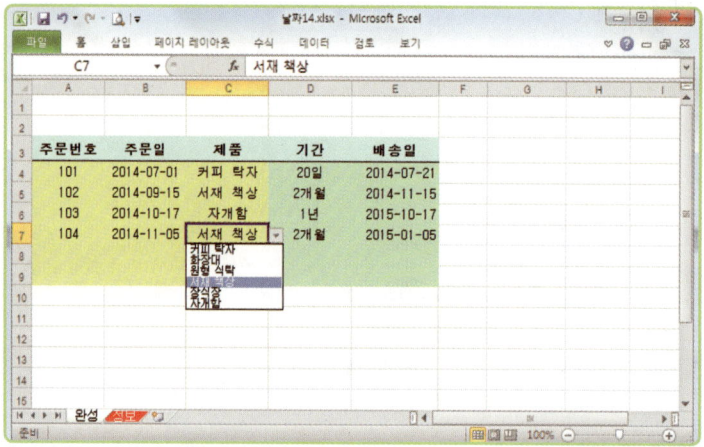

① [날짜14연습.xlsx]를 엽니다.

② "정보" 시트에서 A2:A7 셀에 범위를 지정하고 [이름 상자]에 "제품목록"을 입력합니다.

③ "정보" 시트에서 A2:B7 셀에 범위를 지정하고 [이름 상자]에 "기간표"를 입력합니다.

④ "연습" 시트로 와서 C4:C9 셀에 범위를 지정하고 [데이터][데이터 도구][데이터 유효성 검사] 메뉴를 선택합니다.

⑤ [제한 대상]에서 "목록"을 선택하고 [원본]에 "=제품목록"을 입력하고 [확인]을 클릭합니다. 그러면 콤보 상자가 만들어집니다.

⑥ D4 셀을 클릭하고 =IF(C4="","",VLOOKUP(C4,기간표,2,0))를 입력합니다.

⑦ D4 셀의 채우기 핸들을 잡고 D9 셀까지 드래그합니다.

⑧ E4 셀을 클릭하고 다음 식을 입력합니다.

=IF(D4="","",IF(D4="20일",DATE(YEAR(B4),MONTH(B4),DAY(B4)+20),

IF(D4="2개월",DATE(YEAR(B4),MONTH(B4)+2,DAY(B4)),

IF(D4="6개월",DATE(YEAR(B4),MONTH(B4)+6,DAY(B4)),

IF(D4="1년",DATE(YEAR(B4)+1,MONTH(B4),DAY(B4)))))))

⑨ E4 셀의 채우기 핸들을 잡고 E9 셀까지 드래그합니다.

⑩ 이제 데이터를 입력해보세요.

> VLOOKUP(C4,기간표,2,0)는 기간표라고 이름이 부여된 테이블의 첫 번째 열에서 C4 셀의 값, 즉 제품 이름을 찾습니다. 이름을 찾으면 그 행의 2번째 열의 값 즉, 기간을 가져옵니다.
> E4 셀의 IF 식은 줄을 나눌 위치에 커서가 가 있는 상태에서 Ctrl + Enter 키를 눌러 여러 줄에 기술했습니다. 조건이 여러 개일 뿐 어려운 식은 아닙니다. 20일이면 날짜에 20을 더하고, 아니면 다음 조건을 따지고... 2개월이면 월에 2를 더하고... IF개 4개이니까 마지막에는 4개의 괄호를 추가했지요.

[날짜15.xlsx]

SECTION 032
*월 *번째 *요일에 열리는 만년 행사표를 만들려면

우리 회사는 매년 정기적으로 여러 가지 행사를 합니다. 국제 전시회에도 참가하고요. 그런데 그 행사 일정이 정확한 날짜로 지정되어 있지 않고 예를 들어, 매년 5월 셋째 금요일에 전시회를 하는 식으로 지정되어 있습니다. 그 행사 일정을 정확한 날짜로 환산하는 방법을 알고 싶습니다. 매년 똑 같이 진행되니까 한번 만들어놓고 년도만 바꿔서 매년 계속 사용할 수 있으면 더 좋을 것 같은데요…

월은 숫자만 입력하면 "월"자가 자동으로 표시됩니다. 요일은 일요일은 1, 월요일은 2,… 토요일은 7을 입력하면 요일이 표시됩니다. A1의 제목에 2014를 입력하면 2014년의 행사표로 자동으로 변환됩니다.

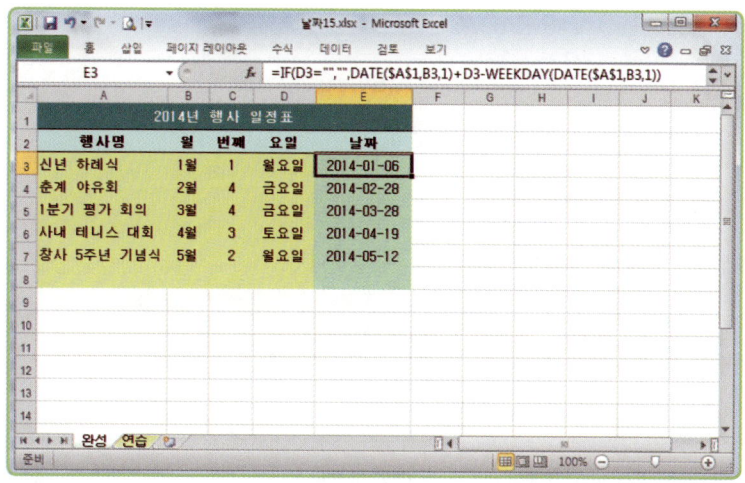

① 1행의 제목줄을 클릭하고 단축 메뉴를 불러 [셀 서식]을 선택합니다. [표시 형식][범주][사용자 지정]을 선택하고 [형식]에 #"년 행사 일정표"를 입력하고 [확인]을 클릭합니다. 이제 제목줄에 2014를 입력하면 제목이 표시됩니다.

② B3:B8 셀에 범위를 지정하고 단축 메뉴를 불러 [셀 서식]을 선택합니다. [표시형식][범주] [사용자 지정]을 선택하고 [형식]에 #"월"을 입력하고 [확인]을 클릭합니다.

③ D3:D8 셀에 범위를 지정하고 단축 메뉴를 불러 [셀 서식]을 선택합니다. [표시형식][범주] [사용자 지정]을 선택하고 [형식]에 aaaa를 입력하고 [확인]을 클릭합니다.

④ E3:E8 셀에 범위를 지정하고 단축메뉴를 불러 [셀 서식]을 선택합니다. [표시형식][범주] [날짜]를 선택하고 [형식]에서 "2001-03 -14"와 같은 형식을 선택한 후 [확인]을 클릭합니다.

⑤ E3 셀에 다음 식을 입력한 후 D3 셀의 채우기 핸들을 잡고 D8 셀까지 드래그합니다.

IF(D3="","",DATE($A$1,B3,1)+D3−WEEKDAY(DATE($A$1,B3,1))

+(C3−(D3)=WEEKDAY(DATE($A$1,B3,1))))*7)

⑥ 요일을 입력할 때는 일요일은 1, 월요일은 2와 같이 숫자를 입력하면 요일이 표시됩니다.

제목줄과 같이 셀을 병합하면 제목은 A1셀에 기록됩니다. 서식을 지정했기 때문에 제목이 모두 표시되지만 셀에는 2014와 같은 숫자만 기억됩니다. 함수식에서 그 숫자를 이용해서 년을 결정하기 때문에 제목줄에 예를 들어, 2015를 입력하면 2015년의 행사 일정으로 변환됩니다.

춘계 야유회를 대상으로 식을 살펴봅니다. 엑셀 내부에서 날짜는 정수로 취급된다는 점을 염두에 두어야 합니다.

DATE($A$1,B4,1)+D4−WEEKDAY(DATE($A$1,B4,1)) 식은 2014년 2월의 첫 번째 금요일의 정수 값을 구합니다.

1주일은 7일이므로 위에서 구해진 값에 4(번째) * 7을 더하면 행사 날짜 값을 구할 수 있습니다. 하지만 만일 첫 주에 금요일이 포함되어 있다면 첫 주를 제외해야 하므로 다음 식을 사용합니다.

(C4−(D4)=WEEKDAY(DATE($A$1,B4,1))))*7)

[날짜16.xlsx]

SECTION 033
텍스트로 입력된 날짜를 엑셀의 날짜로 변신시켜요

제가 받은 자료에는 날짜가 14.07.12와 같이 점으로 년.월.일이 기록되어 있습니다. 엑셀에서는 이런 데이터가 그냥 텍스트로 취급되는 걸로 알고 있는데 엑셀에서 인식할 수 있는 날짜로 변환하는 방법 좀 알려주세요. 그리고 옆에 "목요일" 처럼 요일도 표시되어야 하거든요.

B열에 엑셀 형식의 날짜가 표시되고 C열에 요일이 표시됩니다.

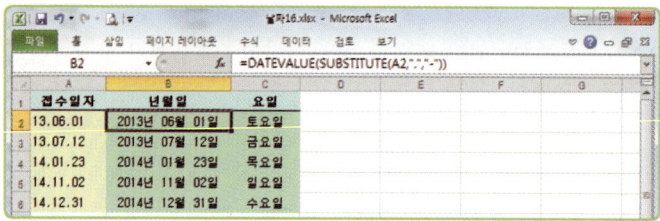

① B2:B6 셀에 범위를 지정하고 단축 메뉴를 불러 [셀 서식]을 선택합니다. [표시 형식][범주][사용자 지정]을 선택하고, [형식]에 yyyy"년" mm"월"dd"일"을 입력하고 [확인]을 클릭합니다.

② C2:C6 셀에 범위를 지정하고 단축 메뉴를 불러 [셀 서식]을 선택합니다. [표시 형식][범주][사용자 지정]을 선택하고, [형식]에 aaaa를 입력한 후, [확인]을 클릭합니다.

③ B2 셀에 =DATEVALUE(SUBSTITUTE(A2,".","-"))를 입력하고 채우기 핸들을 더블클릭합니다.

④ C2 셀에 =WEEKDAY(B2)를 입력하고 채우기 핸들을 더블클릭합니다.

> SUBSTITUTE 함수는 점을 하이픈으로 변환해서 날짜 형식을 만듭니다. DATEVALUE 함수는 엑셀 내부에서 날짜를 의미하는 정수를 반환합니다. 그래서 셀 서식을 지정해야 원하는 형식으로 표시할 수 있습니다.

[날짜17.xlsx]

SECTION 034
스핀 단추를 눌러 날짜를 설정하려면

2014년부터 2016년까지 우리 사이트에 가입한 인원이 일별로 기록되어 있습니다. A열에는 날짜가 기록되어 있고, B열에는 그 날의 담당자 이름이 있고, C열에 그 날의 가입자 수가 기록되어 있어요. 근데 특정 날짜 이후에 가입한 인원수를 수시로 카운트해야 합니다. 예를 들면, 2015년 1월 5일부터 또는 2016년 3월 15부터 가입한 인원의 총계를 알아야 합니다. 폼 나는 방법 좀 알려주삼!

날짜를 수시로 변경하기 위해서 스핀단추를 사용합니다. 스핀단추로 년, 월, 일을 지정하면 그 날부터 마지막 날까지의 가입자 총계가 C3 셀에 표시됩니다.

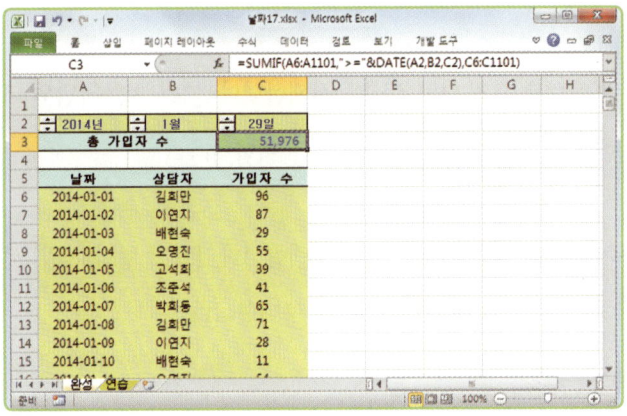

① 스핀단추를 만들기 위해 메뉴에서 [개발도구][삽입][양식 컨트롤]을 선택합니다.
개발도구 탭이 없으면 [파일][옵션][리본 사용자 지정]에서 설정하면 됩니다.

② [양식 컨트롤]에서 [스핀단추]를 클릭하고 A2열에서 드래그해서 적절히 스핀 단추를 그립니다.

③ 스핀단추 위에서 단축 메뉴를 부르고 [컨트롤 서식]을 선택합니다.

④ [컨트롤] 탭에서 [최소값]에 2014, [최대값]에 2016, [증분]에 1을 입력합니다. [셀 연결] 상자의 안쪽을 클릭하고 A2 셀을 클릭합니다. [3차원 음영]의 체크 표시를 해제하고 [확인]을 클릭합니다. 이제 스핀 단추의 버튼을 클릭하면 A2 셀에 2014에서 2016까지 숫자가 표시됩니다.

⑤ 동일한 방법으로 B2 셀과 C2 셀에도 스핀단추를 만듭니다. B2 셀은 월을 표시하므로 [최소값]은 1, [최대값]은 12, [증분]은 1을 입력하고 [셀 연결]은 B2 셀을 클릭합니다. C2 셀은 일을 표시하므로 [최소값]은 1, [최대값]은 31, [증분]은 1을 입력하고 [셀 연결]은 C2 셀을 클릭합니다.

⑥ A2 셀을 클릭하고 단축 메뉴를 불러 [셀 서식]을 선택합니다. [표시 형식][범위][사용자 지정]을 선택하고 [형식]에 #"년"을 입력하고 [확인]을 클릭합니다.

⑦ B2 셀을 클릭하고 단축 메뉴를 불러 [셀 서식]을 선택합니다. [표시 형식][범위][사용자 지정]을 선택하고 [형식]에 #"월"을 입력하고 [확인]을 클릭합니다..

⑧ C2 셀을 클릭하고 단축 메뉴를 불러 [셀 서식]을 선택합니다. [표시 형식][범위][사용자 지정]을 선택하고 [형식]에 #"일"을 입력하고 [확인]을 클릭합니다.

⑨ C3 셀을 클릭하고 =SUMIF(A6:A1101,">="&DATE(A2,B2,C2), C6:C1101)을 입력합니다.

> SUMIF 식 안의 DATE(A2,B2,C2) 식은 3개의 스핀단추로 구해진 숫자를 조합해서 날짜를 만듭니다. 일반 숫자를 년, 월, 일로 변환한 것입니다. SUMIF 식은 조건(IF)에 맞는 데이터만 합계(SUM)를 구합니다. A6:A1101에 있는 날짜 중에서 DATE 함수가 돌려준 날짜와 같거나 그 보다 큰 날짜를 가진 데이터만 골라 C6:C1101 셀에 있는 가입자 수를 더합니다.

[날짜18.xlsx]

스크롤 막대로 날짜 구간을 지정하려면

스핀단추로 날짜를 설정하는 방법을 알려줘서 고마워요! 근데 하나만 더,,, 날짜를 구간별로 지정할 수는 없나요? 예를 들면, 2014년 3월 5일부터 2015년 2월 15일까지와 같이 해당 구간에 있는 데이터에 대해서만 합계를 구하고 싶은데... 인터넷 사이트에서 스크롤 막대로 날짜 구간을 지정하는 걸 본 적이 있는데 그걸 좀 부탁드려요!

2개의 스크롤 막대를 이용해서 시작 날짜와 마지막 날짜를 지정합니다. 그러면 해당 날짜 구간의 가입자 수가 C5 셀에 표시됩니다. 바로 앞 페이지의 스핀단추와 비슷해요.

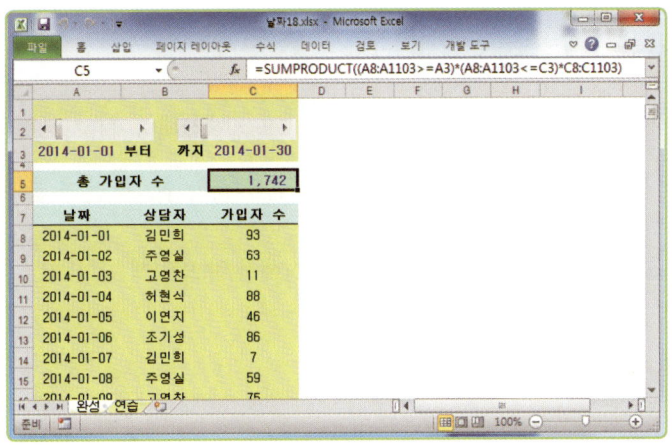

① 스크롤 막대를 만들기 위해 메뉴에서 [개발도구][삽입][양식 컨트롤]을 선택합니다.
개발도구 탭이 없으면 [파일][옵션][리본 사용자 지정]에서 설정하면 됩니다.

② [양식 컨트롤]에서 [스크롤 막대] 도구를 클릭하고 2행에 적절한 크기로 스크롤 막대를 그립니다.

③ 스크롤 막대 위에서 단축 메뉴를 부르고 [컨트롤 서식]을 선택합니다.

④ [컨트롤] 탭에서 [최소값]은 0, [최대값]은 1095, [증분]은 1, [페이지 변경]은 10을 입력합니다. [페이지 변경]은 스크롤 막대의 중간을 클릭했을 때 증가하는 값입니다. [셀 연결] 안을 클릭하고 A6 셀을 클릭합니다. [3차원 음영]의 체크 표시를 해제하고 [확인]을 클릭합니다.

⑤ 두 번째 스크롤 막대도 만들고 두 번째 스크롤 막대 위에서 단축 메뉴를 부르고 [컨트롤 서식]을 선택합니다. [컨트롤] 탭에서 다른 것은 다 그대로 두고, [셀 연결] 상자 안을 지운 후, C6 셀을 클릭합니다. [확인]을 클릭합니다.

⑥ A3 셀을 클릭하고 =A6+41640을 입력합니다.

⑦ C3 셀을 클릭하고 =C6+41640을 입력합니다.

⑧ A3 셀과 C3 셀을 클릭하고 단축 메뉴를 불러 [셀 서식]을 선택합니다. [표시 형식][범주]에서 [날짜]를 선택하고, 2003-01-02 형식의 날짜 서식을 선택한 후, [확인]을 클릭합니다.

⑨ A6 셀과 C6 셀을 클릭하고 [글꼴색]을 [흰색]으로 지정해서 안 보이게 합니다.

⑩ C5 셀에 다음 식을 입력합니다.

=SUMPRODUCT((A8:A1103)=A3)*(A8:A1103<=C3)*C8:C1103)

> 41640은 2014년 1월 1일의 정수 값입니다. 이 값은 날짜 셀을 클릭하고 [셀 서식]에서 [표시 형식][범주]의 [일반]을 선택하면 [보기]에 표시됩니다. 2006년 12월31일의 값은 42171입니다. 따라서 스크롤 막대에서 [최소값]에 41640, [최대값]에 42171를 지정하면 됩니다. 그러나 스크롤 막대는 0에서 30000까지만 입력을 허용합니다. 그래서 0에서 1095까지 지정하고 그 값에 41640을 더한 겁니다.
> =SUMPRODUCT((A8:A1103)=A3)*(A8:A1103<=C3)*C8:C1103) 식은 앞의 2개 조건에 맞는 데이터에 대해서 제일 뒤의 값에 대한 합계를 구해줍니다. 조건에 맞는 데이터의 합계를 구하거나 개수를 구할 때 SUMPRODUCT 함수를 사용하면 편합니다. 만일 개수를 구한다면 제일 뒤의 C8*C1103 대신에 *1을 기술하면 됩니다.

[날짜19.xlsx]

이 날은 올 초부터 따져서 몇 번째 주일까?

주를 기준으로 평균을 구해야 합니다. 그래서 특정 날짜가 몇 번째 주인지를 알아야 합니다. 특정 날짜가 그 해의 몇 번째 주인지를 알 수 있을까요?

B열은 한 주가 일요일부터 시작되는 경우의 주의 숫자이고, C열은 한 주가 월요일부터 시작되는 경우의 주의 숫자입니다.

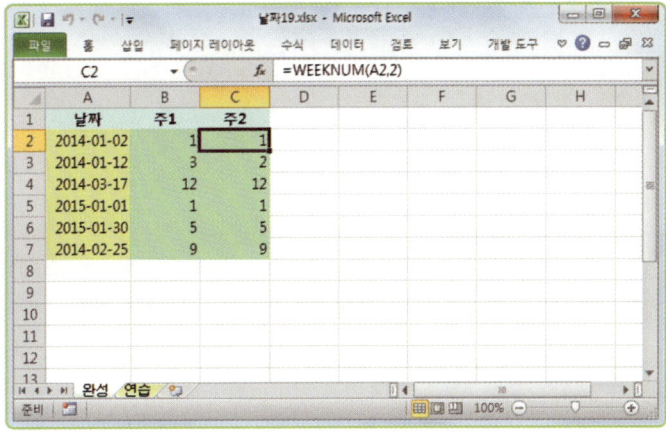

① B2 셀에 **=WEEKNUM(A2,1)**를 입력하고 채우기 핸들을 더블클릭합니다.

② C2 셀에 **=WEEKNUM(A2,2)**를 입력하고 채우기 핸들을 더블클릭합니다.

> WEEKNUM 함수의 두 번째 인수는 주의 형식을 지정합니다. 생략하면 1로 간주되며, 1은 일요일부터 주가 시작됩니다. 2는 월요일부터 주가 시작됩니다.

SECTION 037

다양한 과년도 날짜를 올해 날짜로 바꾸려면?

[날짜20.xlsx]

주를 기준으로 평균을 구해야 합니다. 그래서 특정 날짜가 몇 번째 주인지를 알아야 합니다. 특정 날짜가 그 해의 몇 번째 주인지를 알 수 있을까요?

A열의 과년도가 B열에 모두 올해의 년도로 수정되었습니다.

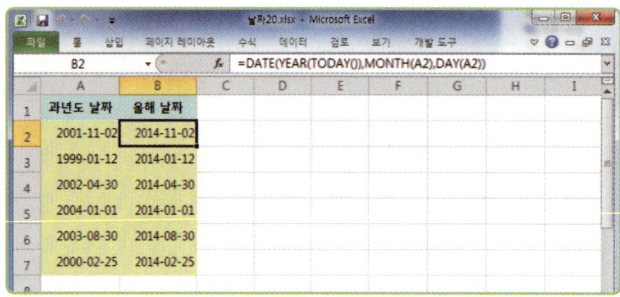

① B2 셀에 **=DATE(YEAR(TODAY()),MONTH(A2),DAY(A2))**를 입력합니다.

② B2 셀의 채우기 핸들을 더블클릭합니다.

③ 이 상태에서 A열을 삭제하면 #REF! 에러가 발생합니다. B열의 식을 값으로 변환하기 위해 B2:B7 셀에 범위를 지정하고 메뉴에서 [홈][클립보드][복사]를 선택합니다. 다시 [홈][클립보드][붙여넣기][값 붙여넣기]에서 [값 및 숫자 서식]을 클릭합니다.

④ 이제 A열을 삭제합니다.

> TODAY 함수로 오늘의 날짜를 구한 후, YEAR 함수로 올해의 년도를 구하고, 월과 일은 과년도를 그대로 사용했습니다.

[날짜21.xlsx]

숫자만으로 시간을 빨리 입력하려면

시간을 입력하는데 콜론 없이 숫자만 입력하면 올바른 시간이 표시되게 하는 방법을 알려주세요. 숫자는 4자리나 3 자리로 입력하거든요.

A열에 4자리나 3자리 숫자를 입력하고, B열에 화물 코드를 입력하면 C열에 시간 형식으로 표시됩니다. 작업을 마치면 A열은 삭제합니다.

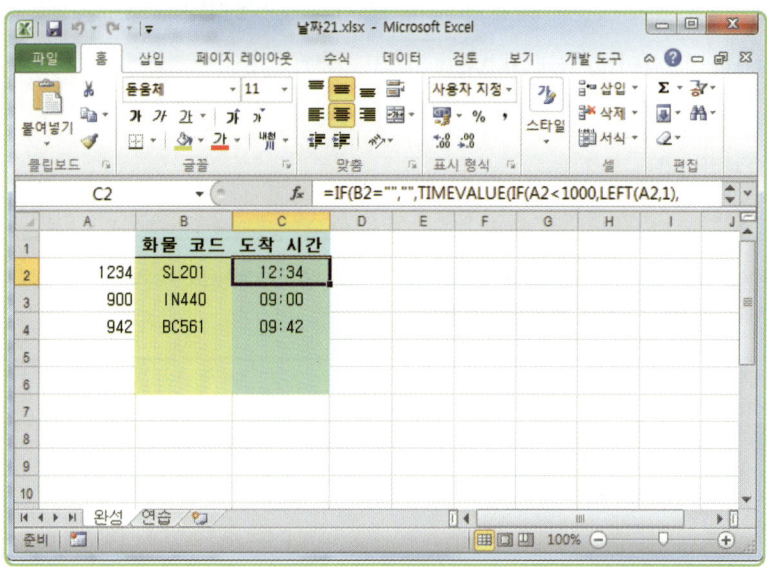

① C2:C6 셀에 범위를 지정하고 단축 메뉴를 불러 [셀 서식]을 선택합니다.

② [표시 형식][범주][사용자 지정]을 선택하고 [형식]에 hh:mm을 입력하고 [확인]을 클릭합니다.

③ C2 셀에 다음 식을 입력합니다.

=IF(B2="","",TIMEVALUE(IF(A2<1000,LEFT(A2,1),LEFT(A2,2))&":"&RIGHT(A2,2)))

④ C2 셀의 채우기 핸들을 잡고 C6 셀까지 드래그합니다. 이제 숫자와 화물 코드를 입력해보세요.

⑤ 작업을 마치면 시간이 표시된 C2:C6 셀에 범위를 지정하고 메뉴에서 [홈][클립보드][복사]를 선택합니다. 다시 메뉴에서 [붙여넣기][선택하여 붙여넣기]를 선택하고 [값 및 숫자 서식]에 체크한 후 [확인]을 클릭합니다.

⑥ A열을 삭제합니다.

> TIMEVALUE 함수는 텍스트 문자열을 시간 값으로 변환합니다. 그 시간 값의 표시 형식은 서식 코드에서 지정했습니다. 화물 코드까지 입력되어야 시간이 표시되도록 IF 식을 추가했습니다.

[날짜22.xlsx]

SECTION 039

2개 열의 숫자로 "시간:분" 만들고 총계를 구하려면

현장 직원들의 작업 시간을 기록한 시트가 있어요. 그냥 편하게 A열에는 직원 이름, B열에는 시간을, C열에는 분을 숫자로 입력했어요. 이걸 엑셀의 시간 형식으로 표시하고 그 시간의 합계를 구해야 합니다. TIME 함수를 사용해서 시간:분 형식을 만들었더니 결과가 이상해요. 시간이 24를 넘는 경우, 24로 나눈 나머지가 시간으로 표시되더군요.

D열에 올바른 시간이 표시됩니다. 제일 아래에는 시간의 총계도 구해집니다. 이 표를 만들기 위해서는 서식 코드와 함수식을 조절해야 합니다.

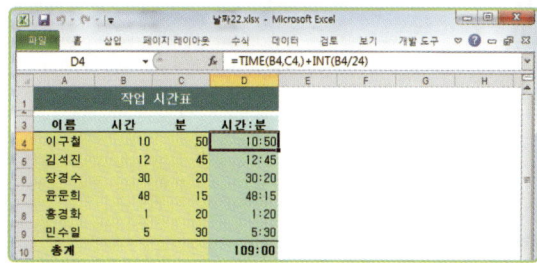

1 D4:D10 셀에 범위를 지정하고, 단축 메뉴를 불러 [셀 서식]을 선택합니다.

2 [표시 형식][범위]에서 [사용자 지정]을 선택하고, [형식]에 [h]:mm을 입력한 후 [확인]을 클릭합니다.

3 D4 셀에 =TIME(B4,C4,)+INT(B4/24)를 입력한 후, D4 셀의 채우기 핸들을 잡고 D9셀까지 드래그합니다.

4 D10 셀에 =SUM(D4:D9)를 입력합니다.

[h]:mm과 같이 시간을 대괄호 안에 기술하면 24를 넘는 시간도 올바로 표시됩니다. TIME 함수는 시간이 24를 넘으면 24로 나눈 나머지만으로 시간을 표시합니다. 따라서 우리가 그 몫을 구해서 더해줘야 합니다.

[날짜23.xlsx]

S·E·C·T·I·O·N 040
시간을 구하는데 음수 때문에 에러가 나와요!

그래픽 작업을 하고 있는데 작업마다 소요된 시간을 알아보려고 합니다. 종료 시간에서 시작 시간을 빼면 되는 거 같은데, 하루를 넘게 작업한 경우는 음수가 나오고, 그래서 ####이 표시됩니다. 해결해주세요.

D열에 작업에 소요된 시간이 정상적으로 표시됩니다. 종료 시간이 시작 시간보다 작거나 같은 것은 하루가 넘어 갔다는 의미입니다.

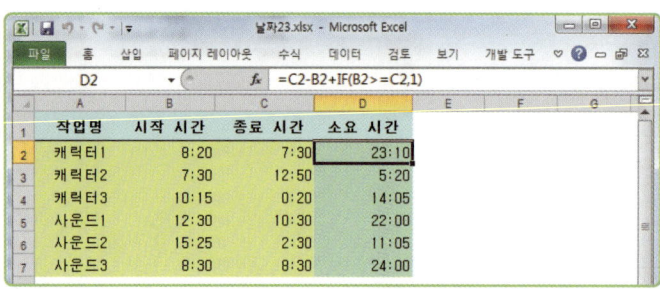

① D2:D7 셀에 범위 지정하고 단축 메뉴를 불러 [셀 서식]을 선택합니다.

② [표시 형식][범주]에서 [사용자 지정]을 선택하고, [형식]에 [h]:mm을 입력하고, [확인]을 클릭합니다.

③ D2 셀에 =C2−B2+IF(B2>=C2,1)를 입력하고, D2 셀의 채우기 핸들을 잡고 D7 셀까지 드래그합니다.

소요 시간이 24 시간을 넘는 경우를 대비해서 서식 코드를 [h]:mm으로 지정합니다. IF(B2>=C2,1) 식은 종료 시간이 시작 시간보다 작거나 같으면 1을 반환하고, 아니면 0을 반환합니다. 엑셀의 시간 계산에서 1은 1일 즉, 24시간을 의미합니다. IF 식은 하루가 지난 경우에 1을 더하는 겁니다.

[날짜24.xlsx]

시간을 1분, 1시간, 10분, 30분 단위로 정리하려면

작업 시간을 계산하는데 10분 단위로 정리해야 합니다. 예를 들어, 작업 시간이 1시간 10분이면 그냥 1시간 10분으로 계산하지만, 1시간 11분과 같이 10분을 조금이라도 넘으면 1시간 20분으로 계산합니다.

시간을 4가지 단위로 무조건 올림을 한 예를 보여줍니다. 초 단위로 정리하면 분까지 표시되고, 분 단위로 정리하면 시간까지 표시됩니다.

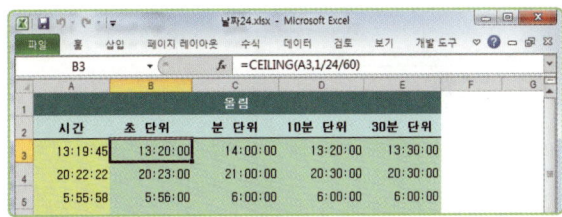

① B3:E7 셀에 범위를 지정하고 단축 메뉴를 불러 [셀 서식]을 선택한 후, [표시 형식][범주] [사용자 지정]을 선택하고, [형식]에 [h]:mm:ss를 입력하고, [확인]을 클릭합니다.

② B3 셀에 =CEILING(A3,1/24/60)을 입력합니다.

③ C3 셀에 =CEILING(A3,1/24)을 입력합니다.

④ D3 셀에 =CEILING(A3,1/24/6)을 입력합니다.

⑤ E3 셀에 =CEILING(A3,1/24/2)을 입력합니다.

⑥ B3:E3 셀에 범위를 지정하고 채우기 핸들을 잡고 7행까지 드래그합니다.

CEILING은 배수를 구하는 함수입니다. 엑셀에서 1일은 1입니다. 따라서 1/24는 1시간을 의미하고, 1/24/60은 1분을 의미합니다. 1/24/6은 10분, 1/24/2는 30분을 의미합니다. 만일 내림을 하려면 CEILING 함수 대신에 FLOOR 함수를 사용하면 됩니다.

SECTION 042

[날짜25.xlsx]
변치 않는 현재 날짜와 시간을 자동으로 기록하려면

데이터를 입력할 때마다 입력할 때의 날짜와 시간을 기록해야 합니다. NOW 함수를 사용하면 될 것 같은데, 이 함수를 사용하니까 파일을 열 때마다 그 때의 날짜와 시간으로 자꾸 바뀝니다. 다른 방법이 없을까요? 마땅한 다른 함수가 있는 것 같지는 않은데요.

B열에서는 NOW 함수를 응용해서 문제를 해결하고 있습니다. C열은 그냥 NOW 함수만 사용한 경우를 보여줍니다. A열의 이름을 지우고, 다시 기록하면 그때의 날짜와 시간이 새로 기록됩니다.

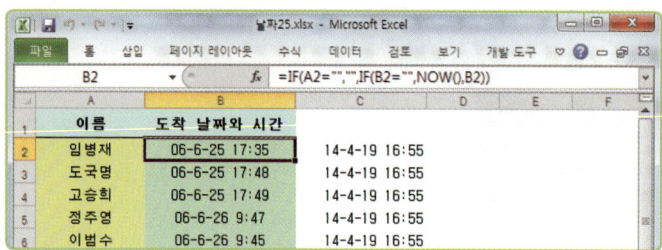

1 메뉴에서 [파일][옵션]을 선택하고 [수식] [반복 계산 사용]에 체크를 하고 [확인]을 클릭합니다. 이것은 순환 참조를 가능하게 하는 겁니다.

2 B2:B6 셀에 범위를 지정하고 단축 메뉴를 불러 [셀 서식]을 선택하고 [표시 형식][범주][날짜]에서 01-3-14 13:30 형식을 선택합니다.

3 B2 셀에 =IF(A2="","",IF(B2="",NOW(),B2))를 입력합니다.

4 B2 셀의 채우기 핸들을 잡고 B6 셀까지 드래그합니다.

그냥 NOW 함수를 사용하면 파일을 열 때마다 무조건 NOW 함수가 실행되어 파일을 열 때의 날짜와 시간으로 갱신됩니다. 하지만 우리가 사용한 식은 조건이 맞아야 NOW 함수가 실행됩니다. A열이 공백이면 B열에 공백이 기록됩니다. 그러나 A열에 데이터가 입력되면 B열이 공백인 경우에만 NOW 함수가 실행되고, 아니면 원래의 값을 유지합니다. 결국 처음 입력할 때 또는 A열의 데이터를 지우고 새로운 데이터를 입력할 때만 NOW 함수가 실행되어 새로운 날짜와 시간이 기록됩니다.

SECTION 043

[날짜26.xlsx]
6개 열의 숫자로 년, 월, 일, 시, 분, 초 형식을 만들려면

제가 받은 자료에는 A 열부터 F 열까지 년, 월, 일, 시, 분, 초를 의미하는 숫자들이 기록되어 있습니다. 이 숫자들을 조합해서 년/월/일 시:분:초 형식으로 바꿔야 합니다.

6개의 열에 있는 숫자들을 조합해서 올바른 날짜와 시간 형식으로 기록했습니다.

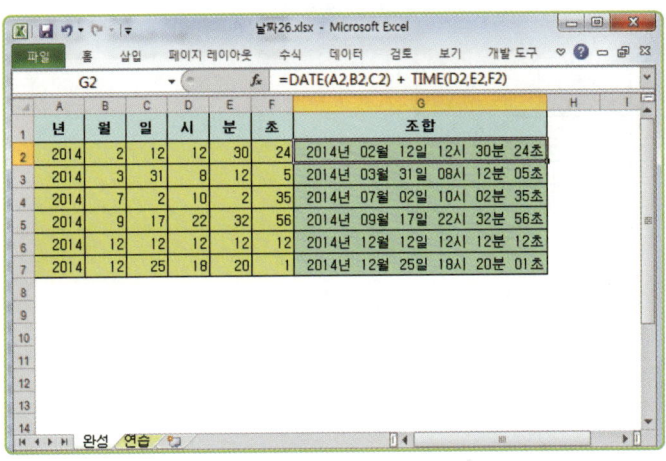

① G2:G7 셀에 범위를 지정하고 단축 메뉴를 불러 [셀 서식]을 선택하고 [표시 형식][범위][사용자 지정]에서 [형식]에 yyyy"년" mm"월" dd"일" hh"시" mm"분" ss"초"를 입력합니다.

② G2 셀에 =DATE(A2,B2,C2) + TIME(D2,E2,F2)를 입력하고 채우기 핸들을 더블클릭합니다.

> DATE 함수를 이용해 첫 3개의 숫자로 날짜를 구성하고, TIME 함수를 이용해 그 다음 3개의 숫자로 시간을 구성했습니다. 두 개 함수식의 결과를 더한다는 점을 유의하세요. 엑셀 내부에서 날짜/시간은 정수.소수로 계산됩니다.

SECTION 044

[날짜27.xlsx]

1개 셀에 기록된 날짜와 시간을 2개 열로 분리하려면

날짜와 시간이 1개 셀에 표시된 상태에서 날짜 따로, 시간 따로 분리해야 합니다. 간단히 해결하는 방법이 없을까요? 도와주세요....

B열에 날짜가 기록되고, C열에 시간이 기록되었습니다.

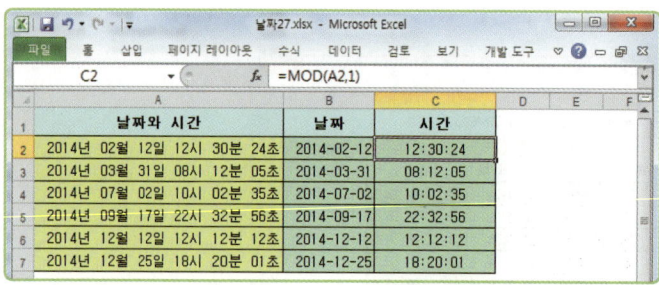

① B2:B7 셀에 범위를 지정하고 단축 메뉴를 불러 [셀 서식]을 선택하고, [표시 형식][범주] [날짜]에서 **2006-01-02** 형식을 선택하고 [확인]을 클릭합니다.

② C2:C7 셀에 범위를 지정하고 단축 메뉴를 불러 [셀 서식]을 선택하고, [표시 형식][범주] [사용자 지정 형식]에서 [형식]에 **hh:mm:ss**를 입력합니다.

③ B2 셀에 **=INT(A2)**를 입력합니다. B2 셀의 채우기 핸들을 더블클릭합니다.

④ C2 셀에 **=MOD(A2,1)**을 입력합니다. C2 셀의 채우기 핸들을 더블클릭합니다.

A2 셀을 클릭하고 [셀 서식]을 불러 [표시 형식][범주][일반]을 선택하면 [보기]에 41682.52111이 표시됩니다. 여기서 정수 부분이 날짜이고 소수 이하가 시간입니다. 따라서 INT 함수로 A2 셀의 정수 부분만 취하면 날짜가 됩니다. 또한 MOD 함수로 A2 셀을 1로 나누어 나머지를 구하면 즉, 소수 부분만 취하면 시간이 됩니다.

[날짜28.xlsx]

SECTION 045 날짜와 시간별로 일정표를 만들려면

스케줄 표가 필요합니다. 병원에서 근무하고 있는데 예약 환자들을 날짜와 시간대별로 기록해두고 있습니다. 이 데이터를 날짜와 시간별로 정리해서 보면 편할 텐데 잘 안됩니다. A열에는 예약된 날짜와 시간이 기록되고, B열에는 이름이 있다고 가정할 때 왼쪽에 시간들이 있고 제목에 날짜가 있는 시간별, 날짜별, 2차원 표를 만들고 싶습니다.

시간별, 날짜별로 환자들을 정리했습니다. 예약된 환자가 없는 시간에는 #N/A가 표시됩니다.

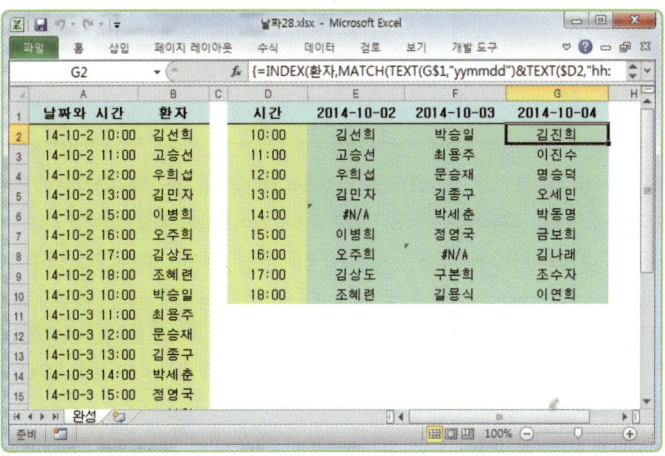

① [날짜28연습.xlsx]를 열고 시작합니다. A2 셀을 클릭한 후, Ctrl + Shift + ↓ 키를 눌러 날짜와 시간 데이터에 범위를 지정합니다.

② [이름 상자]에 "날짜"를 입력합니다.

③ B2 셀을 클릭한 후, Ctrl + Shift + ↓ 키를 눌러 이름 데이터에 범위를 지정합니다.

④ [이름 상자]에 "**환자**"를 입력합니다.

⑤ E2 셀에 다음의 식을 입력합니다.

=INDEX(환자,MATCH(TEXT(E$1,"yymmdd")&TEXT($D2,
"hh:mm"),TEXT(날짜,"yymmdd")&TEXT(날짜,"hh:mm"),0))

식을 모두 입력한 후에 수식 입력줄에 커서를 위치시키고 Ctrl + Shift + Enter 키를 눌러 중괄호를 입력합니다. 이 식은 배열식입니다.

⑥ E2 셀의 채우기 핸들을 잡고 G2 셀까지 드래그한 후, G2 셀의 채우기 핸들을 더블클릭합니다.

> TEXT(E$1,"yymmdd")&TEXT($D2,"hh:mm") 식은 E1과 D2 셀의 값을 연결해서 날짜와 시간을 만듭니다. 문자 연결을 위해 & 연산자를 사용했으며, 날짜와 시간 형식을 유지하기 위해 TEXT 함수 내에서 서식 코드를 지정했습니다.
> MATCH(TEXT(E$1,"yymmdd")&TEXT($D2,"hh:mm"),TEXT(날짜,"yymmdd") &TEXT(날짜,"hh:mm"),0) 식은 첫 번째 인수로 지정된 날짜와 시간을 두 번째 인수로 지정된 범위에서 찾은 후, 그 위치 값을 돌려줍니다.
> INDEX 함수는 1개의 셀 값을 가져오는 함수입니다. 우리는 환자의 이름을 가져오게 됩니다. 이 함수는 3개의 인수를 사용합니다. 첫 번째 인수에 검색의 범위 ("환자"라는 이름 배열), 두 번째 인수에 행 (MATCH 함수의 결과), 세 번째 인수에 열 (0)을 지정해서 해당 셀의 값을 가져옵니다.
> 이 식은 "환자"와 "날짜"라는 이름을 사용하고 있습니다. 이 이름들은 1개의 값이 아니라, 동일한 타입의 여러 개의 값입니다. 즉, 계산 과정에서 배열을 사용합니다. 그래서 배열식입니다.

SECTION 046

[날짜29.xlsx]

밤 12시를 넘는 임금을 계산하려면

작업 시간을 구하는 것과 유사한 문젠데요. 제가 알바를 하는 곳에서 알바 임금을 계산해 달래요. 근무를 시작한 시간에서 근무를 끝낸 시간을 빼서 시급을 곱하면 될 것 같은데 잘 안되네요. 시급은 알바 경력에 따라 달라요. 밤새워 근무하는 경우도 있고요. 이거 해결해주면 알바 시급이 좀 오를 것 같아요. 도와주세요.

D열에 근무 시간이 구해지고, F열에 알바 임금이 구해집니다.

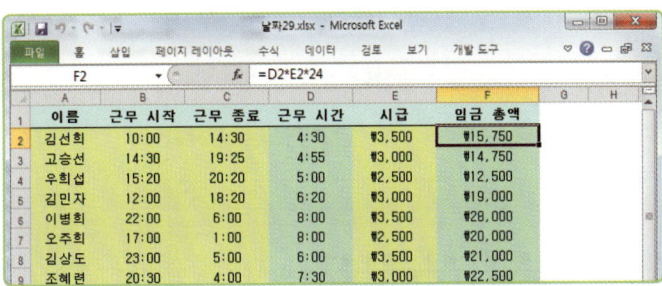

① D2:D9 셀에 범위를 지정하고 단축 메뉴를 불러 [셀 서식]을 선택한 후, [표시 형식][범주]에서 [시간]을 선택하고 13:30 형식을 선택하고 [확인]을 클릭합니다.

② F2:F9 셀에 범위를 지정하고 단축 메뉴를 불러 [셀 서식]을 선택한 후, [표시 형식][범주]에서 [통화]를 선택하고, [기호]에서 ₩을 선택하고 [확인]을 클릭합니다.

③ D2 셀에 =C2-B2+(B2>C2)를 입력하고 D2 셀의 채우기 핸들을 더블클릭합니다.

④ F2 셀에 =D2*E2*24를 입력하고 F2 셀의 채우기 핸들을 더블클릭합니다.

> +(B2>C2)는 하루가 넘어갔을 경우 1을 더하기 위한 식입니다. B2가 C2 보다 크면 하루가 지난 것이고, 그 경우 이 식은 TRUE 이므로 1을 반환합니다. =D2*E2*24 식은 시간 값을 구하기 위해 24를 곱했습니다.

SECTION 047

평일, 주말, 오버타임을 구분해서 임금을 계산하려면

[날짜30.xlsx]

근무 시간에 따라 시간 당 임금을 지불해야 합니다. 하루에 8시간 근무까지는 시급이 3,000원입니다. 8시간을 넘는 경우는 넘은 시간에 대해서는 시급이 3,300원이고요. 그리고 토요일이나 일요일에는 시급이 달라집니다. 8시간까지는 3,500원이고 8시간을 넘는 시간에 대해서는 3,900원입니다. 이걸 다 고려해서 임금 좀 계산해주세요.

14행과 15행의 시급 표를 참조해서 시급을 계산합니다. E열에는 근무 시간이 표시되고, F열에는 평일과 주말, 일반 근무와 오버타임을 구분해서 계산한 임금 총계가 표시됩니다.

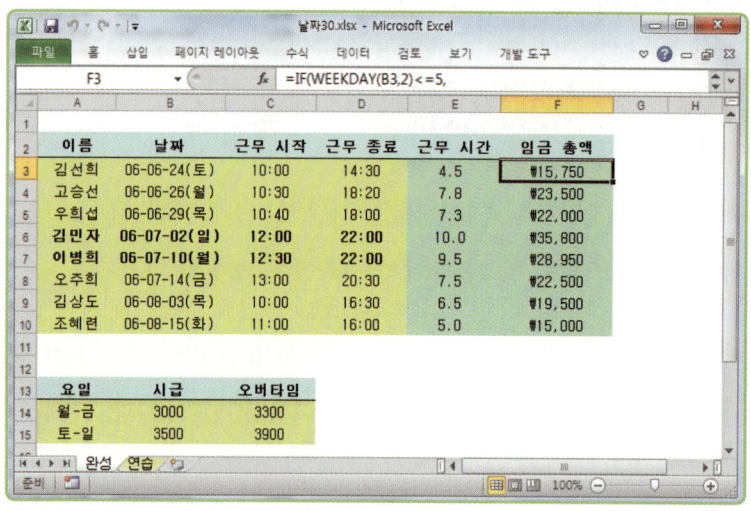

① E3:E10 셀에 범위를 지정하고 단축 메뉴를 불러 [셀 서식]을 선택하고 [표시 형식][범주]에서 [숫자]를 선택하고 [소수 자릿수]를 1로 조절합니다.

② F3:F10 셀에 범위를 지정하고 단축 메뉴를 불러 [셀 서식]을 선택하고 [표시 형식][범주]에서 [통화]를 선택하고 [기호]에서 ₩를 지정합니다.

③ E3 셀에 =(D3-C3)*24를 입력한 후, 채우기 핸들을 더블클릭합니다.

④ F3 셀에 다음 식을 입력한 후, 채우기 핸들을 더블클릭합니다.

=IF(WEEKDAY(B3,2)<=5,MAX(E3-(E3-8,0)*$C$15+MIN(E3,8)*$B $15)

> IF(WEEKDAY(B3,2)<=5 식은 근무일이 평일인가를 검사합니다. 평일이면 MAX(E3-8,0)*$C$14+MIN(E3,8)*$B$14 식이 실행됩니다. MAX 식은 오버타임 임금을 계산하고, MIN 식은 일반 시간 임금을 계산합니다. 주말인 경우에도 식의 의미는 동일합니다. E3, 즉 근무 시간에서 8을 빼서 0보다 크면 오버타임이 됩니다. 0이나 음수면 오버 타임이 아니지요.

[날짜31.xlsx]

SECTION 048
310분은 몇 시간 몇 분인가?

4개의 공정을 통해서 완성되는 작업이 있습니다. 작업자마다 각 공정별로 소모된 시간을 분 단위로 측정해서 표에 기록하고 합계도 구해 놓았습니다. 이제 분의 합계를 시간과 분으로 계산해야 합니다. 가령, 합계가 245분이라면 이것이 몇 시간 몇 분인지를 계산해야 합니다.

4개의 분을 더해서 합계를 구하고 그 합계를 시간과 분으로 환산했습니다.

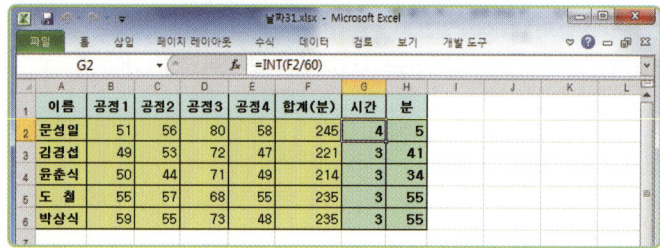

① G2 셀에 **=INT(F2/60)**을 입력하고 채우기 핸들을 더블클릭합니다.

② H2 셀에 **=MOD(F2,60)**을 입력하고 채우기 핸들을 더블클릭합니다.

> 1시간이 60분이므로 분의 총계를 60으로 나누어 정수 값을 취하면(INT) 시간이 됩니다. 또한 분의 총계를 60으로 나눈 나머지를 구하면 분이 되므로 나머지 값을 구하는 MOD 함수를 사용했습니다.

52시간 20분은 며칠, 몇 시간, 몇 분?

[날짜32.xlsx]

5대의 셔틀 버스를 운행하고 있습니다. 각 버스별로 월요일에서 금요일까지 운행 시간을 기록하고 있습니다. 그래서 일주일 간의 총계 시간을 구해 놓았습니다. 총계 시간은 24를 넘기 때문에 [h]:mm으로 서식을 지정해서 제대로 구해 놓았는데 이 시간을 며칠, 몇 시간, 몇 분으로 바꿔야 합니다. 그걸 잘 모르겠습니다.

G열의 합계 시간을 일과 시간, 분으로 환산했습니다.

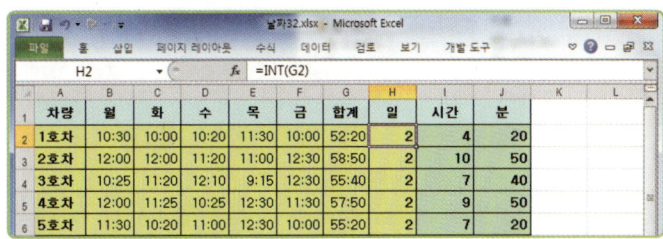

① H2 셀에 =INT(G2)를 입력한 후 채우기 핸들을 더블클릭합니다.

② I2 셀에 =INT(MOD(G2,INT(G2))*24)를 입력한 후 채우기 핸들을 더블클릭합니다.

③ J2 셀에 =MINUTE(G2)를 입력한 후 채우기 핸들을 더블클릭합니다.

엑셀에서는 1일을 숫자 1로 정의하며, 24시 체제에서 0시가 0이고, 12시가 0.5입니다. 그래서 1시간의 시간 값은 1/24이고, 1분의 숫자 값은 1/(24*60)이며, 1초의 시간 값은 1/(24*60*60) 입니다. INT(G2)는 엑셀 내부에서 숫자로 표현된 시간 값 중 정수만을 취해서 일을 구합니다. INT(MOD(G2, INT(G2))*24) 식은 일로 나눈 나머지에 24를 곱해서 시간을 구합니다. MINUTE 함수는 시간에서 분만을 취합니다.

EXCEL **PART 03** 합계를

엑셀 함수 Q&A

구하거나 집계표 만들기

Q&A

[합계1.xlsx]

SECTION 050
데이터가 입력된 행까지만 누계를 표시하려면

누계를 구하기 위해 누계를 구할 행들에 SUM 함수를 사용했는데 아직 데이터가 입력되지 않은 행에는 0이 쫙 표시됩니다. 이 0을 안보이게 할 수는 없나요? 데이터가 입력되면 그 행까지만 누계가 표시되는 걸 본 적이 있는데요.

6행부터 데이터를 입력해보세요. 데이터가 입력되면 그 행까지만 D열에 누계가 기록됩니다.

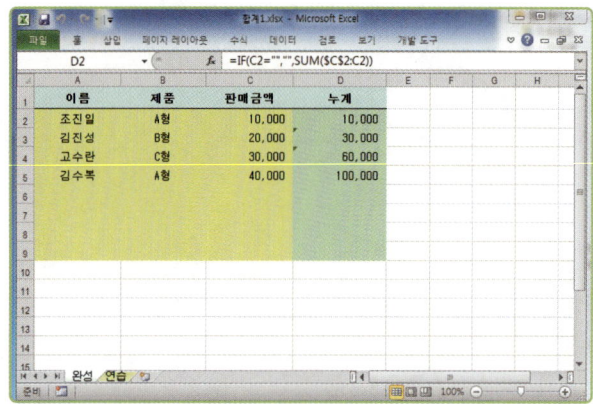

① D2 셀에 =IF(C2="","",SUM($C$2:C2))을 입력합니다.

② D2 셀의 채우기 핸들을 잡고 누계를 기록할 D9 셀까지 드래그합니다.

> IF 식은 C열에 데이터 입력되지 않고 비어 있으면 공백을 기록합니다. 그러나 C열에 데이터가 입력되면 SUM 함수가 실행됩니다. SUM 함수는 항상 C2 셀부터 시작해서 해당 행까지의 값을 더해서 누계를 구합니다. $C$2의 사용에 유의하세요. 드래그해도 변치 않는 절대주소!

[합계2.xlsx]

− (음수)까지 모두 더해서 변동 회원수를 구하려면

회원으로 가입한 인원과 탈퇴한 인원을 정리하고 있습니다. 1주일 단위로 신규 가입자 총계와 탈퇴자 총계를 구하고 회원 증감의 총계도 구해야 합니다. 예를 들어, 오늘 가입자가 20명이고 탈퇴자가 30명이면, 회원 증감 값은 −10이 됩니다. 만일 가입자가 30명이고, 탈퇴자가 20명이면 회원 증감 값은 10이고요. 이 회원 증감값을 모두 더해야 합니다.

B9 셀에는 신규 가입자 총계가, C9 셀에는 탈퇴자 총계가 있습니다. D9 셀에는 증감의 총계가 기록되어 있습니다.

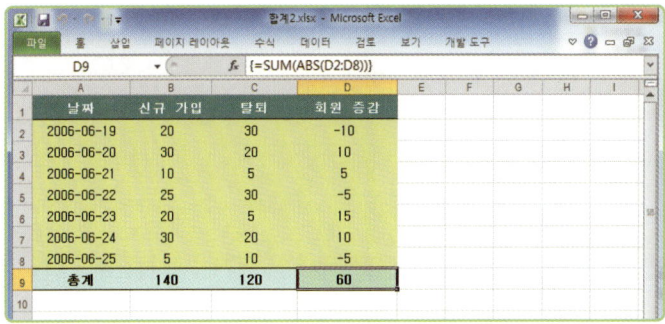

1 D9 셀을 클릭하고 =SUM(ABS(D2:D8))를 입력합니다. 이 식은 배열식입니다. 식을 입력한 후에 수식 입력줄에 커서를 놓고 Ctrl + Shift + Enter 키를 눌러 중괄호를 입력해야 합니다.

> 배열식을 사용해야 한다는 것이 핵심입니다. SUM 함수로 D2:D8 셀의 값을 더하기 전에 ABS 함수로 절대 값을 구하고 있습니다. 절대 값을 구하는 과정에서 여러 개의 값 즉, 배열이 반환되기 때문에 배열식으로 처리해야 합니다.

SECTION 052

[합계3.xlsx]

중간 합계를 제외하고 합계를 구하는 방법은?

합계를 구해야 합니다. C 열에 있는 판매 대수의 합계를 구하려고 하는데 C 열에 지역별로 중간 합계들이 있습니다. 물론 중간 합계들을 더하면 총계가 나오는데, 문제는 그 중간 합계가 20개나 됩니다. SUM 식을 그냥 사용하려니까 20개의 인수를 기록해야 하는데 다른 방법이 없나요?

C14 셀에 중간 합계를 제외한 총 판매 대수가 구해집니다. 핵심은 SUBTOTAL 함수의 사용에 있습니다. 설명의 편의상 여기서는 중간 합계가 3개만 있는 걸로 가정했습니다.

① C5 셀에 **=SUBTOTAL(9,C2:C4)**을 입력합니다.

② C9 셀에 **=SUBTOTAL(9,C6:C8)**을 입력합니다.

③ C13 셀에 **=SUBTOTAL(9,C10:C12)**을 입력합니다.

④ C14 셀에 **=SUBTOTAL(9,C2:C13)**을 입력합니다.

SUBTOTAL 함수는 SUBTOTAL 함수로 계산된 값은 더하지 않는 특성이 있습니다. 그래서 중간 합계들을 SUBTOTAL 함수로 구하고 나서 총계를 구할 때 C2 셀에서부터 마지막 셀까지 SUBTOTAL 함수로 구하면 올바른 결과가 표시됩니다.

[합계4.xlsx]

정수로 표시된 소수의 합계를 제대로 계산하려면

소수 이하 2자리까지 있는 숫자를 서식 코드를 0으로 지정해서 정수 1자리로 만들었어요. 그래서 그 정수를 더했는데 결과가 제대로 나오지를 않네요. 왜 그런가요? 해결 좀 해주세요.

B열은 A열의 숫자에 서식 코드 0을 지정한 겁니다. E열은 D열의 숫자에 서식 코드 #,##0을 지정한 겁니다. B7 셀과 E7 셀에 올바른 합계가 있습니다.

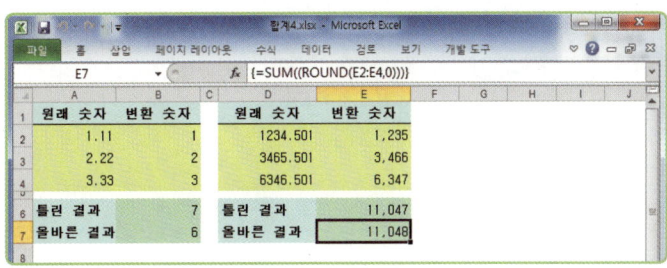

① B7 셀에 **=SUM((ROUND(B2:B4,0)))**을 입력한 후, 수식 입력줄에 커서를 위치시키고 Ctrl + Shift + Enter 키를 눌러 중괄호를 입력합니다.

② E7 셀에 **=SUM((ROUND(E2:E4,0)))**을 입력한 후, 수식 입력줄에 커서를 위치시키고 Ctrl + Shift + Enter 키를 눌러 중괄호를 입력합니다.

> 엑셀 내부에서 계산을 할 때는 서식 코드와 관계없이 원래의 숫자로 계산을 합니다. 그래서 정수로 표시된 값의 올바른 합계를 구하려면 먼저 숫자들을 ROUND 함수로 반올림한 후 더해야 합니다. 이 식의 ROUND 함수는 3개의 반올림된 값을 반환하기 때문에 배열식입니다. 따라서 식을 입력한 후 Ctrl + Shift + Enter 키를 눌러 중괄호를 입력해야 합니다.

[합계5.xlsx]

SECTION 054

특정 표시가 된 데이터만 합계를 구하려면

잡지사라서 원고 꼭지별로 마감을 합니다. 꼭지마다 쪽수가 정해져 있습니다. 원고가 끝나는 대로 쪽수를 계산해야 합니다. 마감된 건수도 구해야 하고요. 물론 내일 마감이 되면 그 쪽수도 총계에 포함시킬 수 있어야 하고요. 이거 자동으로 안 되나요? 팀장 체면 좀 세워주삼!

마감이 되면 C열에 "Y"를 입력합니다. 그러면 페이지 수와 건수가 알맞게 수정됩니다. 마감의 "Y"자를 지우면 역시 그에 맞춰 페이지 수와 건수가 조절됩니다.

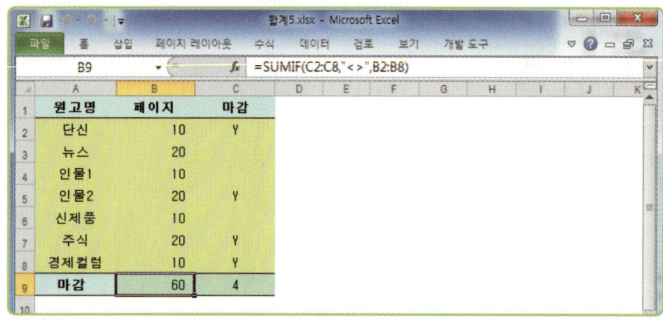

① B9 셀에 **=SUMIF(C2:C8,"〈〉",B2:B8)**을 입력합니다.

② C9 셀에 **=COUNTIF(C2:C8, "〈〉")**를 입력합니다.

> SUMIF는 조건에 맞는 데이터만 값을 더하고, COUNTIF는 조건에 맞는 데이터만 개수를 셉니다. "〈〉"는 "공백이 아니면…"을 의미합니다. 따라서 C열에 "Y"가 아닌 다른 문자를 입력해도 됩니다.

[합계6.xlsx]

기준 값 이상의 데이터와 기준 값 미만의 데이터 개수를 세려면

회사에서 회원 배가 운동을 했습니다. 직원별로 목표 인원수가 할당되었습니다. 마감을 하려는데 목표를 달성하지 못한 직원 수와 목표를 달성한 직원 수를 구해야 합니다. 직원 별로 접수량에서 목표량을 빼서 결과를 기록해두었거든요. 달성한 직원은 결과에 양수 값이 기록되고, 달성하지 못한 직원은 결과에 음수 값이 기록된 상태입니다.

총계는 단순히 SUM 함수를 사용했고, 결과는 C열에서 B열을 뺀 겁니다. B11 셀에 미달 건수, B12 셀에 달성 건수가 기록되어 있습니다.

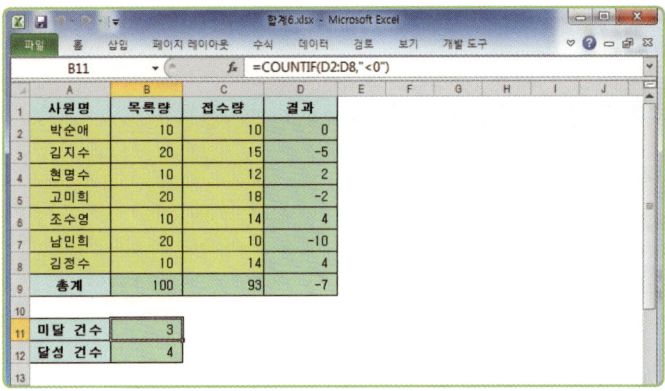

① B11 셀에 =COUNTIF(D2:D8,"<0")를 입력합니다.

② B12 셀에 =COUNTIF(D2:D8,">=0")를 입력합니다.

B11 셀의 식은 결과 셀 중에서 음수의 개수를 구합니다. B12 셀의 식은 결과 셀에서 0이나 양수의 개수를 구합니다.

SECTION 056

여기저기 분산 기록된 직원의 판매량 합계를 구하려면

[합계7.xlsx]

우리 회사에서는 분기별로 5개 지역에 5명의 판촉 사원을 투입해서 판촉 활동을 합니다. 그런데 분기마다 직원 배치를 달리합니다. 예를 들어, 박순애씨가 1분기에는 인천, 2분기에는 안양, 3분기에는 부천, 4분기에는 수원을 담당하는 식입니다. 따라서 지역별 분기별로 판매량을 기록하면, 표에서 직원 이름이 기록된 위치가 분기마다 다릅니다. 이럴 때 직원별로 총 판매량을 구하려면 어떻게 해야 하나요?

표를 보면 지역과 분기가 고정되어 있고, 분기마다 직원 이름이 다른 위치에 기록되어 있습니다. B9:B13 열에 직원별로 합계가 구해졌습니다.

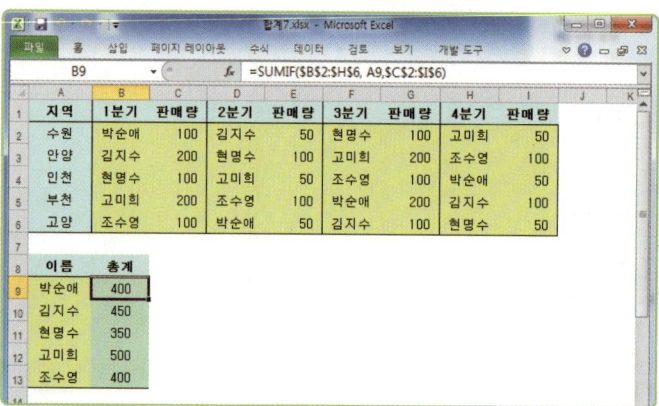

① B9 셀에 =SUMIF($B$2:$H$6,A9,$C$2:$I$6)을 입력합니다.

② B9 셀의 채우기 핸들을 더블클릭합니다.

$B$2:$H$6 셀 범위에서 A9와 일치하는 셀을 찾아 $C$2:$I$6 셀 범위에서 대응하는 셀의 값을 더합니다.

[합계8.xlsx]

판매 기록에서 사원별 집계표와 제품별 집계표를 만들려면

영업사원이 거래업체를 다니면서 주문을 발생시키고 그걸 기록한 데이터가 있습니다. 이 데이터를 가지고 사원별, 제품별로 판매 금액과 판매 건수를 기록해야 합니다. 간단한 방법 좀 알려주세요.

판매 데이터 표 옆에 사원별 집계표와 제품별 집계표를 만들었습니다.

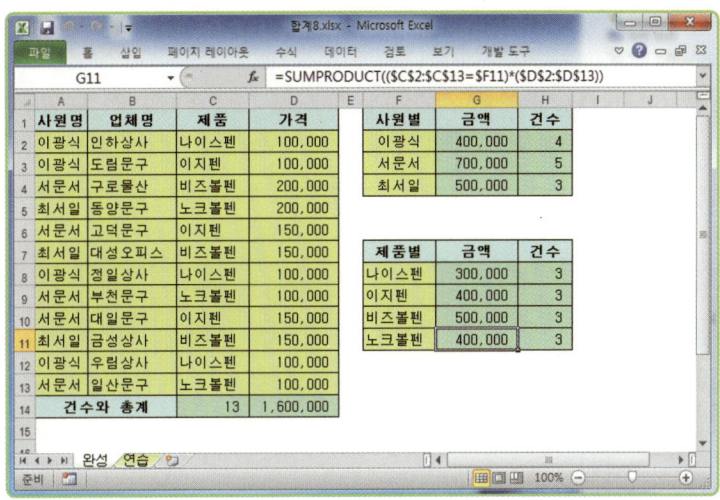

① C14 셀에 =COUNT($D:$D)를 입력합니다.

② D14 셀에 =SUM(D2:D13)를 입력합니다.

③ G2 셀에 =SUMPRODUCT(($A$2:$A$13=$F2)*($D$2:$D$13))를 입력한 후, 채우기 핸들을 잡고 G4 셀까지 드래그합니다.

④ H2 셀에 **=SUMPRODUCT(($A$2:$A$13=$F2)*1)**을 입력한 후, 채우기 핸들을 잡고 H4 셀까지 드래그합니다.

⑤ G8 셀에 **=SUMPRODUCT(($C$2:$C$13=$F8)*($D$2:$D$13))**을 입력한 후, 채우기 핸들을 잡고 G11 셀까지 드래그합니다.

⑥ H8 셀에 **=SUMPRODUCT(($C$2:$C$13=$F8)*1)**을 입력한 후, 채우기 핸들을 잡고 H11 셀까지 드래그합니다.

> 건수 즉, 개수를 구할 때는 =SUMPRODUCT(($A$2:$A$13=$F2)*1)과 같이 조건을 기술한 후, 제일 뒤에 *1을 기술한다는 점을 유의해야 합니다.

[합계9.xlsx]

SECTION 058
판매 데이터를 제품별/사원별 2차 테이블로 정리하려면

주문한 순서대로 1차원으로 기록된 판매 데이터를 행 제목에는 제품이름, 열 제목에는 사원이름이 있는 2차 테이블로 정리해야 합니다. 좋은 방법을 알려주세요.

주문 기록표 옆에 제품별/사원별로 판매 금액 집계표와 판매 건수 집계표가 있습니다. 2개의 표를 보면 제품과 사원 이름의 순서가 다릅니다. 이 표는 이 이름들을 마음대로 기술할 수 있습니다. [합계9연습.xlsx]를 열고 연습하세요.

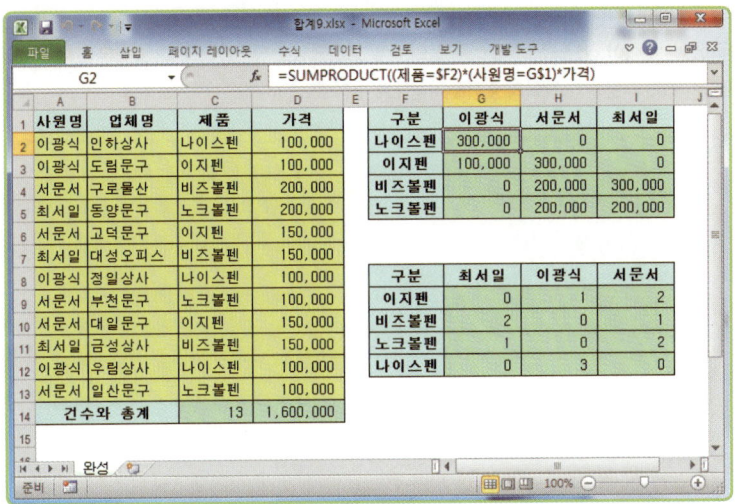

① A2:A13 셀에 범위를 지정하고 [이름 상자]에 "**사원명**"을 입력합니다.

② C2:C13 셀에 범위를 지정하고 [이름 상자]에 "**제품**"을 입력합니다.

③ D2:D13 셀에 범위를 지정하고 [이름 상자]에 "**가격**"을 입력합니다.

④ G2 셀에 **=SUMPRODUCT((제품=$F2)*(사원명=G$1)*가격)**을 입력합니다.

⑤ G2 셀의 채우기 핸들을 잡고 I2 셀까지 드래그한 후, 다시 채우기 핸들을 잡고 5행까지 드래그합니다.

⑥ G9 셀에 **=SUMPRODUCT((제품=$F9)*(사원명=G$8)*1)**을 입력합니다.

⑦ G9 셀의 채우기 핸들을 잡고 I9 셀까지 드래그한 후, 다시 채우기 핸들을 잡고 12행까지 드래그합니다

> 이름을 정의해서 사용하면 함수식이 간단해집니다. 이름 정의는 워크북 단위로 유효합니다. 이 표들은 표의 행 제목과 열 제목을 이용해서 합계를 구했기 때문에 이 제목의 순서를 마음대로 수정해도 됩니다.

[합계10.xlsx]

SECTION 059 콤보상자로 선택해서 사원/제품별 판매액과 건수 구하기

판매 데이터가 기록된 표가 있습니다. 데이터가 엄청 많은데 여기서 자유롭게 데이터의 합계 값과 개수를 알 수 있는 자동화된 방법을 알고 싶습니다. 예를 들어 영업 사원 이름과 제품 이름을 선택하면 그 데이터들만 합계를 구한다거나… 좌우간 수시로 데이터의 조건을 바꾸면서 다양한 결과를 얻을 수 있는 방법을 알려주세요.

B2 셀의 콤보상자에서 사원이름을 선택하고, C2 셀의 콤보상자에서 제품이름을 선택하면, 그 데이터들에 대해서만 합계와 개수가 구해집니다. [합계10연습.xlsx] 파일에서 연습하세요.

① "정보" 시트에서 A2:A4 셀에 범위를 지정하고, [이름 상자]에 "**사원목록**"을 입력합니다.

② B2:B5 셀에 범위를 지정하고 [이름 상자]에 "**제품목록**"을 입력합니다. 콤보 상자에 표시될 데이터의 이름을 정의한 것입니다.

③ "연습" 시트에서 B6:B17 셀에 범위를 지정하고 [이름 상자]에 "**사원명**"을 입력합니다.

④ C6:C17 셀에 범위를 지정하고 [이름 상자]에 "**제품**"을 입력합니다.

⑤ D6:D17 셀에 범위를 지정하고 [이름 상자]에 "**가격**"을 입력합니다. 함수식에서 사용할 이름을 정의한 것입니다.

PART-03
합계를 구하거나 집계표 만들기

⑥ B2 셀을 클릭하고 메뉴에서 [데이터][데이터 도구][데이터 유효성 검사]를 선택합니다.

⑦ [제한 대상]에서 "**목록**"을 선택하고, [원본]에 "**=사원목록**"을 입력합니다.

⑧ C2 셀을 클릭하고 메뉴에서 [데이터][데이터 도구][데이터 유효성 검사]를 선택합니다.

⑨ [제한 대상]에서 "**목록**"을 선택하고 [원본]에 "**=제품목록**"을 입력합니다.

⑩ D2 셀을 클릭하고 단축 메뉴를 불러 [셀 서식]을 선택하고 [표시형식][범주][사용자 지정]을 선택하고 [형식]에 **#,##0"원"**을 입력합니다.

⑪ D3 셀을 클릭하고 단축 메뉴를 불러 [셀 서식]을 선택하고 [표시형식][범주][사용자 지정]을 선택하고 [형식]에 **#,##0"개"**를 입력합니다.

⑫ D2 셀을 클릭하고 **=SUMPRODUCT((사원명=B2)*(제품=C2)*가격)**을 입력합니다.

⑬ D3 셀을 클릭하고 **=SUMPRODUCT((사원명=B2)*(제품=C2)*1)**을 입력합니다.

⑭ C18 셀을 클릭하고 단축 메뉴를 불러 [셀 서식]을 선택하고 [표시형식][범주][사용자 지정]을 선택하고 [형식]에 **#,##0"개"**를 입력합니다.

⑮ D18 셀을 클릭하고 단축 메뉴를 불러 [셀 서식]을 선택하고 [표시형식][범주][사용자 지정]을 선택하고 [형식]에 **#,##0"원"**을 입력합니다.

⑯ C18 셀을 클릭하고 **=COUNT(가격)**을 입력합니다.

⑰ D18 셀을 클릭하고 **=SUM(가격)**을 입력합니다.

> SUMPRODUCT((사원명=B2)*(제품=C2)*가격) 식에서 B2 셀은 콤보상자에서 선택한 사원이름이고, C2 셀은 역시 콤보상자에서 선택한 제품이름입니다. 사용자가 선택한 사원명을 "사원명"이라는 이름에서 찾고, 사용자가 선택한 제품이름을 "제품"이라는 이름에서 찾아 그 2가지 조건을 만족시키는 데이터만 가격을 구해서 모두 더합니다.

[합계11.xlsx]

원본표에 데이터가 추가되면 자동 수정되는 집계표는?

집계표를 다 만들어 놨는데 나중에 추가되는 데이터가 발생했어요. 그래서... 고민하다가 다시 만들었습니다. 데이터가 뒤에 추가되면 이미 만들어 놓은 표에 자동으로 추가되는 방법이 있는 걸로 아는데요, 알려주시면 캄사!

13행까지 데이터가 입력되어 있는 상태입니다. 14행에 새로운 데이터를 입력해보세요. 추가된 데이터에 맞게 표가 수정됩니다. [합계11연습.xlsx]에서 연습하세요.

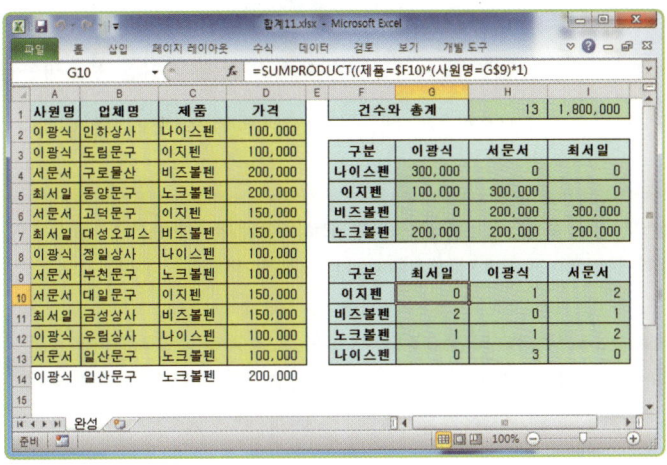

① 메뉴에서 [수식][정의된 이름][이름 정의]를 선택하고 [이름]에 "사원명"을 입력하고, [참조 대상]에 =OFFSET($A$1,1,0, COUNTA($A:$A)-1,1)을 입력하고 [확인]을 클릭합니다.

② [수식][정의된 이름][이름 정의]를 클릭하고, [이름]에 "제품"을 입력하고, [참조 대상]에 =OFFSET ($C$1,1,0, COUNTA ($C:$C)-1,1)을 입력하고 [확인]을 클릭합니다.

③ [수식][정의된 이름][이름 정의]를 클릭하고 [이름]에 "**가격**"을 입력하고 [참조 대상]에 **=OFFSET($D$1,1,0,COUNTA ($D:$D)–1,1)**을 입력하고 [확인][닫기]를 클릭합니다.

④ H1 셀에 **=COUNT(가격)**을 입력합니다.

⑤ I1 셀에 **=SUM(가격)**을 입력합니다.

⑥ G4 셀에 **=SUMPRODUCT((제품=$F4)*(사원명=G$3)*가격)**을 입력한 후, 채우기 핸들을 잡고 I4 셀까지 드래그한 후, 다시 채우기 핸들을 잡고 7행까지 드래그합니다.

⑦ G10 셀에 **=SUMPRODUCT((제품=$F4)*(사원명=G$3)*1)**을 입력한 후, 채우기 핸들을 잡고 I10 셀까지 드래그한 후, 다시 채우기 핸들을 잡고 13행까지 드래그합니다.

이름의 범위를 동적으로 지정한다는 것이 핵심입니다. 동적인 범위를 지정하기 위해서는 OFFSET 함수를 사용합니다. 이 함수는 특정 셀을 기준으로 몇 행, 몇 열 떨어진 셀이나 셀 범위를 지정하는 기능을 가집니다.

OFFSET($A$1,1,0,COUNTA($A:$A)–1,1) 식은 A1 셀부터 1행 0열 떨어진 셀 (즉, A2 셀)부터 A열에서 데이터가 있는 셀의 행의 개수를 세어 1을 뺀 만큼의 행과 1개의 열을 지정합니다. 다시 해석하면, A열에서 데이터가 있는 행의 개수를 구한 겁니다. 1을 뺀 것은 A열에 열 제목도 있기 때문에 그 행을 뺀 겁니다.

이렇게 범위를 지정하면 나중에 뒤에 데이터가 추가되어도 그 데이터까지 이름으로 정의되고, 그 이름을 사용한 함수식에도 반영되어서 표의 값이 자동으로 수정됩니다.

SECTION 061

[합계12.xlsx]

데이터를 요일별, 월별로 집계하려면

3개월 동안 수금 실적을 기록한 데이터 표가 있습니다. 이 표를 바탕으로 요일별 수금액 집계표와 월별 수금액 집계표를 만들어야 합니다.

10월부터 12월까지 수금한 데이터를 가지고 요일별 표와 월별 표를 만들었습니다. [합계12연습.xlsx] 파일로 연습하세요.

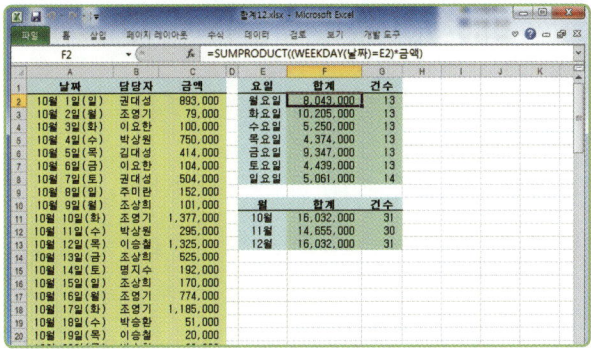

① E2:E8 셀에 범위를 지정하고 단축 메뉴를 불러 [셀 서식]을 선택합니다. [표시 형식][범주] [사용자 지정]을 선택하고 [형식]에 aaaa를 입력합니다.

② E2 셀에 2를 입력하고 채우기 핸들을 잡고 E8 셀까지 드래그하면 월요일부터 요일이 표시됩니다.

③ E11:E13 셀에 범위를 지정하고 단축 메뉴를 불러 [셀 서식]을 선택합니다. [표시 형식][범주][사용자 지정]을 선택하고 [형식]에 #"월"을 입력합니다.

④ E11 셀에 10, E12 셀에 11, E13 셀에 12를 입력하면 월이 표시됩니다.

PART-03 합계를 구하거나 집계표 만들기

5 A2 셀을 클릭하고 Ctrl + Shift + ↓ 키를 눌러 날짜 데이터에 범위를 지정하고, [이름 상자]에 "**날짜**"를 입력합니다.

6 C2 셀을 클릭하고 Ctrl + Shift + ↓ 키를 눌러 금액 데이터에 범위를 지정하고, [이름 상자]에 "**금액**"을 입력합니다.

7 F2 셀에 **=SUMPRODUCT((WEEKDAY(날짜)=E2)*금액)**을 입력한 후, 채우기 핸들을 잡고 F8 셀까지 드래그합니다.

8 G2 셀에 **=SUMPRODUCT((WEEKDAY(날짜)=E2)*1)**을 입력한 후, 채우기 핸들을 잡고 G8 셀까지 드래그합니다.

9 F11 셀에 **=SUMPRODUCT((MONTH(날짜)=E11)*금액)**을 입력한 후, 채우기 핸들을 잡고 F13 셀까지 드래그합니다.

10 G11 셀에 **=SUMPRODUCT((MONTH(날짜)=E11)*1)**을 입력한 후, 채우기 핸들을 잡고 G13 셀까지 드래그합니다.

> 요일을 표시하는 행 제목을 함수식에서 이용하기 위해서 서식 코드를 aaaa로 지정하고 숫자를 입력했습니다. 함수식에서는 WEEKDAY 함수를 사용해서 요일을 구분하는데, 이 함수는 일요일이면 1, 월요일이면 2와 같이 숫자를 반환합니다. SUMPRODUCT((WEEKDAY(날짜)=E2)*금액) 식에서는 날짜 데이터에서 요일을 추출하기 위해서 WEEKDAY 함수를 사용했으며 이 함수의 결과 값과 E2 셀의 값을 비교해서 요일을 체크합니다.
>
> 월을 표시하는 행 제목에는 #"월" 서식 코드를 사용해서, 숫자를 입력하면 자동으로 "월" 자가 표시되게 했습니다. 이 경우 셀에는 숫자만 기억됩니다.
>
> SUMPRODUCT((MONTH(날짜)=E11)*금액) 식에서는 MONTH 함수를 사용해서 날짜 데이터에서 월 값만 추출하고, 이 값을 월 제목과 비교해서 월을 체크합니다.
>
> 만일 일별로 합계를 구하려면 DAY(날짜) 식을 사용하여 날짜 데이터에서 일을 추출해서 사용하면 됩니다.

[합계13.xlsx]

SECTION 062
여러 장의 월별 집계 시트를 빠르게 만들려면

3개월 동안의 판매 데이터가 있습니다. 날짜와 판매 정보가 기록되어 있는데 이걸 월별로 3장의 시트에 2차 테이블로 정리해야 합니다. 월별 보고서를 제출해야 하는데 거의 비슷한 이 시트들을 빠르게 만드는 방법 좀 알려주세요.

10월부터 12월까지 3장의 시트에 표가 만들어졌습니다. 이 시트들은 "10월" 시트를 하나 만든 후에 그 시트를 복사해서 만든 겁니다. SUMPRODUCT 함수와 서식 코드, 이름 정의를 활용하면 이런 작업 가능합니다. [합계13연습.xlsx] 파일에서 연습하세요.

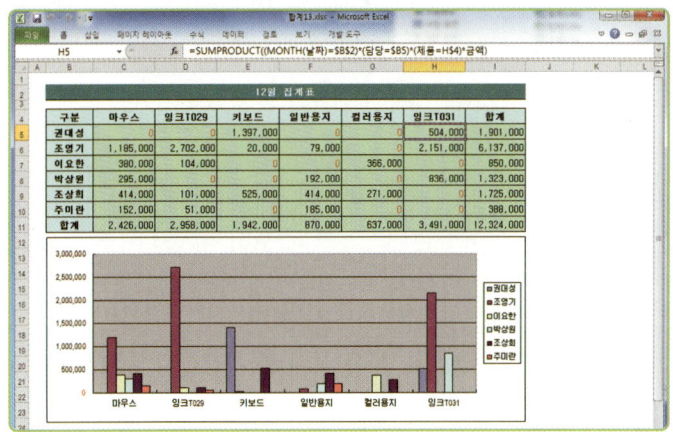

① "연습" 시트에서 셀을 하나 클릭하고 Ctrl + A 키를 눌러 표 전체에 범위를 지정합니다.

② 메뉴에서 [수식]-[정의된 이름]-[선택영역에서 만들기]를 선택하고 [첫 행]에만 체크 표시를 한 후, [확인]을 클릭합니다. 이렇게 하면 각 열마다 열 제목으로 이름이 만들어집니다.

③ "10월" 시트에서 제목이 입력될 B2 셀을 클릭하고 단축 메뉴를 불러 [셀 서식]을 선택합니다. [표시 형식]-[범주]에서 [사용자 지정]을 선택하고 [형식]에 #"월 집계표"를 입력합니다. 이제 B2 셀에 10을 입력하면 "10월 집계표"라고 표시됩니다.

> PART-03
> 합계를 구하거나
> 집계표 만들기

④ "10월" 시트에서 C5:I11 셀에 범위를 지정하고 단축 메뉴를 부르고 [셀 서식]을 선택합니다. [표시 형식][범주]에서 [사용자 지정]을 선택하고 [형식]에 **#,##0;;[빨강]#,##0**을 입력합니다. 값이 0이면 빨강색으로 표시하려는 겁니다.

⑤ C5 셀에 **=SUMPRODUCT((MONTH(날짜)=$B$2)*(담당= $B5)*(제품=C$4)*금액)**을 입력합니다.

⑥ C5 셀의 채우기 핸들을 잡고 H5 셀까지 드래그한 후 다시 채우기 핸들을 잡고 10행까지 드래그합니다.

⑦ C11 셀에 **=SUM(C5:C10)**을 입력한 후, 채우기 핸들을 잡고 H11 셀까지 드래그합니다.

⑧ C11 셀에 **=SUM(C5:C10)**을 입력한 후, 채우기 핸들을 잡고 H11 셀까지 드래그합니다.

⑨ B4:H10 셀에 범위를 지정하고 [삽입][차트][세로 막대형][2차원 세로 막대형]에서 첫 번째를 선택합니다.

⑩ "10월" 시트 탭 위에서 단축 메뉴를 부르고 [이동/복사]를 선택합니다. [다음 시트의 앞에]에서 (끝으로 이동)을 선택하고 [복사본 만들기]에 체크를 합니다.

⑪ 복사된 시트의 탭을 더블클릭해서 "11월"로 이름을 바꾸고 B2 셀에 11을 입력합니다. 그러면 복사된 시트의 표와 차트가 11월의 데이터로 업데이트됩니다. 12월 시트도 동일한 방법으로 만듭니다.

> 이름을 정의하면 그 이름은 해당 워크북 내에서는 다른 시트에서도 사용할 수 있습니다. 그런데 이름을 이용해서 함수식을 구성했기 때문에 시트를 복사하면 함수식과 이름도 그대로 존재하게 됩니다. 따라서 제목 줄의 숫자만 바꾸면 자동으로 다른 월의 표가 만들어집니다.

[합계14.xlsx]

콤보 상자에서 선택해서 월별 집계표를 만들려면

SECTION 063

이렇게 할 수는 없나요? 하나의 시트에 3개월간의 매출 데이터를 기록한 표가 있는데 다른 시트에서 콤보 상자로 월을 선택하면 그 월에 대해서만 집계표가 그려지게... 다이내믹하게 월별로 매출 현황을 파악할 수 있어서 참 좋을 것 같습니다.

E2 셀을 클릭하고 콤보상자에서 월을 선택하면 표와 차트가 해당 월의 데이터로 바뀝니다. [합계14연습.xlsx]를 열고 연습하세요..

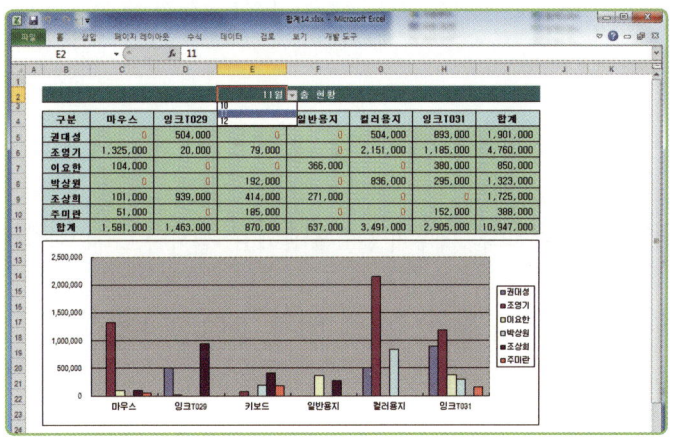

① "연습" 시트에서 셀을 하나 클릭하고 [Ctrl] + [Shift] + * 키를 눌러 표 전체에 범위를 지정합니다.

② 메뉴에서 [수식][정의된 이름][선택영역에서 만들기]를 선택하고 [첫 행]에만 체크 표시를 한 후, [확인]을 클릭합니다. 이렇게 하면 각 열마다 열 제목으로 이름이 만들어집니다.

③ "집계표" 시트의 E2 셀을 클릭하고 단축 메뉴를 불러 [셀 서식]을 선택합니다. [표시 형식][범주][사용자 지정]을 선택하고 [형식]에 **#"월"**을 입력합니다.

④ E2 셀을 클릭하고 메뉴에서 [데이터][데이터 도구][데이터 유효성 검사]를 선택합니다.

⑤ [제한 대상]에서 "**목록**"을 선택하고, [원본]에 10,11,12를 입력합니다. 이제 콤보상자에서 월을 선택하면 월이 제대로 표시됩니다.

⑥ C5 셀에 다음 식을 입력합니다.

=SUMPRODUCT((MONTH(날짜)=$E$2)*(담당=$B5)

*(제품=C$4)*금액)

⑦ C5 셀의 채우기 핸들을 잡고 H5 셀까지 드래그한 후, 다시 채우기 핸들을 잡고 10행까지 드래그합니다.

⑧ C11 셀에 **=SUM(C5:C10)**을 입력한 후, 채우기 핸들을 잡고 H11 셀까지 드래그합니다.

⑨ I5 셀에 **=SUM(C5:H5)**를 입력한 후, 채우기 핸들을 잡고 I11 셀까지 드래그합니다.

⑩ B4:H10 셀에 범위를 지정하고 [삽입][차트]를 클릭한 후, [세로 막대형]의 첫 번째를 선택한 후 [마침]을 클릭합니다.

⑪ C5:I11 셀에 범위를 지정하고 메뉴에서 [홈][스타일][조건부 서식][셀 강조 규칙][같음]을 선택합니다. [다음 값과 같은 셀의 서식 지정]에 0을 입력하고 [적용할 서식]에서 [사용자 지정 서식]을 클릭합니다. [글꼴][색]에서 "빨강"을 선택한 후 [확인]을 연달아 클릭합니다. 0을 빨강색으로 표시하기 위해 조건부 서식을 이용했습니다.

> MONTH(날짜)=$E$2 식은 MONTH(날짜) 식으로 날짜 데이터에서 월을 추출한 후, 콤보상자에 의해 표시되는 E2 셀의 값과 비교해서 월을 구분한 것입니다. E2 셀에는 "월"이라는 글자도 표시되지만 실제로는 숫자만 기억됩니다. 서식 코드는 우리에게 보여주는 형식을 지정할 뿐, 실제 값을 변화시키는 것은 아닙니다.

[합계15.xlsx]

SECTION 064
스크롤 막대로 날짜 구간별 집계표를 만들려면

날짜와 담당, 제품, 판매 금액이 기록된 표가 있습니다. 이 표를 바탕으로 판매 금액 집계표를 만들어야 합니다. 몇 월, 몇 일부터 몇 월, 몇 일까지 날짜를 지정하면 그 날짜 동안 판매된 금액만 2차 테이블에 표시되어야 합니다. 날짜를 직접 입력하지 않고, 스크롤 막대를 사용해서 날짜를 마음대로 지정할 수 있는 방법 좀 알려주세요.

오른쪽에 있는 스크롤 막대를 움직여보세요. 그 날짜 동안 판매된 데이터만 집계표가 만들어집니다. 제일 위의 제목 줄에도 날짜가 표시됩니다. [합계15연습.xlsx] 파일에서 연습하세요.

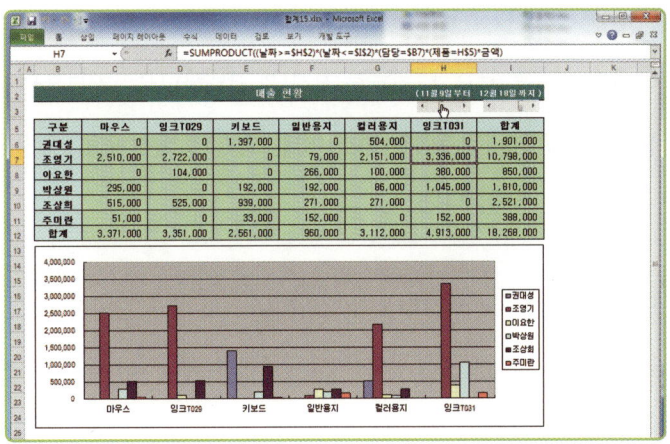

1 "연습" 파일에서 "완성" 시트의 셀을 하나 클릭하고 [Ctrl] + [A] 키를 눌러 표 전체에 범위를 지정합니다.

2 메뉴에서 [수식][정의된 이름][선택영역에서 만들기]를 선택하고 [첫 행]에만 체크 표시를 한 후, [확인]을 클릭합니다. 이렇게 하면 각 열마다 열 제목으로 이름이 만들어집니다.

③ "집계표" 시트로 가서 메뉴에서 [개발도구][컨트롤][삽입][양식 컨트롤][스크롤 막대]를 선택합니다.

④ H3 셀 위치에 스크롤 막대를 그립니다.

⑤ 스크롤 막대 위에서 단축 메뉴를 부르고 [컨트롤 서식]을 선택합니다. [컨트롤] 탭에서 [최소값] 0, [최대값] 91, [증분변경] 1, [페이지 변경] 10을 입력하고 [셀 연결] 안을 클릭한 후, H4 셀을 클릭합니다. [3차원 음영]의 체크 표시를 해제하고 [확인]을 클릭합니다.

⑥ Ctrl + Shift 키를 누르고 스크롤 막대를 누른 후 오른쪽으로 이동해서 스크롤 막대를 복사합니다.

⑦ 스크롤 막대 위에서 단축 메뉴를 부르고 [컨트롤 서식]을 선택합니다. [컨트롤] 탭에서 [최소값] 0, [최대값] 91, [증분변경] 1, [페이지 변경] 10을 입력하고 [셀 연결] 안을 지운 후, I4 셀을 클릭합니다. [확인]을 클릭합니다.

⑧ H2 셀에 =H4+41913, I2 셀에 =I4+41913을 입력합니다. H2 셀을 클릭하고 [셀 서식]을 선택한 후, [표시 형식][범주][사용자 지정]을 선택한 후, [형식]에 "("m"월"d"일부터"를 입력합니다. I2 셀에는 m"월"d"일까지)"로 서식 코드를 지정합니다. 41913은 2014년 10월 1일의 정수 값입니다. 이 값은 '연습" 시트에서 A2 셀을 클릭하고 셀 서식을 부른 후 [표시 형식][범주]에서 [숫자]를 선택하면 [보기]에 표시됩니다.

⑨ C6 셀에 =SUMPRODUCT((날짜>=$H$2)*(날짜<=$I$2)*(담당=$B6)*(제품=C$5)*금액)을 입력한 후, 채우기 핸들을 잡고 H6 셀까지 드래그한 후 다시 채우기 핸들을 잡고 11행까지 드래그합니다.

10 C12 셀에 =SUM(C6:C11)을 입력한 후, 채우기 핸들을 잡고 H12 셀까지 드래그합니다.

11 I6 셀에 =SUM(C6:H6)을 입력한 후, 채우기 핸들을 잡고 I12 셀까지 드래그합니다.

12 H4, I4 셀을 클릭하고 [글꼴색]을 하얀색으로 지정합니다.

13 B5:H11 셀에 범위를 지정하고 [삽입][차트][세로 막대형]을 클릭한 후 [2차원 세로 막대형] 첫 번째를 선택하고 [마침]을 클릭합니다.

> SUMPRODUCT((날짜)=$H$2)*(날짜<=$I$2)*(담당=$B6)*(제품=C$5)*금액) 식에서는 스크롤 막대로 표시되는 2개의 날짜 구간에 해당되는 데이터만을 골라서 금액을 더합니다. 엑셀 내부에서는 날짜가 정수 값으로 취급되는데 2014년 10월 1일은 41913이고, 2014년 12월 31일은 42004입니다. 그러나 스크롤 막대에는 0에서 30000까지만 값을 입력할 수 있습니다. 그래서 0에서 91을 입력한 후 41913을 더해서 엑셀의 정수 값을 구하고, 서식 코드를 지정해서 날짜 형식으로 표시했습니다.

SECTION 065

[합계16.xlsx]

10월, 11월, 12월 시트를 더해서 4분기 시트를 만들려면

매월의 판매 현황을 집계해둔 3개의 표가 3장의 시트에 기록되어 있습니다. 이 표들을 모두 더해서 1개의 총괄표를 만들어야 합니다. 표들의 구조와 내용이 동일하기 때문에 단순히 동일한 위치의 셀 값들을 더하기만 하면 됩니다. 어떻게 하나요?

"10월, 11월, 12월" 시트의 표를 모두 더해서 "완성" 시트에 표를 만들었습니다. 단순히 SUM 함수만을 이용하면 됩니다.

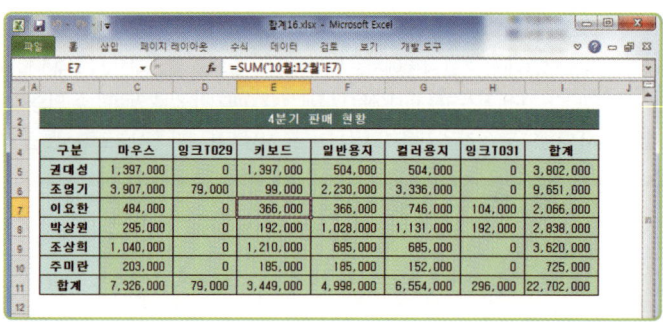

① "연습" 시트에서 C5 셀에 =SUM(을 입력한 후 "10월" 시트를 클릭하고 C5 셀을 클릭합니다.

② Shift 키를 누르고 "12월" 시트를 클릭한 후 엔터키를 누릅니다. 그러면 수식 입력줄에 =SUM('10월:12월'!C5) 식이 표시됩니다. 이 식을 곧장 "연습" 시트의 C5 셀에 입력해도 됩니다.

③ C5 셀의 채우기 핸들을 잡고 H5 셀까지 드래그한 후, 다시 채우기 핸들을 잡고 10행까지 드래그합니다.

4 C11 셀에 =SUM(을 입력하고 C5 셀에서 C10 셀까지 드래그한 후 Enter 키를 누릅니다. C11 셀의 채우기 핸들을 잡고 H11 셀까지 드래그합니다.

5 I5 셀에 =SUM(을 입력하고 C5 셀에서 H5 셀까지 드래그한 후, Enter 키를 누릅니다. I5 셀의 채우기 핸들을 더블클릭합니다.

> =SUM('10월:12월'!C5) 식은 10월, 11월, 12월 시트의 C5 셀의 값을 모두 더합니다. 다른 시트에 있는 셀 값을 참조하고 있습니다. 시트와 셀은 ! (느낌표)로 구분하고, 시트와 시트는 : (콜론)으로 구분합니다.

[합계17.xlsx]

SECTION 066
500KB 처럼 단위가 있는 데이터의 단위별 합계는?

웹 하드의 파일을 정리하는데 파일 이름 옆에 400KB와 같이 단위가 함께 기록되어 있습니다. 이 상태에서 KB, MB, GB 등의 단위를 기준으로 파일의 크기를 더해서 합계를 구할 수 있을까요?

F열에 크기 단위별로 파일 크기의 합계가 구해졌습니다. 텍스트를 다루는 함수를 사용해서 숫자 부분만 더해야 합니다.

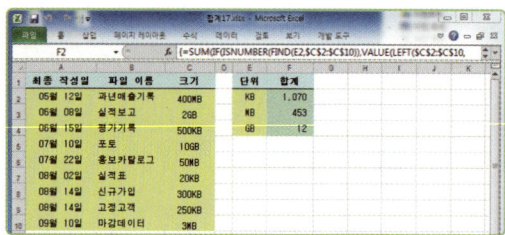

① F2 셀을 클릭하고 다음 식을 입력합니다.

=SUM(IF(ISNUMBER(FIND(E2,$C$2:$C$10)),
VALUE(LEFT($C$2:$C$10,FIND(E2,$C$2:$C$10)-1)),0))

식을 입력한 후 수식 입력줄에 커서를 놓고 [Ctrl] + [Shift] + [Enter] 키를 눌러 중괄호를 입력합니다.

② F2 셀의 채우기 핸들을 더블클릭합니다.

FIND 함수는 E열에 있는 단위 문자열을 C열에서 찾아, 있으면 해당 문자열의 첫 번째 문자의 위치를 돌려주고, 없으면 #VALUE! 에러를 돌려줍니다. 따라서 IF(ISNUMBER(FIND(E2,$C$2:$C$10)) 식은 문자열을 찾으면 TRUE가 되어, VALUE(LEFT($C$2:$C$10,FIND(E2,$C$2:$C$10)-1)) 식이 실행됩니다. 이 식은 FIND 함수로 찾은 문자의 위치에서 1을 빼서 마지막 숫자의 위치를 구한 후, C열의 데이터 중에서 숫자만을 LEFT 함수로 추출해서 VALUE 함수로 숫자 값으로 바꿉니다. 그리고 그 값을 더합니다(SUM).

[합계18..xlsx]

데이터 순서가 다른 3개 표의 총괄표를 만들려면

3장의 시트에 3개의 표가 있습니다. 각 표에는 이름과 수당이 기록되어 있는데 이 3개의 표를 모두 더한 총괄표를 만들려고 합니다. 그런데 표마다 이름이 기록된 행이 다릅니다. 동일한 이름이기는 한데, 이름이 기록된 위치가 서로 달라요. 어떻게 하나요?

집계표1, 집계표2, 집계표3을 보면 이름이 기술된 행이 서로 다릅니다. 이 표들을 모두 더해서 완성 시트에 총괄표를 만들었습니다.

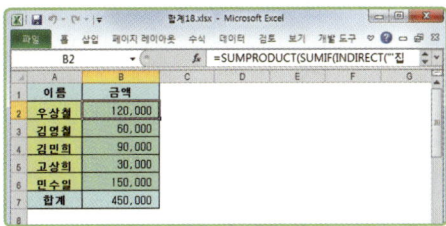

① B2 셀에 다음 식을 입력합니다.

=SUMPRODUCT(SUMIF(INDIRECT("'집계표"
&ROW(INDIRECT("1:3"))&"'!$A$2:$A$6"),A2,
INDIRECT("'집계표"&ROW(INDIRECT("1:3"))
&"'!$B$2:$B$6")))

② B2 셀의 채우기 핸들을 잡고 B6 셀까지 드래그합니다.

> INDIRECT("'집계표"&ROW(INDIRECT("1:3")) 식은 집계표1, 집계표2, 집계표3의 A2:A6을 참조하는 3개의 배열을 만듭니다. 따라서 SUMIF 식은 각 집계표의 A2:A6 셀 범위에서 A2 셀과 일치하는 항목에 대해 대응하는 B2:B6 항목의 값을 구합니다. 그러면 3개의 A2 항목의 값이 구해지고 그 값들을 더한 것입니다.

[합계19.xlsx]

SECTION 068
특정 데이터만 제외하고 합계를 구하려면

직급과 이름 그리고 수당이 기록된 표가 있습니다. 총계는 간단히 구해지는데 여기서 임원을 제외한 금액만 구하려면 어떻게 하나요?

D6 셀과 D9 셀에 임원을 제외한 금액의 합계가 구해졌습니다. 서로 다른 함수를 사용했습니다.

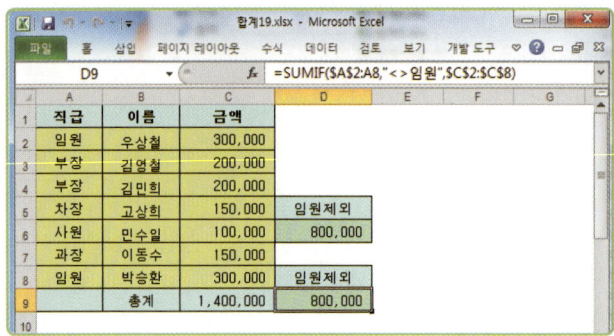

1 D6 셀에 =SUMPRODUCT(($A$2:$A$8<>"임원")*($C$2:$C$8))를 입력합니다.

2 D6 셀에 =SUMPRODUCT(($A$2:$A$8<>"임원")*($C$2:$C$8))를 입력합니다.

이 2개의 식은 모두 A열에서 임원이 아닌 행만 골라 대응하는 C열의 값을 더합니다.

[합계20.xlsx]

특정 구간별로 합산하려면

이름과 나이 그리고 기부금을 기록한 표가 있습니다. 이 표에서 연령대별로 기부금의 합계를 구하려고 합니다. 10대에서 80대까지 연령대별로 구분해서 더하는 방법을 알고 싶습니다.

F열에 연령 구분이 있고 G열에 합계가 구해졌습니다.

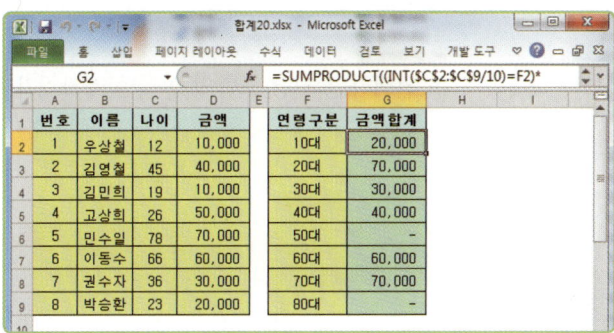

① F2:F9 셀에 범위를 지정하고 단축 메뉴를 불러 [셀 서식]을 선택한 후, [표시 형식][범주] [사용자 지정]을 선택하고 [형식]에 #"0대"를 입력합니다.

② F2 셀에 1, F3 셀에 2, ⋯ , F9 셀에 8을 입력합니다. 그러면 10대, 20대와 같이 표시됩니다.

③ G2 셀에 =SUMPRODUCT((INT($C$2:$C$9/10)= F2)* $D $2:$D$9)를 입력합니다.

(INT($C$2:$C$9/10)=F2) 식은 C열의 나이를 10으로 나누어 정수 몫을 구합니다. 그리고 그 값을 F2의 값과 비교합니다. F열에 실제로 기록된 값은 1, 2, 3, ... 임을 유의해야 합니다.

[합계21.xlsx]

SECTION 070 여러 개 표의 서로 다른 항목의 값을 더하려면

6개의 광역시와 5개 도별로 행사에 참여한 인원수를 기록한 2개의 표가 있습니다. 하나는 광역시의 참가 인원을 기록한 표이고, 또 하나는 도별로 참가 인원을 기록한 표입니다. 이 2개의 표에서 예를 들면, 인천과 전라도의 참가 인원을 구하거나, 대구와 경상도의 참가 인원을 구하는 방식으로 참가 인원의 합계를 구해야 합니다. 2개의 표에서 다양한 조합으로 합계를 구해야 합니다.

A9 셀과 B9 셀의 콤보상자에서 광역시와 도를 선택하면 해당 조합의 인원 합계가 2가지 방식으로 구해집니다. [합계21연습.xlsx]에서 연습하세요.

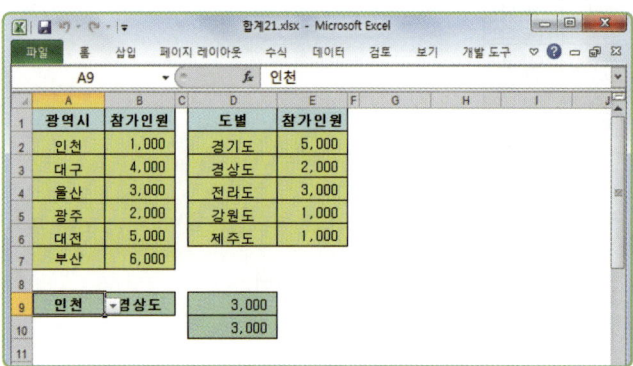

① A2:A7 셀에 범위를 지정하고 [이름 상자]에 "**광역시**"를 입력합니다.

② B2:B7 셀에 범위를 지정하고 [이름 상자]에 "**참가인원1**"을 입력합니다.

③ D2:D6 셀에 범위를 지정하고 [이름 상자]에 "**도별**"을 입력합니다.

④ E2:E6 셀에 범위를 지정하고 [이름 상자]에 "**참가인원2**"를 입력합니다.

⑤ A9 셀을 클릭하고 메뉴에서 [데이터][데이터 도구][데이터 유효성 검사]를 선택한 후, [제한 대상]에서 "목록"을 선택하고, [원본]에 "**=광역시**"를 입력합니다.

⑥ B9 셀을 클릭하고 메뉴에서 [데이터][데이터 도구][데이터 유효성 검사]를 선택한 후, [제한 대상]에서 "목록"을 선택하고, [원본]에 "**=도별**"을 입력합니다.

⑦ D9 셀에 =SUMPRODUCT((광역시=A9)*참가인원1)+ SUMPR ODUCT((도별=B9)*참가인원2)를 입력합니다.

⑧ D0 셀에 =SUMIF(광역시,A9,참가인원1)+SUMIF(도별,B9,참가인원2)를 입력합니다.

> 2개의 함수식은 모두 콤보상자에 의해 표시된 광역시의 참여 인원과 도의 참가 인원을 구하고, 2개 값의 합계를 구합니다. SUMPRODUCT와 SUMIF는 조건에 맞는 데이터만 합계를 구할 때 사용합니다.

SECTION 071

[합계22.xlsx]

처음부터 지정한 항목까지만 합계를 구하려면

초등학교 1학년부터 고등학교 3학년까지 인원수가 기록된 표가 있습니다. 함수식을 만들다 보니까 특정 학년까지만 인원을 더할 일이 생겼어요. 예를 들면, 처음부터 초등학교 5학년까지만 합계를 구하거나, 처음부터 고등학교 2학년까지만 합계를 구하는 식입니다. 그때그때 필요한 학년까지만 인원의 총계를 구하려면 어떻게 하나요?

알기 쉽게 콤보상자를 사용해서 학년을 선택하도록 했습니다. 학년을 선택하면 그 학년까지의 인원수가 표시됩니다. [합계22연습.xlsx]에서 연습하세요.

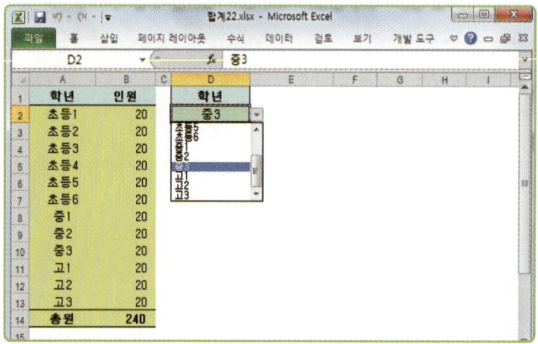

① A2:A13 셀에 범위를 지정하고 이름상자에 "학년"을 입력합니다.

② D2 셀을 클릭하고 메뉴에서 [데이터][데이터 도구][데이터 유효성 검사]를 선택한 후, [제한 대상]에서 "목록"을 선택하고 [원본]에 "=학년"을 입력합니다.

③ D4 셀에 =SUM(OFFSET(B2,0,0,MATCH(D2,학년,0),1))을 입력합니다.

> MATCH(D2,학년,0) 식은 D2 셀에 표시된 학년을 학년이라는 이름에서 찾아 순서 번호를 반환합니다. OFFSET(B2,0,0,MATCH(D2,학년,0),1) 식은 B2셀부터 MATCH 함수가 반환한 수만큼의 행과 1개 열을 범위로 지정하고 SUM 함수로 그 범위의 값들을 모두 더합니다.

[합계23.xlsx]

S·E·C·T·I·O·N 072
최상위 3개나 최하위 3개의 합계와 %를 구하려면

신규 회원 모집 운동을 해서 사원별로 모집한 인원수를 기록한 표가 있습니다. 이 표에서 상위 3인과 하위 3인의 모집 인원 합계를 구하고, 전체 모집 인원에 대한 %를 구하고자 합니다.

E열에 상위 3개와 하위 3개의 합계가 구해지고, F열에 백분율이 구해졌습니다.

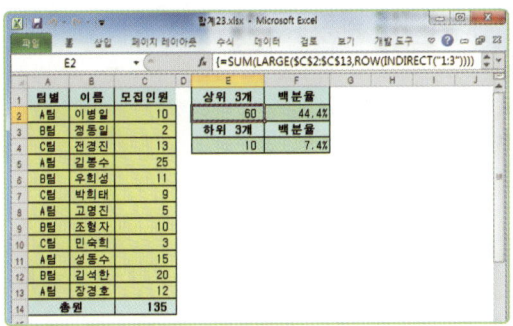

① E2 셀에 **=SUM(LARGE($C$2:$C$13,ROW(INDIRECT("1:3"))))**을 입력합니다. 식을 입력한 후, 수식 입력줄에 커서를 놓고 Ctrl + Shift + Enter 키를 눌러 중괄호를 입력합니다.

② E4 셀에 **=SUM(SMALL($C$2:$C$13,ROW(INDIRECT("1:3"))))**을 입력합니다. 식을 입력한 후, 수식 입력줄에 커서를 놓고 Ctrl + Shift + Enter 키를 눌러 중괄호를 입력합니다.

③ F2, F4 셀을 클릭하고 단축 메뉴를 불러 [셀 서식]을 선택하고 [표시 형식][범주]에서 "**백분율**"을 선택하고 [소수 자릿수]를 1로 지정합니다.

④ F2 셀에 **=E2/C14**를 입력하고, F4 셀에 **=E4/C14**를 입력합니다.

> ROW(INDIRECT("1:3")) 식은 {1:2:3} 배열을 반환합니다. 따라서 LARGE 함수는 제일 큰 값부터 3번째 큰 값까지 반환합니다. SUM 함수로 이 값들을 더 합니다. SMALL 함수는 작은 값을 반환하는 것만 다릅니다.

SECTION 073

특정 글자가 있는 데이터만 더하려면

[합계24.xlsx]

컴퓨터 관련 제품을 판매하고 있습니다. 요즘은 중국산 제품도 많이 취급하지요. 그래서 제품마다 우리나라 제품은 앞이나 뒤에 K가 붙고, 중국산은 C가 붙습니다. 한국산은 "K-"로 시작하거나 "-K"로 끝납니다. 이 제품 코드를 참조해서 한국산과 중국산의 판매 금액 합계를 구하려고 합니다.

E2 셀에 한국산 제품의 합계가 있고, E3 셀에 중국산 제품의 합계가 있습니다.

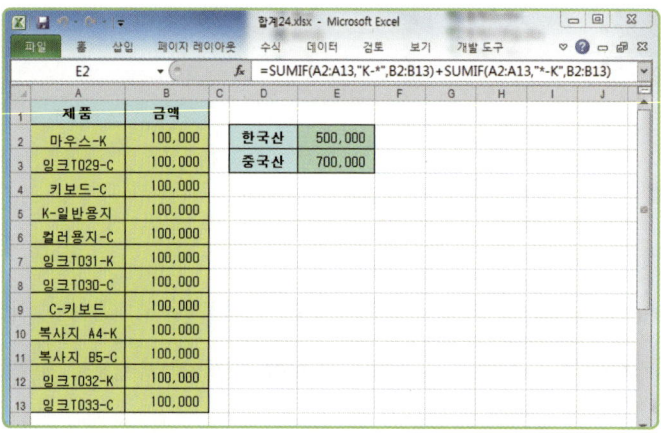

① E2 셀에 =SUMIF(A2:A13,"K-*",B2:B13)+SUMIF(A2:A13,"*-K",B2:B13)을 입력합니다.

② E3 셀에 =SUMIF(A2:A13,"C-*",B2:B13)+SUMIF(A2:A13,"*-C",B2:B13)를 입력합니다.

"*" 문자는 임의의 문자열을 의미하는 와일드카드 문자입니다. "*"는 0개 이상의 문자를 의미하므로 "K-*"는 "K-"로 시작해서 그 뒤에 몇 개의 문자가 있어도 된다는 의미입니다. 반면에 "*-K"는 앞에 몇 개라도 문자가 있을 수 있으나, "-K"로 끝나는 경우를 의미합니다.

SECTION 074

[합계25.xlsx]

입력되는 금액과 수량의 누계가 계속 표시되게

주문 기록표를 작성하고 있습니다. 주문처와 수량, 금액 등의 정보를 기록하는데 데이터를 입력할 때마다 그 때까지의 누적 수량과 누적 금액을 계속 표시할 수는 없을까요? 도중에 데이터를 삭제하면 그 수량과 금액은 뺄셈이 되고요...

새로운 데이터를 입력해보세요. 누적 수량과 누적 금액이 변합니다. 데이터를 삭제하면 삭제도 반영됩니다.

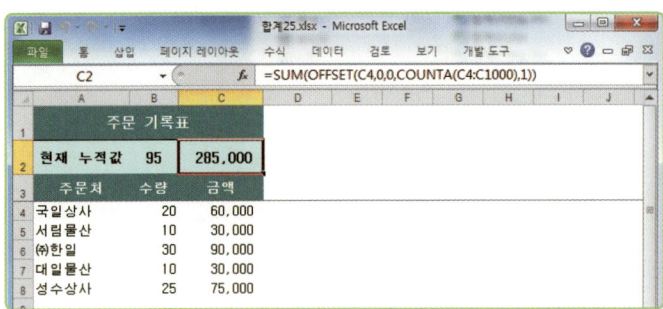

① B2 셀에 =SUM(OFFSET(B4,0,0,COUNTA(B4:B1000),1))을 입력합니다.

② C2 셀에 =SUM(OFFSET(C4,0,0,COUNTA(C4:C1000),1))을 입력합니다.

③ C4 셀에 =IF(B4="","",B4*3000)을 입력한 후, 채우기 핸들을 잡고 필요한 만큼 아래로 드래그합니다.

> SUM 함수로 더할 범위를 OFFSET 함수를 이용해서 동적으로 지정했습니다. OFFSET(B4,0,0,COUNTA(B4:B1000),1) 식은 B4 셀부터 0행, 0열 떨어진 곳 (즉 B4 셀부터 B1000 셀까지 데이터가 있는 행과 1개 열을 지정합니다. 즉, B4 셀부터 최대 B1000 셀까지 데이터가 입력되는 것으로 가정한 것입니다. C4 셀에 입력된 식은 B열에 데이터가 입력되면 결과를 표시합니다. 단가를 3,000원으로 가정했습니다. A4 셀을 클릭하고 메뉴에서 [보기]-[틀 고정]을 선택해서 시트를 스크롤해도 제목과 누계가 계속 보이게 했습니다.

EXCEL

PART 04

엑셀 함수 Q&A

개수나 횟수 세기

Q&A

[개수0.xlsx]

데이터 종류별로 건수를 구하려면

저희 사무실에서는 펜 종류를 판매하고 있습니다. 제가 정리한 자료에는 펜류와 볼펜류 2가지가 있습니다. 이 상태에서 펜류와 볼펜류를 구분해서 판매 건수를 구하려면 어떻게 하나요? 간단할 거 같은데 잘 안되네요.

F1 셀에는 펜류의 판매 건수가 있고, F2 셀에는 볼펜류의 판매 건수가 있습니다.

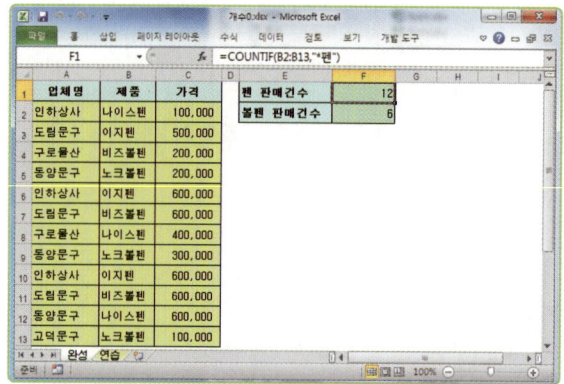

① F1 셀에 =COUNTIF(B2:B13,"*펜")을 입력합니다.

② F1 셀에 =COUNTIF(B2:B13,"*펜")을 입력합니다.

COUNTIF 함수는 조건에 맞는 데이터만 개수를 셉니다. "*" 문자는 와일드카드 문자라고 하며, 임의의 문자를 의미합니다. 따라서 "*펜"은 마지막 글자가 "펜"으로 끝나는 모든 데이터를 의미합니다.

[개수1.xlsx]

데이터를 중복되지 않게 세려면

주문한 거래처의 이름과 제품, 판매 금액을 주문 순서대로 기록했는데 주문한 업체의 개수를 알아야 합니다. 중복되지 않게 업체의 수를 세는 방법을 알려주세요.

F열에 거래처 개수와 상품 그리고 가격의 개수도 구해졌습니다. 숫자의 경우도 동일한 식을 사용할 수 있음을 보이기 위해 가격의 개수도 구했습니다.

① F1 셀에 =SUM(1/COUNTIF(A2:A13,A2:A13))을 입력합니다. 식을 입력한 후 수식 입력줄에 커서를 놓고 Ctrl + Shift + Enter 키를 눌러 중괄호를 입력합니다.

② F2 셀에 =SUM(1/COUNTIF(B2:B13,B2:B13))을 입력한 후, 수식 입력줄에 커서를 놓고 Ctrl + Shift + Enter 키를 누릅니다.

③ F3 셀에 =SUM(1/COUNTIF(C2:C13,C2:C13))을 입력한 후, 식 입력줄에 커서를 놓고 Ctrl + Shift + Enter 키를 누릅니다.

COUNTIF(A2:A13,A2:A13) 식은 각 거래처별로 등장 횟수를 셉니다.
=SUM(1/COUNTIF(A2:A13,A2:A13)) 식은 등장 횟수를 1로 나눈 후 그 결과들을 더합니다. 예를 들어, 2번 등장한 경우, 1/2=0.50이며 0.5+0.5는 1이 되어 거래처별로 1번씩 세는 결과가 됩니다.

SECTION 077

0은 제외하고 세어서 평균을 구하려면

[개수2.xlsxx]

A열에 제품 이름이 있고 B열에 그 제품을 판매한 금액이 있습니다. 금액을 모두 더해서 제품의 개수로 나누면 평균 금액을 구할 수 있는데, 판매가 전혀 되지 않아 금액이 0인 경우는 제외하고 평균을 구하라고 합니다. 어찌 하나요?

E2 셀의 값은 무조건 금액의 합계를 제품의 개수로 나눈 것입니다. E3 셀의 값은 금액이 0인 경우는 제외하고 평균을 구한 것입니다.

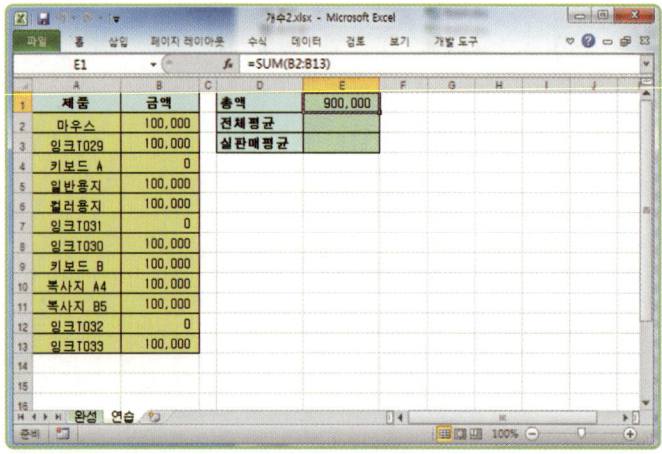

① E2 셀에 =E1/COUNT(B2:B13)을 입력합니다.

② E3 셀에 =E1/COUNTIF(B2:B13, "<>0")을 입력합니다.

COUNTIF(B2:B13, "<>0") 식은 B2:B13 셀 범위에서 값이 0인 경우는 제외하고 개수를 셉니다.

[개수3.xlsx]

평균 미만, 또는 평균 이상인 데이터의 개수는?

직원들의 수당을 기록한 상태에서 우리 사무실의 수당 평균 금액을 기준으로 평균 금액 이상 수령하는 인원수와 평균 금액 보다 적게 수령하는 인원수를 알아야 합니다. 알려주삼!

F2 셀에는 총인원수, F3 셀에는 평균 이상의 인원수, F4 셀에는 평균 미만의 인원수를 구했습니다.

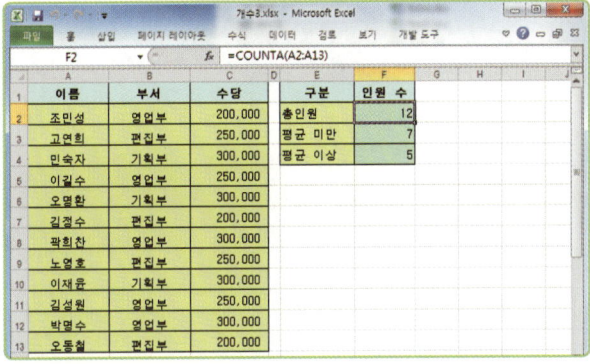

① F2 셀에 =COUNTA(A2:A13)을 입력합니다.

② F3 셀에 =COUNTIF(C2:C13,"<"&AVERAGE(C2:C13))을 입력합니다.

③ F4 셀에 =COUNTIF(C2:C13,">="&AVERAGE(C2:C13))을 입력합니다.

COUNTA(A2:A13) 식은 이름 데이터 영역에서 비어있지 않은 셀의 개수를 세어서 총 인원수를 구합니다.
COUNTIF(C2:C13,"<"&AVERAGE (C2:C13)) 식은 AVERAGE 함수로 평균 금액을 구한 후, 그 금액 보다 적은 개수를 셉니다.
COUNTIF(C2:C13,">="&AVERAGE(C2:C13)) 식은 AVERAGE 함수로 평균 금액을 구한 후, 평균 금액과 같거나 큰 개수를 셉니다.

[개수4.xlsx]

SECTION 079 딱 1번만 등장하는 데이터의 개수를 알려면?

제가 근무하는 사무실에서는 6명이 돌아가면서 당직을 서고 있습니다. A열에는 당직 날짜가 있고, B열에는 당직자 이름이 있습니다. 이 명단에서 한번만 당직을 선 사람을 세어야 합니다. 그러니까 당직자 명단에 한번만 등장하는 이름을 세면 되는데 잘 안됩니다.

D2 셀에 1번만 당직을 선 사원의 수가 있습니다.

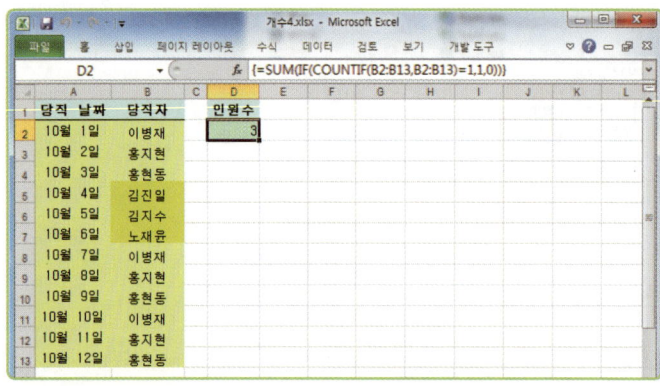

1 D2 셀에 =SUM(IF(COUNTIF(B2:B13,B2:B13)=1,1,0))을 입력한 후, 수식 입력줄에 커서를 위치시키고 Ctrl + Shift + Enter 키를 눌러 중괄호를 입력합니다.

> COUNTIF(B2:B13,B2:B13) 식은 B2:B13 셀의 데이터가 등장하는 횟수를 배열로 돌려줍니다. IF 식은 각 값에 대해 배열 값이 1이면 1을 반환하고, 아니면 0을 반환합니다. 이 값을 더하면 됩니다.

[개수5.xlsx]

사원별로 당직 일수를 세어서 수당을 구하려면

당직자 명단이 있습니다. 당직을 서면 하루에 4만원의 별도 수당을 지불합니다. 그래서 사원별로 당직 일수를 알아야 합니다. 결국 사원별로 당직 명단에 등장하는 횟수를 알면 되는데 방법을 알려주세요.

E열에 당직 일수가 기록되고 F열에 수당이 기록되었습니다.

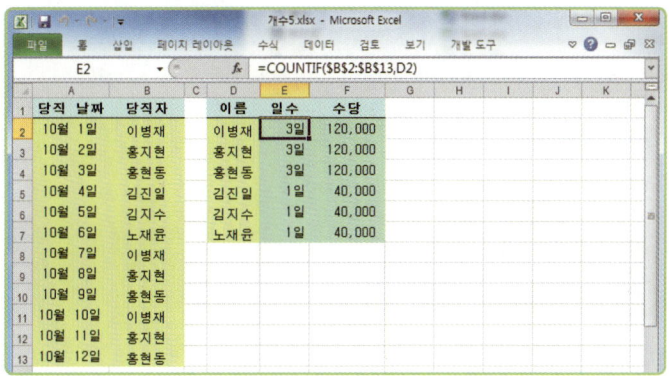

① E2:E7 셀에 범위를 지정하고 단축메뉴를 불러 [셀 서식]을 선택한 후, [표시형식][범주][사용자 지정]을 선택하고 [형식]에 #"일"을 입력합니다.

② E2셀에 =COUNTIF($B$2:$B$13,D2)를 입력한 후 채우기 핸들을 더블클릭합니다.

③ F2 셀에 =E2*40000을 입력하고 채우기 핸들을 더블클릭합니다.

일수에 "일"자를 표시하기 위해 서식을 지정했습니다. 그러나 E열에는 숫자만 기억됩니다. COUNTIF 함수는 $B$2:$B$13 범위 내에서 D열의 이름이 등장하는 회수를 셉니다.

[개수6.xlsx]

SECTION 081 제품 코드에 섞여있는 숫자로 규격별 개수를 세려면

공구를 생산하는 우리 회사에서는 제품 코드를 부여할 때 숫자를 넣어서 규격을 표시하고 있습니다. 20mm T바는 TB20, 10mm H바는 HB10과 같이 부여됩니다. 앞의 두 자리는 항상 영문자이고 그 뒤에는 규격을 표시하는 숫자가 있습니다. 이 코드에 있는 숫자를 이용해서 10mm 이하 제품의 생산 횟수와 생산량 또는 20mm 이하 제품의 생산 횟수와 생산량과 같은 계산을 해야 합니다.

규격별로 F열에 생산 횟수가 있고, G열에 생산량이 있습니다.

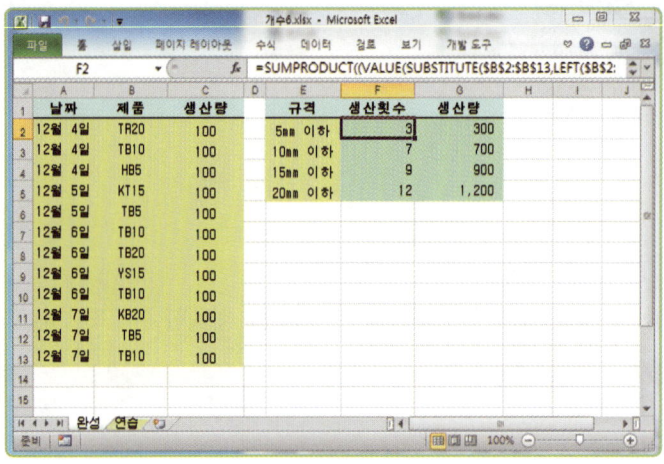

① E2:E5 셀에 범위를 지정하고 단축 메뉴를 부른 후, [셀 서식]을 선택합니다. [표시 형식] [범주][사용자 지정]을 선택하고 [형식]에 #"mm이하"를 입력합니다. 그리고 E2:E5 셀에 5, 10, 15, 20을 입력합니다.

② F2 셀에 다음 식을 입력하고 채우기 핸들을 더블클릭합니다.

=SUMPRODUCT((VALUE(SUBSTITUTE($B$2:$B$13,LEFT($B$2:$B$13,2),""))<=E2)*1)

③ G2 셀에 다음 식을 입력하고 채우기 핸들을 더블클릭합니다.

=SUMPRODUCT((VALUE(SUBSTITUTE($B$2:$B$13,LEFT($B$2:$B$13,2),""))<=E2)*$C$2:$C$13)

> SUBSTITUTE($B$2:$B$13,LEFT($B$2:$B$13,2),"") 식은 제품 코드에서 영문자 2개를 삭제해서 숫자만 남게 합니다. 그 숫자를 VALUE 함수로 숫자 값으로 변환합니다. SUMPRODUCT 함수는 조건에 맞는 개수를 세거나 합계를 구할 때 사용하며, 개수를 구할 때는 뒤에 *1을 반드시 기술해야 합니다.

SECTION 082

[개수7.xlsx]

특정 일 이후의 데이터 개수만 구하려면

상가를 분양하는 작업을 하고 있습니다. 3개 평형의 상가를 10월 1일부터 10월 10일까지 분양했는데 10월 5일 이후의 분양 신청 건수를 구하려면 어찌해야 하나요? 그리고 날짜를 자유롭게 지정하면서 그 이후 신청 건수를 빠르게 알 수 있는 방법도 알려주세요.

E2 셀과 E3 셀에 2가지 방법으로 10월 5일 이후의 신청 건수를 구했습니다. E8 셀과 E9 셀에는 E6 셀의 콤보상자에서 설정한 날짜를 기준으로 신청 건수를 구했습니다.

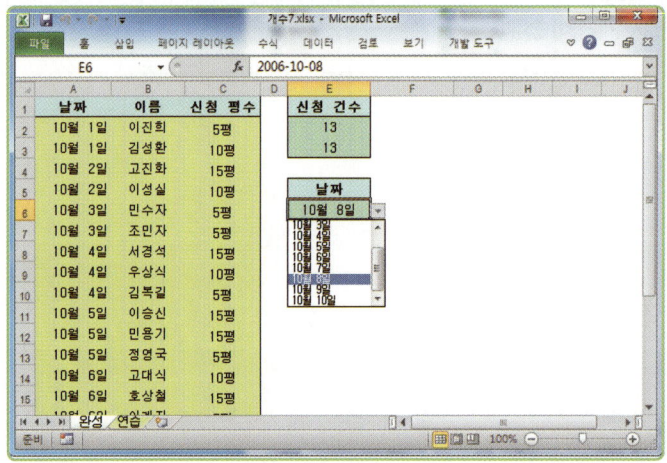

① E2 셀에 =COUNTIF(A2:A23,">="&DATE(2006,10,5))를 입력합니다.

② E3 셀에 =SUMPRODUCT((A2:A23>=DATE(2006,10,5))*1)을 입력합니다.

③ E6 셀을 클릭하고 메뉴에서 [데이터][데이터 도구][데이터 유효성 검사]를 선택한 후 [제한 대상]에서 "목록"을 선택하고 [원본] 안을 클릭하고, E14 셀에서 E23 셀까지 드래그합니다. E14:E23 셀에 범위를 지정하고 글꼴색을 하얀색으로 지정합니다.

④ E6 셀을 클릭하고 단축 메뉴를 불러 [셀 서식]을 선택하고 [표시 형식][범주][날짜]의 [형식]에서 "3월 5일"과 같은 형식을 선택합니다.

⑤ E8 셀에 =COUNTIF(A2:A23,")="&E6)을 입력합니다.

⑥ E9 셀에 =SUMPRODUCT((A2:A23)=E6)*1)을 입력합니다.

> 함수식에서 날짜를 직접 숫자로 표현하려면 DATE 함수를 사용해서 년, 월, 일을 지정해야 합니다. COUNTIF 함수는 조건에 맞는 데이터만 개수를 세기 때문에 SUMPRODUCT 함수를 사용해도 됩니다.

[개수8.xlsx]

SECTION 083 2차원으로 데이터 개수를 구하려면

앞의 질문과 동일한 건데요. 행에 날짜가 있고 열에 평수가 있는 2차 테이블을 만들어서 날짜별, 평형별로 신청 건수를 보여주는 표를 만들어주세요. SUMPRODUCT 함수를 사용하면 간단히 되는 거 같은데 잘 안됩니다.

SUMPRODUCT 함수를 사용해서 2차 테이블을 만들었습니다. 2차 테이블을 만들기 위해 이 함수를 사용할 때는 혼합주소를 잘 사용해야 합니다. [개수8연습.xlsx]에서 연습하세요.

① A2 셀을 클릭하고 Ctrl + Shift + ↓ 키를 누른 후 [이름상자]에 "**날짜**"를 입력합니다.

② C2 셀을 클릭하고 Ctrl + Shift + ↓ 키를 누른 후 [이름상자]에 "**평수**"를 입력합니다.

③ F2 셀에 **=SUMPRODUCT((날짜=$E2)*(평수=F$1))**을 입력합니다.

④ F2 셀의 채우기 핸들을 잡고 H2 셀까지 드래그한 후, 다시 채우기 핸들을 잡고 11행까지 드래그합니다.

> SUMPRODUCT 함수 안에 2개의 *(AND) 조건을 기술하면 됩니다. 행제목과 열제목을 함수식에서 이용하고 있습니다. 이 경우 드래그하면서 셀 주소가 변하기 때문에 혼합주소를 잘 지정해야 합니다. $가 붙은 주소는 드래그해도 변하지 않습니다. 2차 테이블 내의 셀 들을 클릭하면서 수식 입력줄에 표시되는 식에서 셀 주소를 잘 보세요.

[개수9.xlsx]

요일별, 월별로 데이터 개수를 구하려면?

A열에는 거래처 이름이 있고, B열에는 날짜, C열에는 금액이 있습니다. 여기서 요일별로 주문 건수를 구해야 합니다. 월별로도 건수를 구해야 하고요. 표 좀 만들어 주세요.

F열에 요일별 건수와 월별 건수가 구해졌습니다.

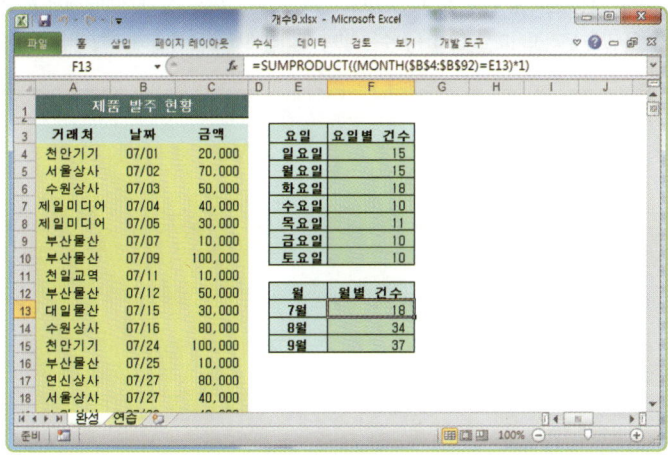

① E4:E10 셀에 범위를 지정하고 단축 메뉴를 불러 [셀 서식]을 선택한 후, [표시 형식][범주] [사용자 지정]을 선택하고, [형식]에 aaaa를 입력합니다. E4:E10 셀에 1부터 7까지 입력합니다.

② F4 셀에 =SUMPRODUCT((WEEKDAY($B$4:$B$92)=E4)*1)을 입력하고 채우기 핸들을 더블클릭합니다.

PART-04
개수나 횟수 세기

③ E13:E15 셀에 범위를 지정하고 단축 메뉴를 불러 [셀 서식]을 선택한 후, [표시 형식][범주][사용자 지정]을 선택하고 [형식]에 **#"월"**을 입력합니다. E13:E15 셀에 7, 8, 9를 입력합니다.

④ F13 셀에 **=SUMPRODUCT((MONTH($B$4:$B$92)=E13)*1)**을 입력하고 채우기 핸들을 더블클릭합니다.

> SUMPRODUCT 식에서 개수를 구하기 위해는 *1을 뒤에 추가해야 합니다. WEEKDAY 함수는 날짜 데이터에서 요일을 추출해서 일요일은 1, 월요일은 2와 같은 값을 돌려줍니다. MONTH 함수는 날짜 데이터에서 월을 추출해서 월 값을 돌려줍니다.

[개수10.xlsx]

업체별 월별로 매출 건수를 구하려면

거래처 이름과 주문 날짜, 주문 금액이 기록된 표가 있습니다. 이 표를 거래업체별, 월별로 정리해서 주문 건수를 구해야 합니다. 효율적인 방법을 알려주세요.

행에는 거래처 이름이 있고 열에는 월이 있는 2차 테이블로 정리했습니다.

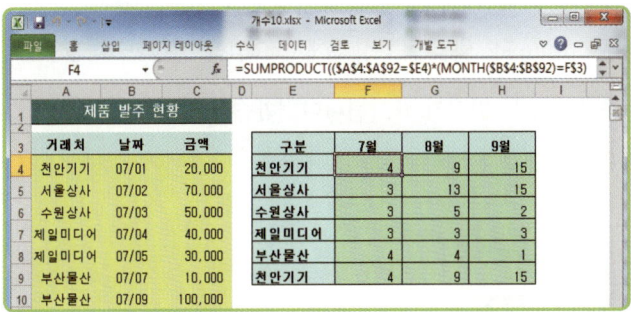

① 월 제목이 입력될 F3:H3 셀에 범위를 지정하고 단축 메뉴를 불러 [셀 서식]을 선택한 후, [표시 형식][범주][사용자 지정]을 선택하고 [형식]에 **#"월"**을 입력합니다. 이제 각 셀에 7, 8, 9를 입력합니다.

② F4 셀에 다음 식을 입력하고

=SUMPRODUCT(($A$4:$A$92=$E4)

*(MONTH($B$4:$B$92)=F$3))

채우기 핸들을 잡고 H4 셀까지 드래그한 후, 다시 채우기 핸들을 잡고 9행까지 드래그합니다.

> 집계표의 행 제목과 열 제목을 이용해서 함수식을 구성했습니다. MONTH 함수로 날짜 데이터에서 월을 추출해서 사용했습니다.

[개수11.xlsx]

SECTION 086

7월 중 금요일에 5만원 이상 주문한 데이터 개수는?

월별 요일별 금액별로 매출 건수를 알고 싶습니다. 월이나 요일, 금액 등의 조건을 마음대로 설정하면서 동적으로 매출 건수를 알려면 콤보 상자를 이용하는 게 좋을 것 같은데요. 금액은 제가 임의로 막 입력할 수 있게 그냥 숫자로 입력했으면 좋겠고요.

F1 셀의 콤보상자에서 월을 선택하고, F2 셀의 콤보상자에서 요일을 선택한 후, F3 셀에 금액을 직접 입력하면 그 금액 이상 주문한 주문 건수가 표시됩니다. [개수11연습.xlsx]에서 연습하세요.

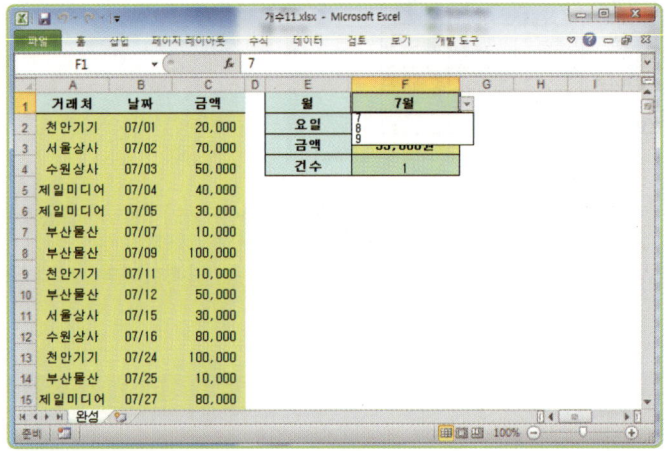

① 데이터 셀 중 하나를 클릭하고 [Ctrl] + [A] 키를 눌러 데이터 전체에 범위를 지정합니다.

② 메뉴에서 [수식][정의된 이름][선택 영역에서 만들기]를 선택하고 [첫 행]에만 체크한 후 [확인]을 클릭합니다. 그러면 첫 행의 제목으로 각 열에 이름이 부여됩니다.

③ F1 셀을 클릭하고 단축 메뉴를 불러 [셀 서식]을 선택하고 [표시 형식][범주][사용자 지정]을 선택한 후, [형식]에 #"월"을 입력하고, [확인]을 클릭합니다.

④ F1 셀을 클릭하고 메뉴에서 [데이터][데이터 도구][데이터 유효성 검사]를 선택한 후, [제한 대상]에서 "목록"을 선택하고 [원본]에 7, 8, 9를 입력하고, [확인]을 클릭합니다. 이제 콤보상자에서 숫자를 선택하면 "월"자가 추가되어 표시됩니다.

⑤ F2 셀을 클릭하고 단축 메뉴를 불러 [셀 서식]을 선택하고 [표시 형식][범주][사용자 지정]을 선택한 후, [형식]에 **aaaa**를 입력하고, [확인]을 클릭합니다.

⑥ F2 셀을 클릭하고 메뉴에서 [데이터][데이터 도구][데이터 유효성 검사]를 선택한 후, [제한 대상]에서 "목록"을 선택하고 [원본]에 1, 2, 3, 4, 5, 6, 7을 입력하고, [확인]을 클릭합니다. 이제 콤보상자에서 숫자를 선택하면 "일요일", "월요일"과 같이 요일이 표시됩니다.

⑦ F3 셀을 클릭하고 단축 메뉴를 불러 [셀 서식]을 선택하고 [표시 형식][범주][사용자 지정]을 선택한 후, [형식]에 **#,##0"원"**을 입력합니다.

⑧ F4 셀에 **=SUMPRODUCT((MONTH(날짜)=F1)*(WEEKDAY(날짜)=F2)*(금액=F3))**을 입력합니다.

> MONTH 함수로 날짜 데이터에서 월을 추출해서 콤보 상자에서 선택한 월과 비교합니다. WEEKDAY 함수로 날짜 데이터에서 요일을 추출해서 콤보 상자에서 선택한 요일과 비교합니다. F2 셀에는 요일이 표시되지만 수식 입력줄에는 1900-01-01과 같은 날짜 값이 표시됩니다. 1900-01-01의 엑셀 내부 값은 1 입니다.

SECTION 087

[개수12.xlsx]

8월1일에서 8월10일 사이에 5만원 이상 판매한 건수는?

판매 정보를 기록한 데이터가 있습니다. 날짜가 기록되어 있는데 시작 날짜와 끝 날짜를 지정하고 금액을 지정하면 그 금액 이상으로 판매한 건수를 구해야 합니다. 날짜는 콤보상자로 선택하고 금액은 직접 입력할 수 있게 해주세요.

F1 셀과 F2 셀의 콤보상자에서 날짜를 설정하고, F3 셀에 금액을 입력하면 해당 날짜 구간에서 그 금액 이상 판매된 건수가 구해집니다. [개수12연습.xlsx]에서 연습하세요.

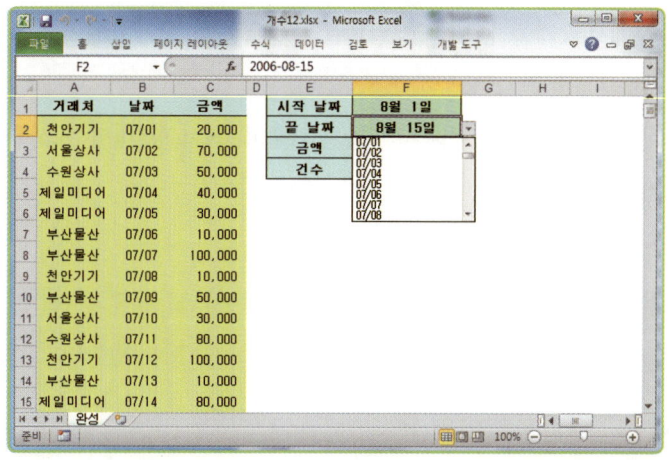

① 데이터 셀을 하나 클릭하고 Ctrl + A 키를 눌러 데이터 전체에 범위를 지정합니다.

② 메뉴에서 [수식][정의된 이름][선택 영역에서 만들기]를 선택하고 [첫 행]에만 체크한 후 [확인]을 클릭합니다. 그러면 표의 첫 행의 제목으로 각 열에 이름이 부여됩니다.

③ F1:F2 셀에 범위를 지정하고 단축 메뉴를 불러 [셀 서식]을 선택하고 [표시 형식][범주][날짜]를 선택한 후, [형식]에서 "3월 5일"과 같은 형식을 선택하고, [확인]을 클릭합니다.

④ F1:F2 셀에 범위를 지정하고 메뉴에서 [데이터][데이터 도구][데이터 유효성 검사]를 선택한 후, [제한]에서 "목록"을 선택하고 [원본]에 **=날짜**를 입력하고, [확인]을 클릭합니다.

⑤ F3 셀을 클릭하고 단축 메뉴를 불러 [셀 서식]을 선택하고 [표시 형식][범주][사용자 지정]을 선택한 후, [형식]에 **#,##0"원"**을 입력합니다.

⑥ F4 셀을 클릭하고 **=SUMPRODUCT((날짜)=F1)*(날짜K=F2)*(금액)=F3))**을 입력합니다.

> F1 셀에 있는 날짜와 F2 셀에 있는 날짜 사이의 데이터 중 금액이 F3 셀 이상인 경우만 1이 되어 이들을 더하면 개수가 구해집니다.

SECTION 088

[개수13.xlsx]

시간대 별로 데이터 개수를 구하려면

시험에 응시하는 접수 상황을 기록한 시트가 있어요. 접수하는 대로 날짜와 시간을 기록해두었습니다. 그런데 시간대별로 접수 인원에 대한 집계를 해야 합니다. 접수는 오전 9시부터 오후 5시까지입니다. 제일 늦게 접수한 시간은 오후 5시입니다. 특히 마감시간인 오후 5시에 아슬아슬하게 접수한 사람들을 처리하는 게 잘 안됩니다.

G열에 1시간 간격으로 접수 인원을 기록했습니다. 시간을 1 시간 간격으로 구분하는 것이 핵심입니다.

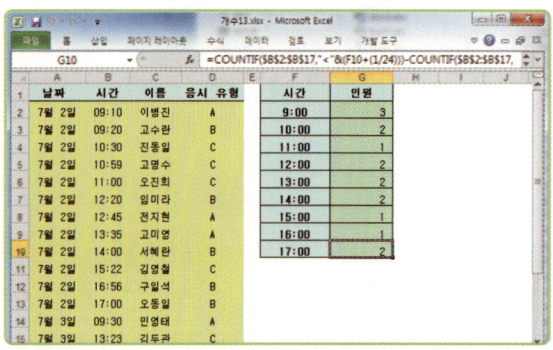

1 G2 셀에 다음 식을 입력하고 채우기 핸들을 더블클릭합니다.

=COUNTIF($B$2:$B$17,"<"&(F2+(1/24)))

−COUNTIF($B$2:$B$17,"<"&F2)

시간은 엑셀 내부에서 0에서 1 사이의 값으로 기억됩니다. 1은 24시간을 의미하기 때문에 1/24는 1시간의 엑셀 내부 값입니다. 기준 시간에서 1시간을 더해서 그보다 작은 시간을 모두 세고 나서 기준 시간보다 작은 시간의 개수를 빼서 개수를 구했습니다. 이렇게 계산해야 마지막 오후 5시의 인원을 세기가 편합니다.

[개수14.xlsx]

SECTION 089
소수점 있는 데이터를 정수 구간 별로 카운트하려면

사원들의 근무 평점을 기록한 시트가 있습니다. 5점이 만점인데 소수 이하 1자리까지 점수가 기록되어 있습니다. 이 상태에서 1점, 2점, ... 5점까지 정수 점수대 별로 인원수를 구해야 합니다. 어떻게 하면 되나요? 간단한 것 같은데 잘 생각이 나지 않아요.

E열에 점수대 별로 인원수를 구했습니다.

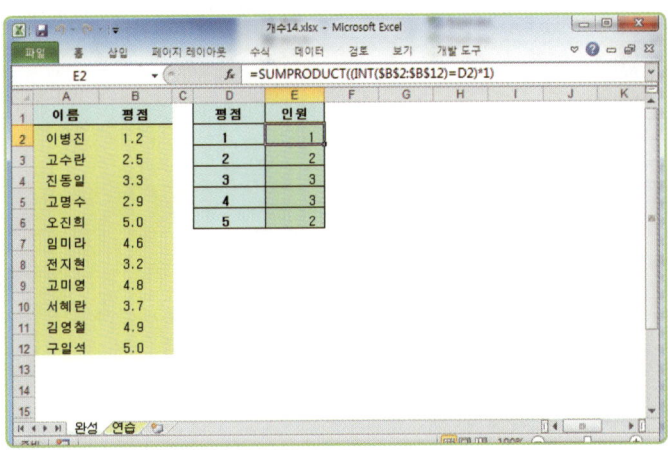

1 E2 셀에 **=SUMPRODUCT((INT($B$2:$B$12)=D2)*1)**을 입력한 후, 채우기 핸들을 더블클릭합니다.

INT($B$2:$B$12) 식으로 평점에서 소수점 이하를 버리고 정수만 취했습니다. 그 점수를 SUMPRODUCT 함수로 D열의 점수와 비교해서 인원수를 구했습니다.

SECTION 090

[개수15.xlsx]

특정 구간별로 개수를 구하려면

시험 점수를 기록한 표가 있는데 점수대별로 인원수를 구해야 합니다. 그런데 59점 이하는 모두 50점대로 포함시켜야 합니다. 그 다음은 60, 70, 80, 90, 100점으로 구분해야 하구요, 0점에서 59점까지를 별도로 처리해야 할 것 같은데요.

2개의 함수식을 사용해서 E열에 인원수를 구했습니다.

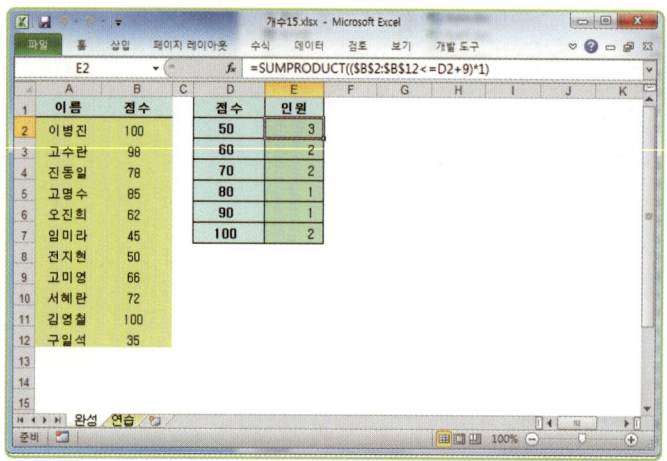

① E2 셀에 =SUMPRODUCT(($B$2:$B$12<=D2+9)*1)을 입력합니다.

② E3 셀에 =SUMPRODUCT(($B$2:$B$12>=D3)*($B$2:$B$12<D3+ 9))를 입력하고 채우기 핸들을 더블클릭합니다.

> 50점대는 59점 이하를 모두 포함시켜야 하기 때문에 별도의 함수식으로 처리했습니다. D열의 기준 점수에 9를 더해서 점수대를 구분했습니다. E2 셀의 식은 SUMPRODUCT 함수의 구문에 맞춰 뒤에 *1을 기술해야 합니다.

[개수16.xlsx]

SECTION 091 값이 없는 데이터를 제외한 구간별 데이터 개수?

사원별로 근무 평점을 기록했습니다. 이름과 상반기 평점, 하반기 평점을 A, B, C, D로 구분해서 기록합니다. 하반기부터 근무한 사원은 상반기 평점이 비어 있는 상태입니다. 그런데 하반기 점수에 대해 평점별로 인원수를 구하되 상반기에 근무를 안 한 신입 사원은 제외하라고 합니다.

F열에 신입 사원을 제외한 하반기 평점별 인원수가 구해졌습니다. 신입 사원은 평점이 공백입니다.

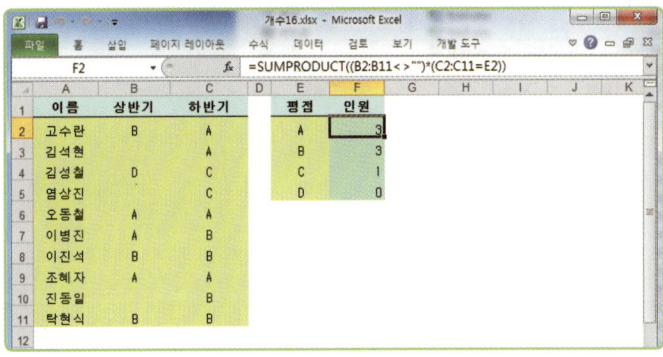

① F2 셀에 =SUMPRODUCT((B2:B11<>"")*(C2:C11=E2))를 입력합니다. F2 셀의 채우기 핸들을 더블클릭합니다.

> 상반기 평점이 비어있지 않으면 신입 사원이 아니라는 뜻이므로 "B열이 비어 있지 않으면" 이라는 조건을 (B2:B11<>"") 식으로 기술했습니다.

SECTION 092

특정 날짜와 시간에 속하는 데이터의 개수는?

[개수17.xlsx]

이메일을 관리하는데 제가 지금 필요한 것은 시간별로 발송된 메일의 수를 세는 것입니다. 예를 들어, 9월 10일 12시 이후에 발송된 메일의 개수를 구하는 방식입니다. 그런데 9월 10일에만 한정해서 개수를 구하는 경우도 있고, 그 이후 모든 메일의 개수를 구하는 경우도 있습니다. 시간을 계산하는 게 어려워요.

F2 셀에는 D2 셀의 날짜 하루 동안만 E2 셀의 시간 이후 발송된 건수가 표시됩니다. F3 셀에는 D3 셀의 날짜와 E3 셀의 시간 이후 발송된 모든 건수가 표시됩니다.

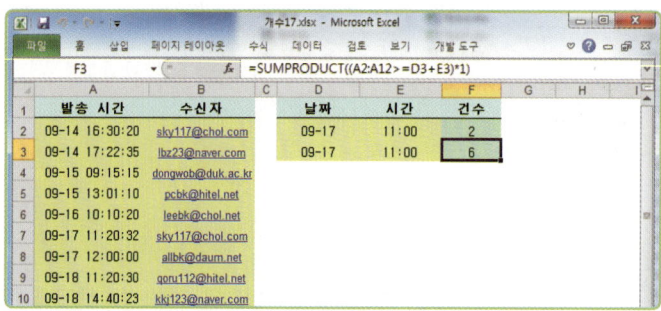

① F2 셀에 다음 식을 입력합니다.

=SUMPRODUCT((INT(A2:A12)=D2)
*(MOD(A2:A12,1)>=E2))

② F3 셀에 다음 식을 입력합니다.

=SUMPRODUCT((A2:A12)=D3+E3)*1)

> 엑셀 내부에서 날짜는 정수로 표현되고 시간은 소수로 표현됩니다. 따라서 INT(A2:A12) 식은 날짜만을 추출하는 것입니다. 또한 MOD(A2:A12,1) 식과 같이 1로 나누면 시간만 추출됩니다. 그래서 첫 번째 식은 해당 날짜의 데이터 중에서 지정한 시간 이후의 데이터 개수를 셉니다. 두 번째 식은 날짜와 시간이 모두 숫자로 기억되므로 단순히 숫자의 크기를 비교해서 지정된 날짜와 시간 이후의 모든 개수를 세고 있습니다.

[개수18.xlsx]

SECTION 093
30분 단위로 나누어서 데이터 개수를 구하려면

온라인 쇼핑몰을 운영하고 있습니다. 고객들이 접속해서 물건을 구매한 시간을 판매 순서대로 기록해두었습니다. 판매 기록을 정리하고 있는데, 30분 간격으로 매출 건수를 정리하고 싶습니다. 분까지 기록되어 있는 상태에서 30분 단위로 개수를 세는 간단한 방법 좀 알려주세요.

F열에 30분 단위로 매출 건수가 기록되어 있습니다.

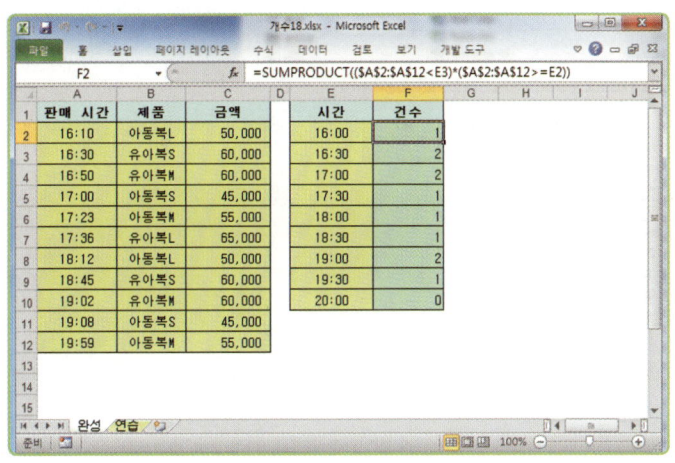

1 F2 셀에 =SUMPRODUCT(($A$2:$A$12<E3)*($A$2:$A$12>=E2))를 입력하고 채우기 핸들을 더블클릭합니다.

시간은 0에서 1 사이의 숫자 값이기 때문에 숫자의 크기를 비교하는 방법과 동일하게 시간을 비교하면 됩니다. 건수를 기록하는 표의 다음 시간 구간보다 작고, 현재 시간 구간과 같거나 큰 경우를 세어서 개수를 구했습니다.

SECTION 094

[개수19.xlsx]

특정 월에 작성된 데이터의 개수를 세려면

사무실에서 공용으로 사용하는 파일의 목록을 작성하고 있습니다. 파일명과 작성일, 크기가 기록되어 있는데 파일명에는 확장자까지 입력되어 있지요. 각 파일에 대해서 월별로 작성된 파일의 개수를 구하려고 합니다. 좋은 방법 좀 알려주세요.

E2 셀에 월을 입력하고 F2 셀에 확장자를 입력하면, 해당 월에 작성된 해당 파일의 개수가 G2 셀에 표시됩니다.

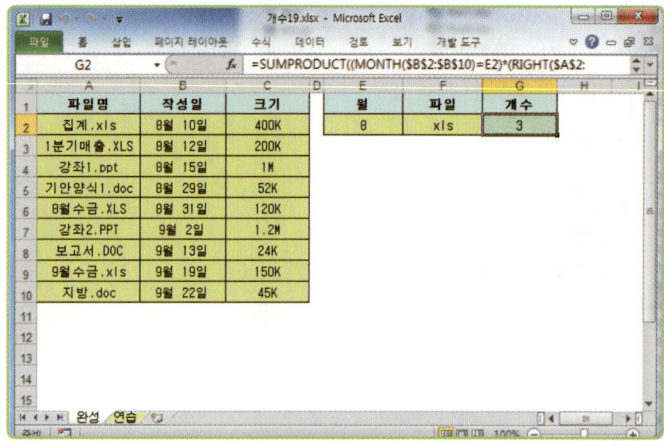

① G2 셀에 다음의 식을 입력합니다.

=SUMPRODUCT((MONTH($B$2:$B$10)=E2)
*(RIGHT($A$2:$A$10,3)=F2))

파일 확장자로 파일을 구분할 수 있고 확장자가 모두 3개의 문자로 구성되므로 RIGHT 함수를 사용해서 파일 이름의 오른쪽에서 3개 문자를 추출해서 파일을 구분했습니다. 날짜 데이터에서 월을 추출해서 E2 셀의 월과 같은 가를 체크했습니다.

[개수20.xlsx]

자료를 입력할 때 개수와 총액이 계속 표시되게

매출 데이터를 입력할 때마다 현재까지 입력된 데이터에 대해 매출 건수와 수량 그리고 금액의 합계가 계속 표시되게 할 수는 없나요?

11행에 데이터를 추가해보세요. 2행에 건수와 수량 합계, 금액 합계가 계속 표시됩니다.

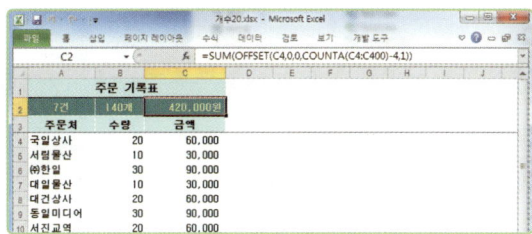

① A2 셀에 =COUNTA(B4:B400)을, B2 셀에 =SUM(OFFSET(B4,0,0,COUNTA(B4:B400),1))을 입력합니다.

② C2 셀에 =SUM(OFFSET(C4,0,0,COUNTA(C4:C400)-4,1))을 입력합니다.

③ A2 셀을 클릭하고 단축 메뉴를 불러 [셀 서식]을 선택하고 [표시 형식][범주][사용자 지정]을 선택한 후, [형식]에 #"건"을 입력합니다.

④ B2 셀을 클릭하고 단축 메뉴를 불러 [셀 서식]을 선택하고 [표시 형식][범주][사용자 지정]을 선택한 후, [형식]에 #"개"를 입력합니다.

⑤ C2 셀을 클릭하고 단축 메뉴를 불러 [셀 서식]을 선택하고 [표시 형식][범주][사용자 지정]을 선택한 후, [형식]에 #,##0"원"을 입력합니다.

> 데이터가 최대 400행까지 입력되는 것으로 가정했습니다. COUNTA 함수는 비어 있지 않은 셀의 개수를 세므로 건수를 세는데 이용했습니다. 수량과 금액은 데이터가 입력되면 동적으로 범위가 변해야 하므로 OFFSET 함수를 사용해서 4행부터 400행 이내에서 값이 있는 셀을 모두 더 했습니다.

[개수21.xlsx]

SECTION 096 도시별 데이터를 도별로 세려면?

공공 인력을 파견한 자료가 있습니다. A열에 날짜가 있고, B열에 인력을 파견한 도시, C열에 파견 인원이 기록되어 있습니다. 총 8개 도시에 파견했고 도별로는 3개 도입니다. 이 자료에서 도별로 파견 건수를 구하라고 합니다. 이거 어떻게 해야 하나요? 자료에 도는 기록되어 있지도 않은데…

F열에 도별로 파견 건수가 기록되어 있습니다. 도별로 소속 도시 목록을 만들어 이용했습니다.

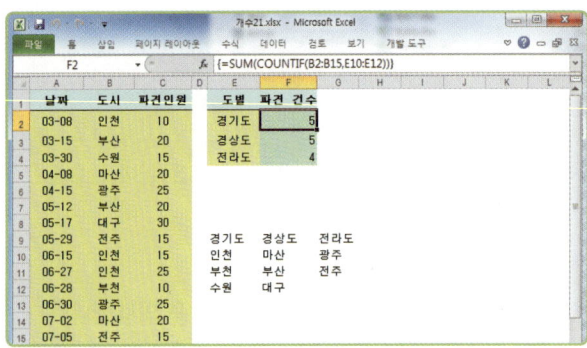

① F2 셀에 =SUM(COUNTIF(B2:B15,E10:E12))를 입력한 후, 커서를 수식 입력줄에 놓고 Ctrl + Shift + Enter 키를 눌러 중괄호를 입력합니다.

② F3 셀에 =SUM(COUNTIF(B2:B15,F10:F12))를 입력한 후, 커서를 수식 입력줄에 놓고 Ctrl + Shift + Enter 키를 눌러 중괄호를 입력합니다.

③ F4 셀에 =SUM(COUNTIF(B2:B15,G10:G11))을 입력한 후, 커서를 수식 입력줄에 놓고 Ctrl + Shift + Enter 키를 눌러 중괄호를 입력합니다.

각 도별로 준비한 도시 목록과 데이터의 도시를 비교하면서 동일한 도시가 나오면 카운트를 해서 건수를 구했습니다.

[개수22.xlsx]

필터로 선택한 데이터만 개수와 합계를 구하려면

거래처별로 매출 정보를 기록해두었습니다. 자동 필터를 적용해서 거래처 이름을 하나 선택하면 그 거래처 데이터만 표시됩니다. 그런데 이 때 표시된 거래처에 대해서 제품별로 판매된 수량과 금액이 자동으로 표시되게 하려면 어떻게 해야 하나요? 거래처 이름, 제품 이름, 금액이 있는데요.

거래처 버튼을 클릭하고 거래처를 선택하면 아래에 그 거래처에 대해 제품의 개수와 금액이 표시됩니다.

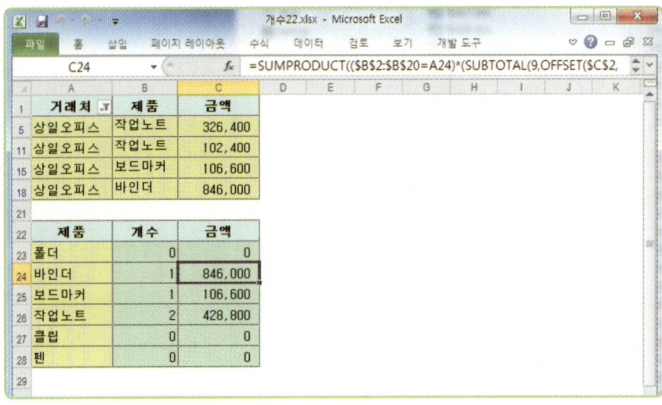

① 거래처 버튼을 클릭하고 거래처를 선택하면 아래에 그 거래처에 대해 제품의 개수와 금액이 표시됩니다.

② B23 셀을 클릭하고 다음의 식을 입력한 후 채우기 핸들을 더블클릭합니다.

=SUMPRODUCT(($B$2:$B$20=A23)*(SUBTOTAL(3,OFFSET($B$2,ROW($B$2:$B$20)−MIN(ROW($B$2:$B$20)),,))))

PART-04
개수나 횟수 세기

③ C23 셀을 클릭하고 다음의 식을 입력한 후 채우기 핸들을 더블클릭합니다.

=SUMPRODUCT(($B$2:$B$20=A23)*(SUBTOTAL(9,OFFSET($C$2,ROW($C$2:$C$20)-MIN(ROW($C$2:$C$20)),,))))

> SUBTOTAL 함수의 첫 번째 인수 3은 개수를 의미하며, 9는 합계를 의미합니다. 계산할 범위가 동적으로 바뀌기 때문에 OFFSET 함수를 사용해서 범위를 지정합니다. 개수의 경우 B2 셀을 기준으로 각 행에 대해 오프셋 배열이 구해지나, SUBTOTAL 함수는 현재 화면에 표시된 데이터에 대해서만 작업을 하기 때문에 현재 숨겨진 행은 0, 표시된 행은 1이 됩니다. 금액의 경우는 숨겨진 행은 0이고, 표시된 행은 금액이 남습니다.

[개수23.xlsx]

주문횟수가 제일 많은 제품 이름과 주문 횟수는?

A열에는 거래처 이름이 있고, B열에는 제품 이름 그리고 C열에는 판매 금액이 있습니다. 1일 동안 판매한 기록인데 여기서 제일 많이 주문한 제품 이름과 주문 횟수를 알고 싶습니다. 인기 상품을 골라내야 하는데 알려주세요.

E2 셀에 제품의 이름이 있고 F2 셀에 그 제품의 주문 횟수가 있습니다.

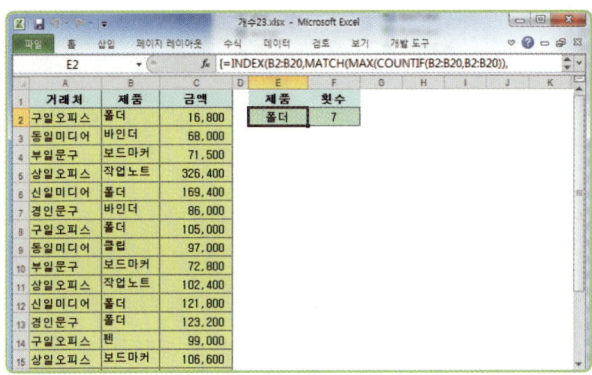

1 E2 셀에 다음 식을 입력합니다.

=INDEX(B2:B20,MATCH(MAX(COUNTIF(B2:B20,B2:B20)),
COUNTIF(B2:B20,B2:B20),0))

2 F2 셀에 =MAX(COUNTIF(B2:B20,B2:B20))을 입력한 후, 커서를 수식 입력줄에 놓고 Ctrl + Shift + Enter 키를 눌러 중괄호를 입력합니다.

COUNTIF(B2:B20,B2:B20) 식은 각 제품이 등장한 횟수를 배열로 반환합니다. MAX 함수로 그 중에서 제일 큰 값을 골라 INDEX 함수로 그 제품 이름을 가져옵니다.

[개수24.xlsx]

SECTION 099
기준 값이 바뀌면 다시 1부터 번호를 부여하려면

부서명을 기준으로 순서대로 데이터를 기록해두었습니다. 이제 A열에 번호를 부여해야 하는데 부서가 바뀌면 다시 1부터 번호를 부여해야 합니다. 데이터는 이미 부서별로 소트되어 있는 상태입니다. 부서가 바뀌는 걸 어떻게 알 수 있는지...

A열의 번호는 부서가 바뀌면 다시 1부터 부여되어 있습니다.

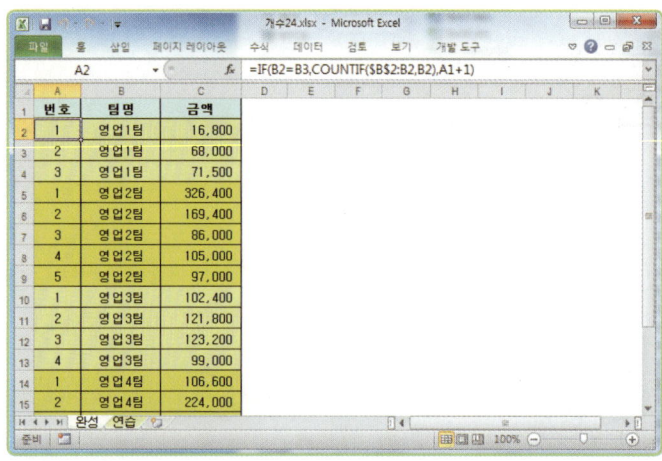

1 A2 셀에 **=IF(B2=B3,COUNTIF($B$2:B2,B2),A1+1)**을 입력하고 채우기 핸들을 더블클릭합니다.

COUNTIF($B$2:B2,B2) 식은 항상 첫 번째 부서명 ($B$2)부터 시작해서 해당 셀 (B2)의 부서명이 등장한 횟수를 셉니다. 따라서 이 값이 부서별 순서 번호가 됩니다. 부서가 달라지면 바로 앞의 번호에 1을 더해 마지막 부서번호를 구합니다.

[개수25.xlsx]

SECTION 100 빈 행은 제외하고 일련번호를 부여하려면

데이터가 기록된 순서대로 번호를 부여하려고 합니다. 그런데 가끔 빈 행이 삽입되어 있습니다. 팀별로 구분하느라고 빈 행을 넣어두었는데 이 상태에서 순서번호를 부여하는 방법을 알려주세요.

A열에 빈 행을 제외하고 순서 번호가 부여되었습니다.

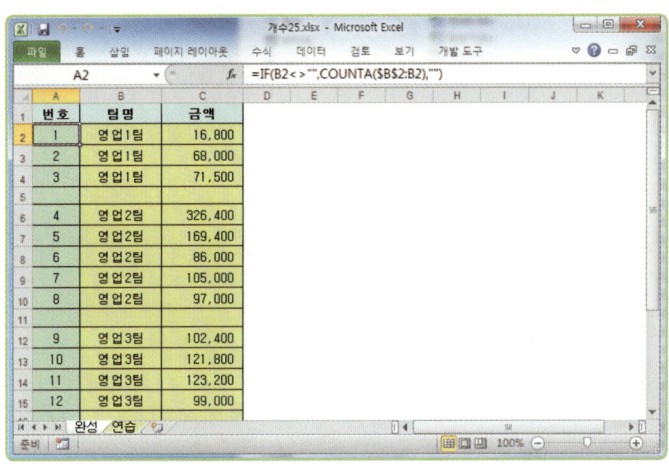

① A2 셀에 =IF(B2<>"",COUNTA($B$2:B2),"")를 입력한 후, 채우기 핸들을 잡고 아래로 드래그합니다.

팀명에 빈 셀이 있으면 공백 행으로 간주하고 공백을 출력합니다. 그러나 공백이 아니면, COUNTA 함수로 비어 있지 않은 셀의 개수를 세어 그 숫자를 출력합니다.

EXCEL PART 05

엑셀 함수 Q&A

텍스트 처리하기

Q&A

SECTION 101

[텍스트1.xlsx]

텍스트와 함께 기술한 숫자에 서식을 지정하려면?

사원별로 작업 목표량이 할당되어 있습니다. 그래서 목표량과 현재 달성량을 기록하고 그 옆에 결과를 기록합니다. 목표량을 달성하면 "완료"라고 기록하고 달성하지 못하면 "미달 : -70,000개"와 같이 기록해야 합니다. 근데… 텍스트하고 수식을 섞어 쓰니까 숫자 서식을 지정할 수가 없네요.

FE열의 비고란에 결과가 기록되어 있습니다. 미달의 경우는 텍스트와 숫자를 함께 기술하되 숫자에 알맞은 서식이 지정되어 있습니다.

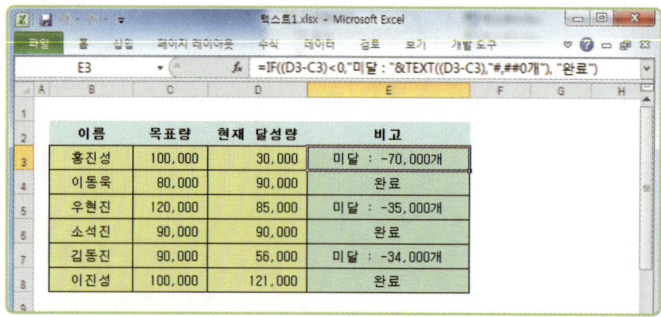

① E열의 비고란에 결과가 기록되어 있습니다. 미달의 경우는 텍스트와 숫자를 함께 기술하되 숫자에 알맞은 서식이 지정되어 있습니다.

② E3 셀의 채우기 핸들을 더블클릭합니다.

> IF((D3-C3)<0 식은 현재 달성량에서 목표량을 빼서 0보다 작으면 달성하지 못한 것이므로 "미달 : "&TEXT((D3-C3),"#,##0개")를 실행합니다. 여기서는 D3-C3 식의 결과를 다른 텍스트와 결합해서 기록합니다. TEXT((D3-C3),"#,##0개") 식은 D3-C3 식의 계산 결과에 숫자 서식을 지정합니다.

[텍스트2.xlsx]

SECTION 102
표의 제목과 오늘의 날짜를 같이 표시하려면

제가 작성하는 일일 매출 보고서에는 제목과 오늘의 날짜가 함께 표시되어야 합니다. 그래서 제목 글자하고 TODAY 함수를 & 연결자로 묶었는데 날짜가 숫자로 나오네요. 그 숫자에 날짜 서식을 지정하면 되는 거 같은데 어찌 하남요???

B1 셀에 제목과 오늘의 날짜가 제대로 표시됩니다.

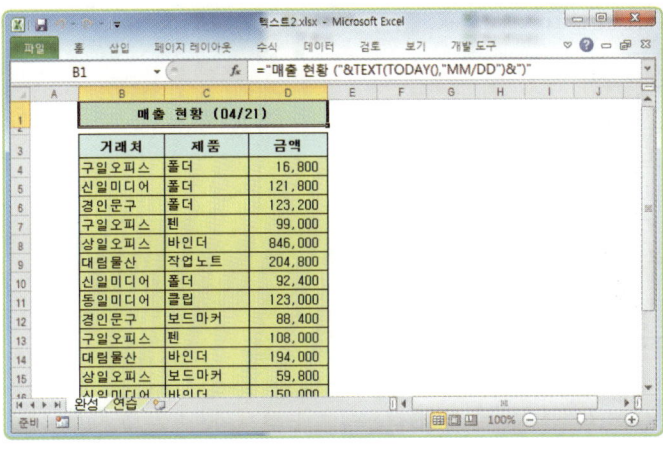

1 B1 셀에 `="매출 현황 ("&TEXT(TODAY(),"MM/DD")&")"`를 입력합니다.

TEXT(TODAY(),"MM/DD") 식은 TODAY 함수의 결과 즉, 오늘의 날짜에 날짜 서식을 지정합니다. 다른 텍스트들은 & 연결자로 묶었습니다.

SECTION 103

텍스트 중간에 함수식을 사용하면 서식은 어떻게?

[텍스트3.xlsx]

텍스트랑 함수를 & 문자로 연결해서 기록했는데 함수의 결과 값인 숫자에 숫자 서식을 맘대로 지정할 수 있나요? 그냥 사용해도 되지만 영~ 이상해요.

C19 셀을 보세요. 매출 건수와 총계가 텍스트와 함께 표시되었습니다.

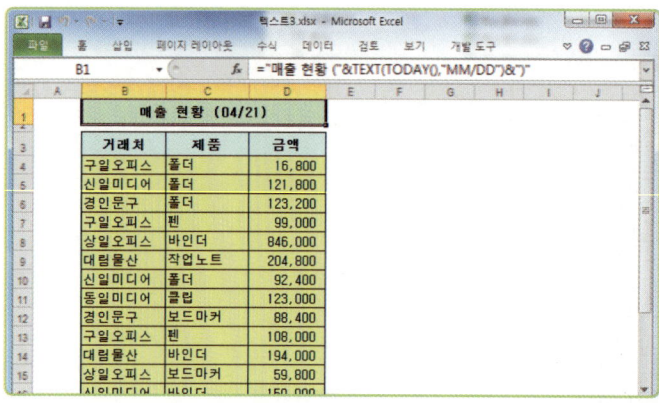

1 C19 셀에 =COUNTA(B4:B17)&"건 : " & TEXT (SUM (D4:D17),"#,##0원")을 입력합니다.

COUNTA(B4:B17) 식은 매출 건수를 구하기 위해 B열의 데이터 개수를 세었습니다. 합계는 TEXT 함수를 사용해서 SUM 함수의 결과에 숫자 서식을 지정했습니다.

[텍스트4.xlsx]

SECTION 104
4개 행에 기록된 값들을 묶어서 1개 행에 기록하려면

인터넷에서 자료를 다운 받았는데 주소가 제대로 기록되어 있지 않아요. A열에 4개 행에 걸쳐서 주소가 기록되었습니다. 1행에는 시, 2행에는 구, 3행에는 번지, 4행에는 업체 이름이 기록되었습니다. 모든 주소가 이렇게 기록되어 있는 상태에서 이 주소들을 모두 한번에 한 줄로 연결하려면 어떻게 해야 하나요? 일일이 복사해서 붙여넣기를 할 수도 없어요, 데이터가 많아요. 함수식 하나로 확 해결 좀 해주세요.

C열에 주소들이 제대로 기록되었습니다. 모든 주소가 4행으로 구성되었다는 가정 하에 함수식을 구성했습니다.

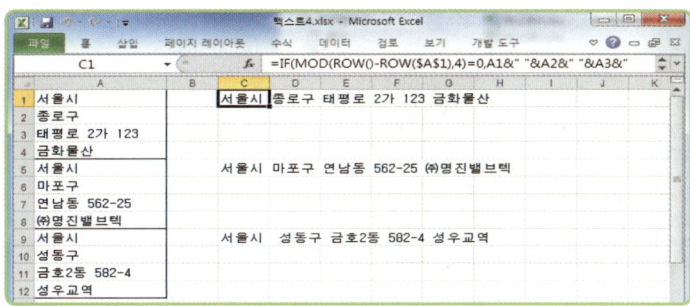

1 C1 셀에 다음 식을 입력합니다.

=IF(MOD(ROW()−ROW($A$1),4)=0,

A1&" "&A2&" "&A3 &" "&A4,"")

2 C1 셀의 채우기 핸들을 잡고 아래로 드래그합니다.

정확히 4개 행마다 새로운 주소가 시작됩니다. ROW 함수는 행의 번호를 구하는 함수입니다. MOD 함수는 나눗셈의 나머지를 구하는 함수입니다. 따라서 IF(MOD(ROW()−ROW($A$1),4)=0 식은 4의 배수가 되는 행을 의미합니다. 즉, 주소가 시작되는 행을 의미합니다. 그 행부터 4개의 셀을 & 연결자로 결합합니다.

SECTION 105
[텍스트5.xlsx]
코드를 참고해서 크기, 색상 등의 정보가 표시되게 하려면

의류를 판매하고 있습니다. 주문번호와 제품 코드 그리고 수량을 입력해두었는데 그 옆에 추가 정보가 표시되게 하려고 합니다. 제품 코드는 3개 문자로 구성되는데 첫 번째 문자가 유아복, 아동복, 성인복을 의미하고, 두 번째 문자가 크기, 세 번째 문자가 색상을 의미합니다. 코드를 분석해서 자세한 정보를 옆에 기록하는 방법을 알려주세요.

B열에 입력된 코드를 분석해서 D, E, F열에 연령과 크기, 색상 정보가 기록되었습니다.

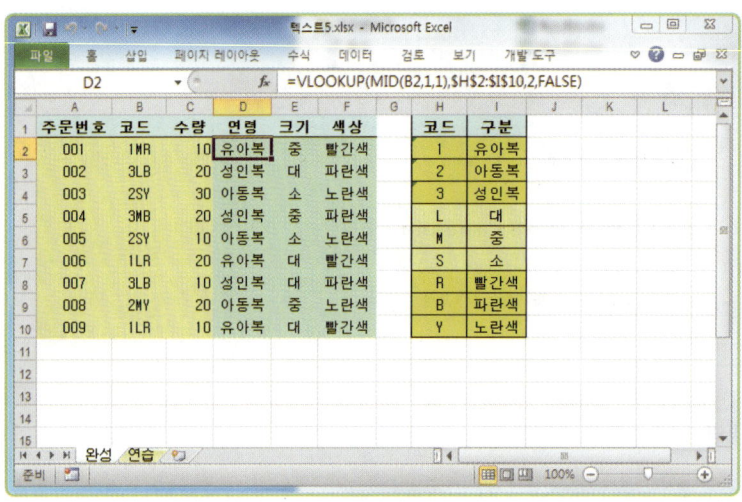

① D1 셀에 =VLOOKUP(MID(B2,1,1),$H$2:$I$10,2,FALSE)를 입력하고 채우기 핸들을 더블클릭합니다.

② E1 셀에 **=VLOOKUP(MID(B2,2,1),$H$2:$I$10,2,FALSE)**를 입력하고 채우기 핸들을 더블클릭합니다.

③ F1 셀에 **=VLOOKUP(MID(B2,3,1),$H$2:$I$10,2,FALSE)**를 입력하고 채우기 핸들을 더블클릭합니다.

MID(B2,1,1) 식은 B2 셀의 코드에서 1번째 문자 1개를 가져옵니다. VLOOKUP 함수는 MID 함수가 반환한 문자를 옆의 표의 첫 번째 열에서 찾아 그 행의 2번째 열의 값을 반환합니다. FALSE는 표의 첫 번째 열이 소트되어 있지 않아도 된다는 의미입니다. 채우기 핸들을 더블클릭해서 채우지 않고 미리 드래그해서 사용하려면 다음과 같이 IF와 ISERROR 식을 추가하면 됩니다.

=IF(ISERROR(VLOOKUP(MID(B2,1,1),$H$2:$I$10,2,FALSE)),"",
VLOOKUP(MID(B2,1,1),$H$2:$I$10,2,FALSE))

[텍스트6.xlsx]

SECTION 106
수량이 비어 있으면 금액도 공백이 되게 하려면

간단한 것 같은데 잘 안되네요. 거래처별로 매출을 기록하는데 아직 도착하지 않은 자료는 수량이 공백이어야 하고 금액도 공백이어야 합니다. 매출이 없는 경우는 수량과 금액이 모두 0으로 기록되기 때문에 구분하기 위해서 그렇게 합니다. 이런 경우 어떤 식을 사용해야 하나요.

수량이 비어 있으면 금액도 비어있습니다. 수량이 0이면 금액도 0입니다.

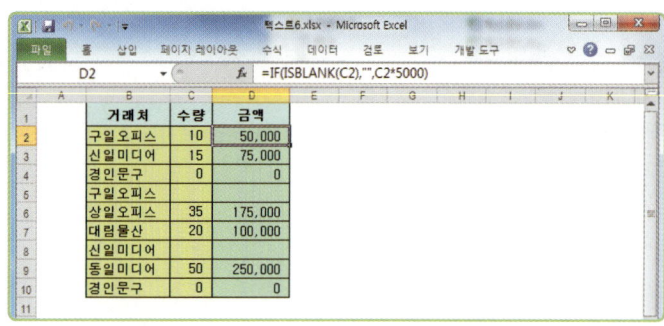

① D2 셀에 =IF(ISBLANK(C2),"",C2*5000)을 입력하고 D10 셀까지 드래그합니다.

ISBLANK(C2) 식은 C2 셀이 공백이면 TRUE를 반환합니다. 따라서 IF 식은 C2 셀이 공백이면 D2 셀에 공백을 기록합니다.

[텍스트7.xlsx]

SECTION 107 괄호를 전부 없앤 후 "일반" 서식을 지정하려면

괄호가 쳐진 데이터들이 있습니다. 이 괄호들을 한번에 모두 없애는 함수식 좀 만들어 주세요. 인터넷에서 받은 자료라서 불안하니까 서식도 "일반"으로 지정했으면 좋겠구요.

C열에 괄호를 제거하고 "일반" 서식이 지정된 데이터가 있습니다.

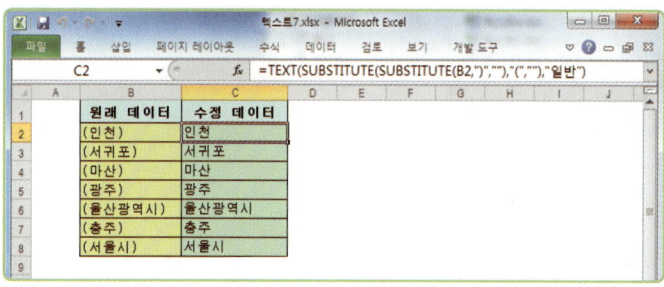

① C2 셀에 =TEXT(SUBSTITUTE(SUBSTITUTE(B2,")",""),"(",""),"일반")을 입력하고 채우기 핸들을 더블클릭합니다.

② C2:C8 셀에 범위를 지정하고 메뉴에서 [홈][복사]를 선택한 후, 다시 [홈][선택하여 붙여넣기][값]을 클릭합니다. 이제 B열을 삭제합니다.

> SUBSTITUTE 함수는 특정 문자를 다른 문자로 대치합니다. 2개의 SUBSTITUTE 함수를 사용해서 양쪽 괄호를 제거하고, 그 결과에 TEXT 함수로 "일반" 서식을 지정했습니다.

SECTION 108

[텍스트8.xlsx]
1개 셀의 완전한 주소를 시, 구, 동 별로 소트하려면?

A열에 이름이, B열에는 주소가 있어요. 주소는 시부터 번지까지 완전하게 기록되어 있는데 주소를 기준으로 시별, 구별, 동별로 소트를 할 수 있을까요?

B열의 완전한 주소를 분리해서 소트할 항목으로 나누어 기록했습니다. 이제 각 열을 기준으로 소트를 할 수 있습니다.

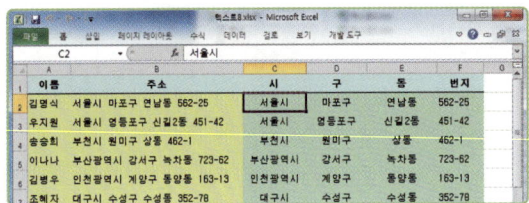

① B2:B7 셀에 범위를 지정하고 메뉴에서 [데이터][데이터 도구][텍스트 나누기]를 선택합니다.

② [텍스트 마법사 – 3단계 중 1단계]의 [원본 데이터 형식]에서 [구분 기호로 분리됨]에 체크하고 [다음]을 클릭합니다.

③ [텍스트 마법사 – 3단계 중 2단계]의 [구분 기호]에서 [공백]에 체크를 하고 [다음]을 클릭합니다.

④ [텍스트 마법사 – 3단계 중 3단계]에서 [대상]을 지우고 C2 셀을 클릭한 후 [마침]을 클릭합니다.

⑤ "셀의 내용을 바꾸겠습니까?" 라는 메시지가 나오면 [확인]을 클릭합니다.

> 함수식을 사용하면 복잡해집니다. 텍스트를 분리할 때는 텍스트 마법사를 이용하는 방법도 있다는 것을 잘 기억해두세요.

[텍스트9.xlsx]

주소에서 시, 구, 동까지만 추출하려면?

주소가 완전하게 기록되어 있는 상태에서 번지만 제외하고 나머지 주소를 처음부터 가져오려면 어떻게 하나요? 회원들의 사생활 보호를 위해서 제일 뒤의 번지는 공개하면 안 됩니다.

B열의 완전한 주소에서 동까지만 추출해서 C열에 기록했습니다.

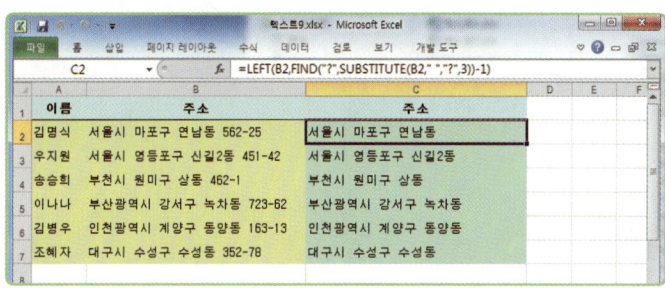

1 C2 셀에 **=LEFT(B2,FIND("?",SUBSTITUTE(B2," ","?",3))-1)**를 입력하고 채우기 핸들을 더블클릭합니다.

> SUBSTITUTE 함수는 3번째 공백을 ?로 바꿉니다. FIND 함수는 ? 문자의 위치를 반환합니다. LEFT 함수는 처음부터 ? 문자까지 추출합니다.

SECTION 110

[텍스트10.xlsx]

지역과 상호를 분리해서 기록하려면

A열에 거래 업체의 이름이 기록되어 있습니다. 그런데 지역과 업체 이름이 함께 기록되어 있습니다. 예를 들면, "의정부 신일교역"과 같은 식이지요. 여기서 "의정부"하고 "신일교역"을 분리해서 각각 B열과 C열에 기록해야 합니다.

A열에 있는 데이터가 지역명과 업체명으로 분리되어 B열과 C열에 기록되었습니다.

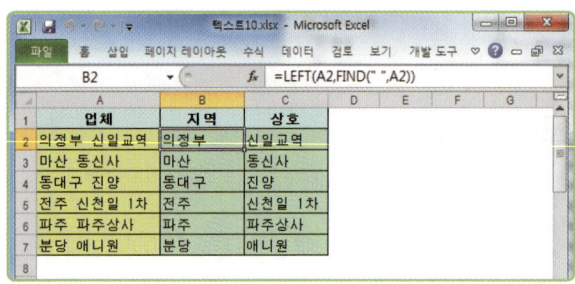

① B2 셀에 =LEFT(A2,FIND(" ",A2))를 입력하고 채우기 핸들을 더블클릭합니다.

② C2 셀에 =RIGHT(A2,LEN(A2)−FIND(" ",A2))를 입력하고 채우기 핸들을 더블클릭합니다.

FIND(" ",A2) 식은 A2 셀에서 공백의 위치를 찾아 그 위치 값을 반환합니다. LEFT 함수는 공백을 기준으로 왼쪽 데이터를 반환하고, RIGHT 함수는 공백을 기준으로 오른쪽 데이터를 반환합니다.

[텍스트11.xlsx]

SECTION 111 "-" 앞부분 숫자만 10을 곱해 수정하려면

우리 회사 제품명은 2 부분으로 구성됩니다. - 문자 앞의 숫자는 cm이고, - 문자 뒷부분의 글자는 제품의 타입을 의미합니다. 그런데 이번에 제품명을 mm로 변경하기로 했습니다. 그래서 10은 100이 되어야 하고 20은 200이 되어야 합니다. 제 생각에는 앞 부분만 추출해서 10을 곱하면 될 것 같은데요.

A열의 제품 이름이 변경되어 B열에 기록되었습니다.

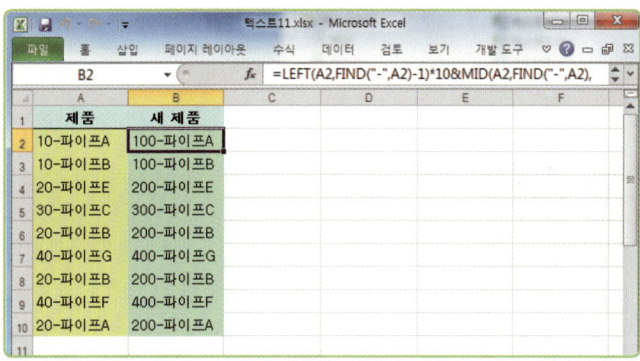

1 B2 셀에 다음 식을 입력하고 채우기 핸들을 더블클릭합니다.

=LEFT(A2,FIND("-",A2)-1)

*10&MID(A2,FIND("-", A2),100)

LEFT(A2,FIND("-",A2)-1)*10 식은 A2 셀에서 - 문자 바로 앞 문자까지를 추출해서 100을 곱한 값을 반환합니다. MID(A2,FIND("-",A2),100) 식은 A2 셀의 내용에서 - 문자 이후 100개의 문자를 반환합니다. 여기서 100은 넉넉하게 잡은 숫자입니다. LEFT 함수와 MID 함수의 결과를 & 연결자로 결합합니다.

[텍스트12.xlsx]

SECTION 112 "−" 문자 뒤의 부품코드로 단가를 입력하려면

제가 취급하는 제품의 이름은 "생산자−부품명"으로 구성됩니다. 예를 들어 CISCO−P100은 CISCO 사의 P100 부품이라는 의미입니다. 현재 시트에는 제품 이름이 기록되어 있습니다. 그 이름 옆에 단가를 입력해야 합니다. 단가는 P100과 같은 부품 이름에 의해 결정됩니다. 그러니까 CISCO−P100에서 P100만 떼어 내서 단가를 찾아야 하는데… 아이고~ 복잡해요!

B열에 제품의 완전한 이름이 있고 C열에 이름에 따라 단가가 표시되어 있습니다.

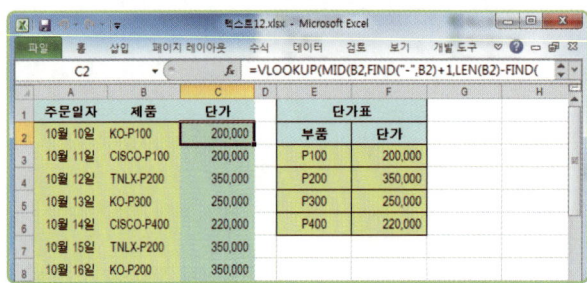

1 C2 셀에 다음 식을 입력합니다.

=VLOOKUP(MID(B2,FIND("−",B2)+1,LEN(B2)−FIND("−",B2)),$E$3:$F$6,2,0)

2 C2 셀의 채우기 핸들을 더블클릭합니다.

B2,FIND("−",B2)+1 식은 B2 셀에서 "−" 문자를 찾아 그 위치에 1을 더합니다. LEN(B2)−FIND("−",B2) 식은 B2 셀의 전체 길이에서 "−" 문자의 위치 값을 뺍니다. 이 식의 결과 값은 "−" 문자 이후의 문자의 개수입니다. 그러면 MID 함수는 B2 셀에서 "−" 문자 다음부터 "−" 문자 이후의 문자들을 반환합니다. 즉, "−" 문자 뒤의 부품 이름을 반환합니다. VLOOKUP 함수는 그 부품 이름을 옆의 표의 첫 번째 열에서 찾아 그 행의 2번 열을 반환합니다.

[텍스트13.xlsx]

SECTION 113 두 번째 "-" 문자 뒤의 값만 추출하려면

회원으로 등록한 고객들은 고객 ID가 부여되어 있습니다. 고객 ID는 02-0321-A123과 같은 형식입니다. 제일 앞의 숫자는 고객의 거주지 코드입니다. 두 번째 부분은 직업 코드이고요. 세 번째 부분은 우리가 부여한 등급 코드입니다. A로 시작하면 A 등급입니다. 그 뒤의 숫자는 등급별 순서번호이고요. 근데 고객을 등급별로 소트하려니까 곤란하네요. 제 생각에는 3번째 부분만 추출해서 따로 기록하고 그 열을 기준으로 소트하면 될 거 같은데요. 3번째 부분만 추출하는 식 좀 부탁드려요.

B열의 고객 ID에서 3번째 부분만 추출해서 C열에 기록했습니다.

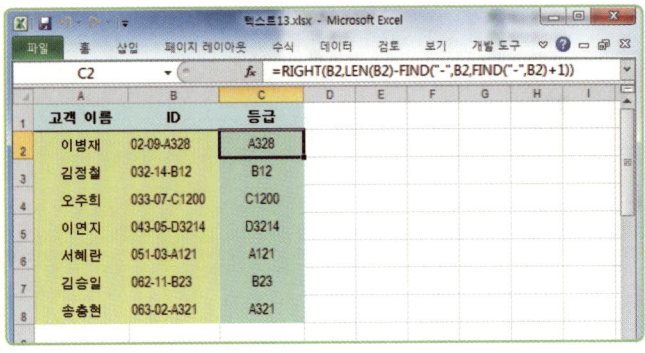

① C2 셀에 **=RIGHT(B2,LEN(B2)-FIND("-",B2,FIND("-",B2)+1))**를 입력한 후, 채우기 핸들을 더블클릭합니다.

> FIND("-",B2)+1 식은 B2 셀에서 "-" 문자의 위치 값을 구해 1을 더합니다. 즉 첫 번째 "-" 문자 다음 문자의 위치 값을 반환합니다. 따라서 FIND("-", B2,FIND("-",B2)+1) 식은 B2 셀에서 두 번째 "-" 문자의 위치 값을 반환합니다. 이제 LEN(B2)로 B2 셀의 전체 길이를 구해서 두 번째 "-" 문자의 위치 값을 빼면 두 번째 "-" 문자 이후의 문자 개수가 구해집니다. 그 다음은 RIGHT 함수로 B2 셀에서 오른쪽에서 그 값만큼 문자를 가져오면 됩니다.

SECTION 114

완전한 주소에서 특정지역은 배송료에 "없음"을 기록하려면?

[텍스트14.xlsx]

작은 쇼핑몰을 운영하고 있습니다. 저희는 모든 상품에 배송료를 2000원씩 추가로 받습니다. 그런데 서울 지역은 배송료를 받지 않고 있습니다. 지방분들에게는 죄송하지만 서울 지역은 배송료가 저렴해서 저희가 부담하고 있지요. 그런데 데이터에는 주소가 완전하게 기록됩니다. 주소를 입력하면 배송료가 자동으로 "없음"이나 2000원으로 기록되게 하려면 어찌 하나요? 서울의 경우 주소가 "서울", "서울시", "서울특별시"와 같이 다양합니다.

B열의 주소에 "서울"이라는 글자가 있으면 C열에 "없음"이 기록됩니다.

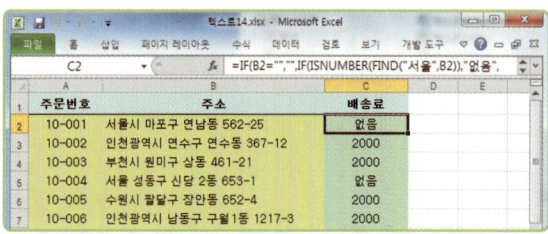

1 C2 셀에 다음 식을 입력하고 C10 셀까지 드래그합니다.

=IF(B2="","",IF(ISNUMBER(FIND("서울",B2)),"없음", 2000))

이제 데이터를 입력하면 자동으로 서울은 "없음"이 기록됩니다.

ISNUMBER(FIND("서울",B2)) 식은 FIND 함수가 "서울"이라는 글자를 찾으면 그 글자의 첫 번째 위치 값을 돌려줍니다. 따라서 "서울"이 있으면 숫자를 돌려주지만, 아니면 "#VALUE!"를 돌려줍니다.
숫자를 돌려주면 ISNUMBER가 TRUE가 되어 "없음"을 기록하고, 아니면 2000을 기록합니다. 제일 바깥의 IF식은 주소가 입력되지 않으면 C열에 공백을 기록합니다. 식을 미리 드래그해도 시트가 깨끗하게 보이게 하기 위한 식입니다.

[텍스트15.xls]

SECTION 115 전화 통화 목록에서 시외전화를 구분하려면

A열에는 통화 날짜가 있고, B열에 전화번호가 있습니다. 시내 전화인 경우는 앞에 지역을 의미하는 DDD 번호가 없고 시외 전화는 DDD 번호가 있습니다. 이 상태에서 C열에 "시내", "시외"를 구분해서 기록하는 방법을 알고 싶습니다. 그리고… "시외"의 경우는 빨간색으로 기록해야 합니다.

C열을 보세요. 시외 통화는 빨간색으로 "시외"라고 기록되었습니다.

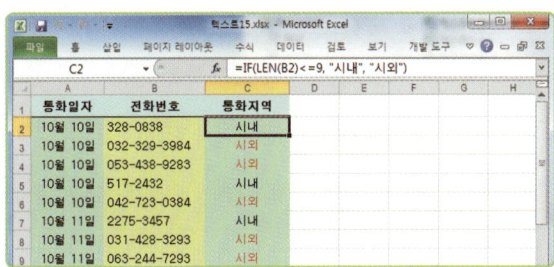

1 C2:C10 셀에 범위를 지정하고 메뉴에서 [홈][스타일][조건부 서식]을 선택합니다.

2 [셀 강조 규칙][같음]을 선택하고 [다음 값과 같은 셀의 서식 지정]에 "시외"를 입력한 후 [사용자 지정 서식]을 선택합니다.

3 [글꼴][색]에서 빨간색을 선택한 후 [확인]을 연달아 클릭합니다.

4 C2 셀을 클릭하고 =IF(LEN(B2)<=9, "시내", "시외")를 입력한 후 채우기 핸들을 더블클릭합니다.

전화번호의 특성을 이용해서 간단하게 처리했습니다. DDD 번호가 붙지 않으면 전화번호는 "–" 문자를 포함해서 9자를 넘지 않는다는 사실을 이용해서 전화번호의 길이가 9 이하이면 "시내"를 출력하게 했습니다. 빨간색을 지정하는 것은 조건부 서식을 이용했습니다.

[텍스트16.xlsx]

SECTION 116
"부장 이병재"를 "이병재 부장"으로 바꾸려면

아이 참! 처음부터 제대로 입력할 것이지... 사내 교육 신청자를 접수한 목록이 있는데요... 지원자 이름에 직위까지 기록되어 있습니다. 그런데 이름하고 직위를 바꾸라고 하네요. 별거 아닌 거 같은데 왜 잘 안되는지... 샘! 갈켜주삼!

C열에 이름과 직위가 바뀌어 기록되었습니다.

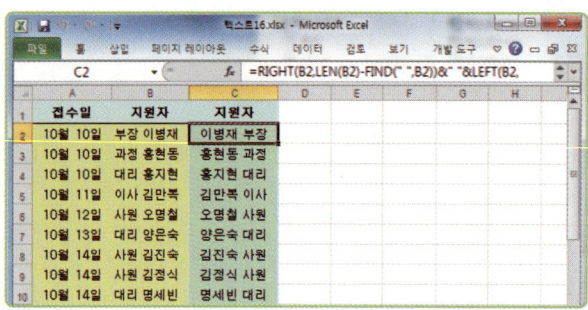

1 C2 셀에 =RIGHT(B2,LEN(B2)-FIND(" ",B2))&" "&LEFT(B2, FIND(" ",B2)-1)을 입력하고 채우기 핸들을 더블클릭합니다.

2 C2:C10 셀에 범위를 지정하고 Ctrl + C 키로 복사한 후, 단축메뉴에서 [선택하여 붙여넣기]를 선택하고, [값]을 선택합니다.

3 B열을 삭제합니다.

> RIGHT(B2,LEN(B2)-FIND(" ",B2)) 식은 B2 셀에서 공백 뒤쪽의 이름을 추출합니다. LEFT(B2,FIND(" ",B2)-1) 식은 처음부터 공백까지를 추출합니다. 즉, 직위를 추출합니다. 이 두 결과를 & 연결자로 결합하되 중간에 공백 문자를 추가했습니다.

SECTION 117 콤마로 구분된 데이터의 개수를 구하려면

[텍스트17.xlsx]

수해복구지원 봉사에 파견된 인원수를 파악해야 합니다. 그런데 A열에 부서가 기록되어 있고 그 옆에 콤마로 구분해서 참가한 직원의 이름을 기록해두었습니다. 이럴 때 부서별로 인원수를 계산하려면 어떻게 해야 하나요?

C열에 부서별 인원수를 구했습니다. B열의 이름은 이름과 이름 사이에 또는 이름과 콤마 사이에 공백이 있어도 올바로 계산됩니다.

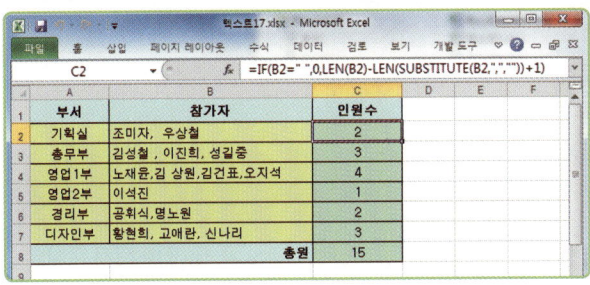

1 C2 셀에 =IF(B2=" ",0,LEN(B2)−LEN(SUBSTITUTE(B2,",","")))+1)을 입력하고 C7 셀까지 드래그합니다.

2 C8 셀에 =SUM(C2:C7)을 입력합니다.

> 전체적으로 콤마의 개수를 계산해서 그 값에 1을 더해 인원수를 구합니다.
> LEN(SUBSTITUTE(B2,",","")) 식은 B2 셀에서 콤마를 없앤 후 전체 문자 개수를 구합니다. 그 후 원래 B2 셀의 문자 개수에서 빼면 결국 콤마의 개수가 구해집니다. 거기에 1을 더하면 인원수가 됩니다.

SECTION 118

[텍스트18.xlsx]
주민등록번호에서 뒷자리를 "*"로 표시하려면

회원들의 주민등록번호를 기록해두었는데 주민등록번호가 유출되면 악용될 염려가 있다고 합니다. 그래서 주민등록번호의 뒷부분 7자리를 "*" 문자로 표시해서 안 보이게 하려고 합니다. 뒷부분만 바꾸는 방법 좀...

C열에 뒷부분만 "*"로 변환된 주민등록번호가 있습니다.

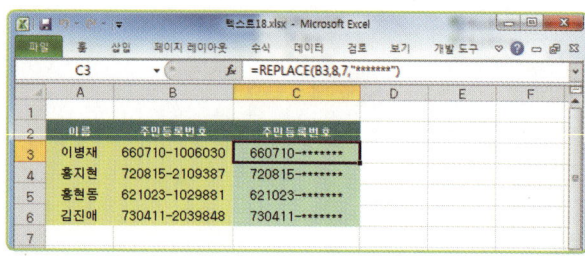

① C3 셀에 **=REPLACE(B3,8,7,"*******")** 를 입력한 후 채우기 핸들을 더블클릭합니다.

② B열을 아예 삭제하려면 C3:C6 셀에 범위를 지정하고 단축 메뉴를 불러 [복사]를 선택한 후, 다시 단축 메뉴를 불러 [선택하여 붙여넣기]를 선택하고 [값]을 선택합니다.

③ B열을 삭제합니다.

> REPLACE 함수는 문자를 다른 문자로 바꿉니다. B3 셀의 내용에서 8번째 문자부터 7개의 문자를 "*" 문자로 바꿨습니다.

SECTION 119

[텍스트19.xlsx]

표의 제목과 차트의 도형 제목이 함께 바뀌려면

거래업체별로 4가지 상품에 대해서 사원별로 판매 기록을 집계한 표를 만들고 있습니다. 제일 위의 제목에는 거래처 이름이 있고, 행에는 사원 이름이 있고, 열에는 제품 이름이 있습니다. 이런 표를 업체별로 만들어야 합니다. 그런데 표를 만들고 그 아래에 막대그래프를 그려야 합니다. 차트 제목은 도형으로 그리고 그 안에 업체 이름과 다른 글자가 표시되게 하려고 합니다. 표의 제목을 바꾸면 자동으로 차트의 제목도 바뀔 수는 없나요?

B2 셀의 거래 이름을 수정해보세요. 차트 제목도 수정된 거래처 이름으로 바뀝니다.

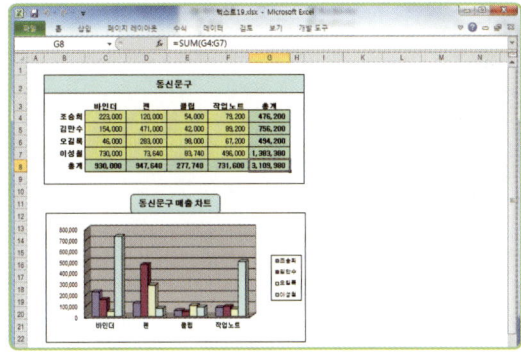

① G11 셀에 **=B2&" 매출 차트"**를 입력합니다.

② 도형을 클릭하고 **수식 입력줄**에 **=G11**을 입력합니다.

③ G11 셀을 클릭하고 [글꼴 색]에서 흰색을 선택해서 보이지 않게 합니다.

> 만일 도형 제목에 표의 제목을 그대로 표시하려면 도형을 클릭하고 수식 입력줄에 =B2를 입력하면 됩니다. 그러나 B2의 내용에 다른 문자를 추가해서 도형에 표시하려면 다른 셀에서 문자를 결합한 후, 그 셀의 주소를 수식 입력줄에 입력해야 합니다.

SECTION 120
양방향 문자 차트를 만들려면

[텍스트20.xlsx]

1월부터 12월까지 회원 가입 인원에 대한 자료가 있습니다. 월별로 회원 가입 예상 수치가 있고 실제 가입 수치가 있습니다. 그 옆에는 실적율을 표시했고요. 제가 필요한 건 이 실적율을 가로 막대처럼 표시하고 싶습니다. 실적이 미달이면 음수로 표시되기 때문에 양방향으로 표시해야 하는데 문자를 이용해서 간단히 만드는 방법이 있는 걸로 아는데요…

단순히 문자를 반복 표시해서 차트를 그렸습니다.

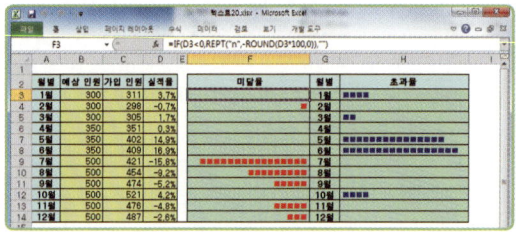

① G3 셀에 =A3을 입력한 후 G14 셀까지 드래그합니다.

② F3:F14 셀과 H3:H14 셀에 범위를 지정하고 글꼴을 "Wingdings"로 지정합니다.

③ F3 셀에 =IF(D3<0,REPT("n",-ROUND(D3*100,0)),"")을 입력하고 F14 셀까지 드래그합니다.

④ H3 셀에 =IF(D3>0,REPT("n",ROUND(D3*100,0)),"")을 입력하고 H14 셀까지 드래그합니다.

> 글꼴을 Wingdings로 지정한 것은 "n"자를 네모로 표시하기 위한 것입니다. ROUND(D3*100,0) 식은 백분율을 숫자로 환원한 후 반올림해서 정수만을 구합니다. REPT 함수는 문자를 반복해서 표시하는데 두 번째 인수가 음수이면 왼쪽으로 표시합니다.

[텍스트21.xlsx]

SECTION 121
영문자의 첫 번째 문자만 대문자로 조절하려면

외국인 이름을 영자로 입력해두었습니다. 그런데 이 이름을 첫 글자만 모두 대문자로 바꾸려고 합니다. 대문자와 소문자를 조절하는 함수가 있지만 첫 글자만 하려니까 잘 안되네요. 이 문제 좀 해결해주세요.

대소문자를 조절하는 함수들을 모두 소개했습니다. B열의 아래에는 첫 글자만 대문자로 바꾸었습니다.

① 대소문자를 조절하는 함수들을 모두 소개했습니다. B열의 아래에는 첫 글자만 대문자로 바꾸었습니다.

② C3 셀에 **=LOWER(A3)**을 입력하고 채우기 핸들을 더블클릭합니다.

③ D3 셀에 **=PROPER(A3)**을 입력하고 채우기 핸들을 더블클릭합니다.

④ B10 셀에 **=UPPER(LEFT(A3))&RIGHT(LOWER(A3),LEN(A3)−1)**을 입력하고 채우기 핸들을 더블클릭합니다.

> 첫 글자만 대문자로 바꾸는 식에서 UPPER(LEFT(A3)) 식은 일단 이름을 모두 대문자로 바꿉니다. RIGHT(LOWER(A3),LEN(A3)−1) 식은 첫 번째 글자를 제외한 나머지 글자를 소문자로 바꿉니다. 그리고 그 둘을 & 연결자로 결합합니다.

[텍스트22.xlsx]

SECTION 122
사업자 번호를 "-"로 분리해 12개의 칸에 기록하려면

거래처의 사업자 등록번호를 가져와서 양식에 맞게 1칸에 1자씩 기록해야 합니다. 그런데 사업자 등록 번호의 양식에 맞춰서 첫 3자 뒤와 그 다음 2자 뒤에 "_"문자를 삽입해야 합니다. 어렵네요...

B열에서 M열까지 양식에 맞게 사업자 등록 번호가 기록되었습니다.

① B2 셀에 아래의 식을 입력합니다.

=IF(OR(COLUMN()={2,3,4}),MID($A6,COLUMN()-1,1),

IF(OR(COLUMN()={6,7}),MID($A6,COLUMN()-2,1),

IF(COLUMN()>=9,MID($A6,COLUMN()-3,1),

IF(OR(COLUMN()={5,8}),"-"))))

② B2 셀의 채우기 핸들을 잡고 M2 셀까지 드래그한 후 M2 셀의 채우기 핸들을 더블클릭합니다.

복잡해 보이지만 원리는 간단합니다. 5번째 열과 8번째 열에는 "-" 문자를 기록합니다. 2, 3, 4번째 열에는 1, 2, 3번째 숫자가 기록되어야 하므로 해당 열의 열 번호를 구하는 COLUMN 함수의 값에서 1을 뺍니다. 6, 7번째 열에는 4, 5번째 숫자가 기록되어야 하므로 COLUMN 함수의 값에서 2를 뺍니다. 9, 10, 11, 12, 13번째 열에는 6, 7, 8, 9, 10번째 숫자가 기록되어야 하므로 COLUMN 함수의 값에서 3을 뺍니다.

[텍스트23.xlsx]

SECTION 123 세금계산서처럼 뒷자리부터 한 칸씩 채우려면?

세금 계산서나 입금표 양식을 보면 일 단위부터 숫자를 채우는데 그건 어떻게 하나요? 간단한 거 같은데 예상외로 잘 안되고 있습니다. 갈켜주세요!

A열의 금액이 한자리씩 나누어져 뒷자리부터 한 칸씩 기록되었습니다.

① B2 셀에 =MID(TEXT($A2,"??????????"),COLUMN()-1,1)을 입력합니다.

② B2 셀의 채우기 핸들을 잡고 K2 셀까지 드래그한 후, K2 셀의 채우기 핸들을 더블클릭합니다.

TEXT($A2,"??????????") 식은 A2 셀의 금액을 텍스트로 변환하되 물음표 10자리에서 대응 위치에 숫자가 없으면 공백으로 표시합니다. 그렇게 10자리의 텍스트로 변환한 후, 각 열 번호에서 1을 뺀 위치의 문자부터 1개의 문자를 기록합니다.

[텍스트24.xlsx]

SECTION 124 불필요한 공백을 정리하려면

주소를 입력한 자료를 보내왔는데 입력이 일정하지 않습니다. 시와 구 사이에 공백이 2개인 경우도 있고, 처음부터 1개 공백을 띄우고 입력을 시작한 경우도 있습니다. 이 공백들을 깨끗하게 정리 좀 해주세요.

C열의 주소는 문자 중간의 공백은 1개로 정리하고 제일 앞이나 뒤의 공백은 삭제한 겁니다.

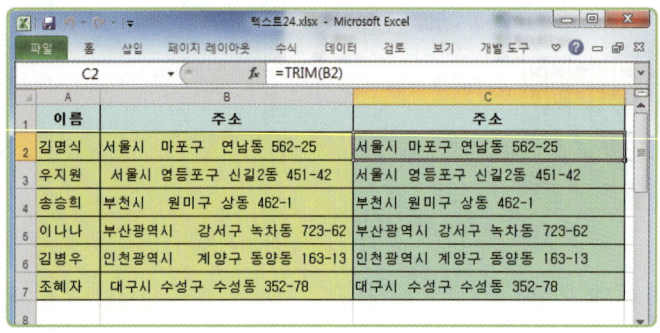

① C2 셀에 **=TRIM(B2)**를 입력한 후 채우기 핸들을 더블클릭합니다.

TRIM 함수는 문자열 중간에 있는 모든 공백은 1개로 줄여주며 문자열 앞이나 뒤의 공백을 제거합니다.

[텍스트25.xlsx]

문자 사이에 "−" 문자를 삽입하려면

주문코드가 "대상1025"와 같이 기록되어 있습니다. 모든 주문코드가 앞의 2자리는 문자이고 그 뒤는 주문날짜를 기록한 것입니다. 이 코드를 "대상−1025와 같이 수정해야 합니다.

앞의 2개 문자 다음에 "−" 문자를 삽입했습니다.

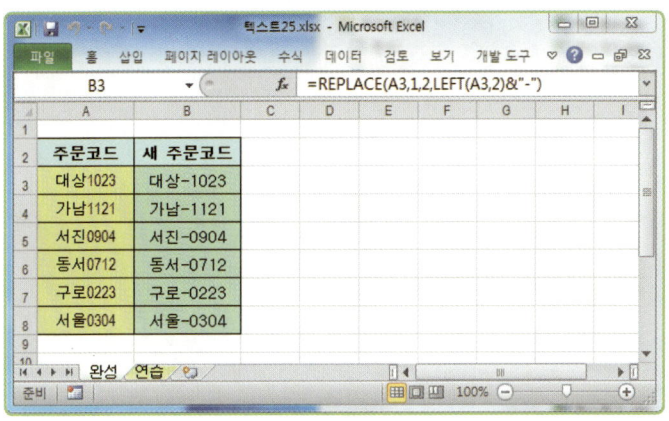

1 B3 셀에 =REPLACE(A3,1,2,LEFT(A3,2)&"−")를 입력한 후 채우기 핸들을 더블클릭합니다.

> REPLACE 함수를 이용해서 A3 셀의 1번째부터 2개의 문자를 A3 셀의 왼쪽에서 2개 문자와 "−" 문자를 결합한 문자로 대치합니다.

EXCEL **PART 06** 값을

엑셀 함수
Q&A

찾거나 가져오기

Q&A

[찾기1.xlsx], [찾기1연습.xlsx]

S·E·C·T·I·O·N 126
데이터를 추가, 삭제하면 같이 변하는 콤보상자?

콤보상자에 데이터 목록을 만들어 놓고 콤보상자에서 선택해서 데이터를 입력하잖아요. 그런데 목록에 데이터가 추가되면 추가된 데이터도 콤보상자에 자동으로 표시되게 하거나 데이터 삭제시 콤보상자도 자동으로 삭제할 수 없나요?

"주문일보" 시트에서 주문번호를 추가한 후 "주문장" 시트에서 주문번호 콤보상자를 클릭하면 추가된 주문번호도 표시됩니다. 삭제하면 콤보상자에도 표시되지 않습니다.

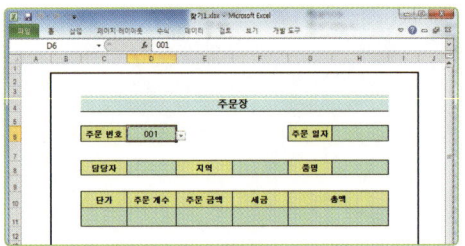

① [찾기1연습.xlsx] 파일을 열고 아무 시트에서나 메뉴에서 [수식][정의된 이름][이름 정의]를 선택하고 [이름]에 "**주문번호**"를 입력합니다.

② [참조 대상]에 **=OFFSET(주문일보!$A$1,1,0,COUNTA(주문일보!$A:$A) −1,1)**을 입력한 후 [확인]을 클릭합니다.

③ "주문장" 시트의 D6 셀을 클릭하고 메뉴에서 [데이터][데이터 도구][데이터 유효성 검사]를 선택합니다.

④ [제한 대상]에서 "목록"을 선택하고 [원본]에 "**=주문번호**"를 입력한 후 [확인]을 클릭합니다.

OFFSET(주문일보!$A$1,1,0,COUNTA(주문일보!$A:$A)−1,1) 식은 주문일보 시트의 A1 셀부터 1행 0열 떨어진 곳(A2 셀)부터 A 열에서 데이터가 있는 셀의 개수에서 1을 뺀 만큼의 행과 1열을 범위로 지정합니다. 1을 뺀 것은 주문번호라는 제목을 제외하기 위한 것입니다. 이렇게 하면 데이터의 추가, 삭제 시에 자동으로 주문번호라는 이름의 범위가 조절됩니다.

[찾기2.xlsx], [찾기2연습.xlsx]

SECTION 127 주문번호만 선택하면 자동으로 완성되는 주문장

주문을 받는 대로 차례로 시트에 기록들 하고 있습니다. 제일 앞에는 주문번호가 있고 그 뒤에 여러 가지 정보를 기록했습니다. 그런데 가끔 주문장을 인쇄해야 하는 경우가 있습니다. 이렇게는 안 되나요? 제가 주문번호만 입력하면 나머지 정보들이 자동으로 주문서 양식에 기록되어서 저는 인쇄만하면 되게... 좀 만들어주세요.

"주문장" 시트의 주문번호 콤보상자에서 주문번호를 선택하면 주문 내역이 자동으로 완성됩니다. "주문일보" 시트에서 데이터를 추가, 삭제해도 잘 됩니다.

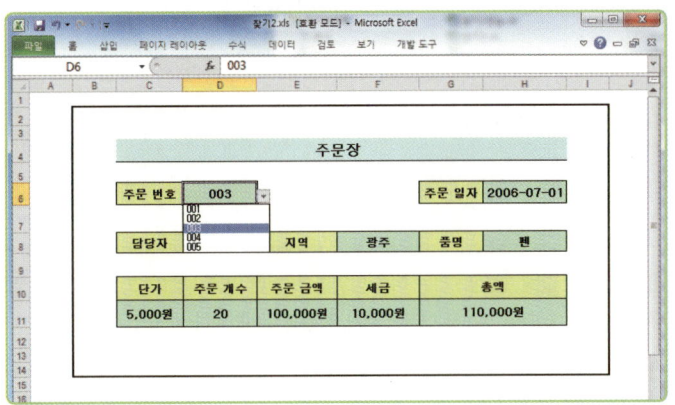

① [찾기2연습.xlsx] 파일을 열고 아무 시트에서나 메뉴에서 [수식]-[정의된 이름]-[이름 정의]를 선택합니다. [이름]에 "데이터"를 입력하고, [참조 대상]에 다음 식을 입력한 후 [확인]을 클릭합니다.

=OFFSET(주문일보!$A$1,1,0,COUNTA(주문일보!$A:$A)-1,COUNTA(주문일보!$1:$1))

② H6 셀에 =VLOOKUP($D$6,데이터,2,0)를 입력합니다.

③ D8 셀에 =VLOOKUP($D$6,데이터,4,0)를 입력합니다.

④ F8 셀에 =VLOOKUP($D$6,데이터,3,0)를 입력합니다.

⑤ H8 셀에 =VLOOKUP($D$6,데이터,5,0)를 입력합니다.

⑥ C11 셀에 =VLOOKUP($D$6,데이터,6,0)를 입력합니다.

⑦ D11 셀에 =VLOOKUP($D$6,데이터,7,0)를 입력합니다.

⑧ E11 셀에 =VLOOKUP($D$6,데이터,8,0)를 입력합니다.

> VLOOKUP($D$6,데이터,2,0) 식은 D6 셀의 값을 "데이터"라는 이름 범위의 첫 번째 열에서 찾아 그 행의 2번째 열의 값을 가져옵니다. 표에는 OFFSET 함수로 동적인 이름을 부여해 데이터 추가, 삭제에 대비합니다.

[찾기3.xlsx], [찾기3연습.xlsx]

SECTION 128
제품을 선택하면 단가가 자동으로 입력되게

보낸 드린 시트에는 매출을 기록하고 있습니다. 제품의 종류는 8가지입니다. 제품은 콤보상자에서 선택해서 입력하려고 합니다. 제품 이름을 선택하면 그 제품의 단가가 자동으로 기록되게 해 주세요. 개수를 입력하면 금액도 자동으로 계산되는데 그 식은 G열에 입력해놓았습니다.

데이터를 입력하면서 품명 콤보상자에서 제품을 선택하면 옆에 단가가 표시됩니다. 단가 정보는 "정보" 시트에 있습니다. 개수를 입력하면 금액이 계산됩니다.

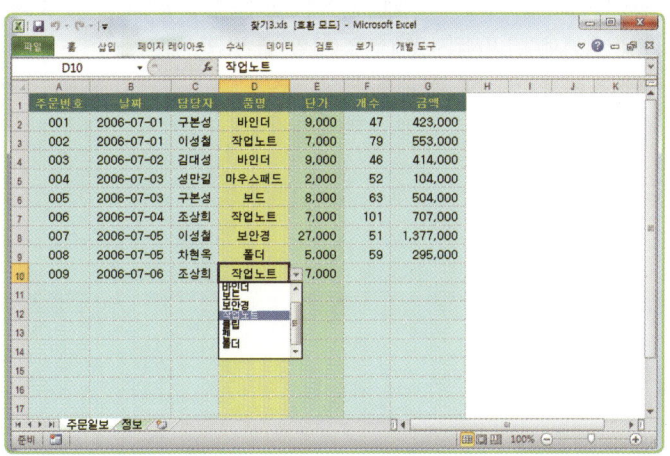

① [찾기3연습.xlsx]를 열고 "정보" 시트의 A2:B9 셀에 범위를 지정하고 [이름상자]에 "제품단가"를 입력합니다. 다시 "정보" 시트의 A2:A10 셀에 범위를 지정하고 [이름상자]에 "제품"을 입력합니다. A10의 빈 셀을 포함시키면 나중에 콤보상자에서 그 빈 셀을 선택해서 기존 내용을 지울 수 있습니다.

SECTION-128 | 제품을 선택하면 단가가 자동으로 입력되게 • 201

② "주문일보" 시트의 D2:D20 셀에 범위를 지정하고 메뉴에서 [데이터][데이터 도구][데이터 유효성 검사]를 선택하고 [제한 대상]에서 "목록"을 선택한 후, [원본]에 "=제품"을 입력하고 [확인]을 클릭합니다.

③ E2 셀에 =IF(ISERROR(LOOKUP(D2,제품단가)),"",LOOKUP(D2,제품단가))를 입력하고 E20 셀까지 드래그합니다.

> LOOKUP(D2,제품단가) 식은 D2 셀의 값을 "제품단가"라는 이름 영역의 첫 번째 열에서 찾아 그 행의 2열의 값을 반환합니다. 단순히 2개 열로 구성된 표에서 짝이 되는 값을 찾을 때 LOOKUP 함수가 편합니다. 단, 표의 첫 번째 열은 오름차순으로 소트되어 있어야 합니다. 품명이 삭제될 때 에러가 표시되지 않게 ISERROR 함수를 사용했습니다.

SECTION 129

[찾기4.xlsx]

운행 거리에 따라 임금을 지불하려면?

7대의 화물 트럭을 운행하고 있습니다. 기사분들의 운행 거리에 따라 일급을 지불하고 있어요. 배달이 많은 날과 그렇지 않은 날이 있기 때문에 운행한 Km 수를 일정한 구간으로 나누어서 운행 거리 구간별로 일급을 지불합니다. 기사님별로 운행 거리를 입력하면 알맞은 임금이 자동으로 구해지게 해야 합니다.

F1:H8 셀에 운행 거리에 따른 임금표가 있습니다. 그 표를 기준으로 D열에 임금이 구해졌습니다.

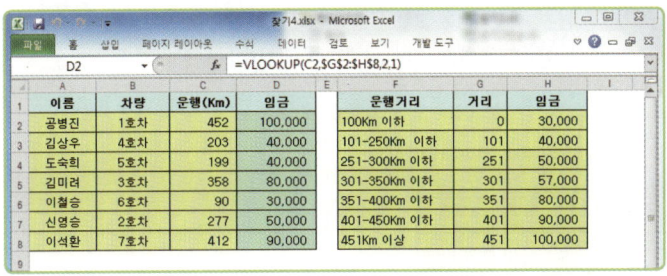

① D2 셀에 **=VLOOKUP(C2,$G$2:$H$8,2,1)**을 입력한 후 채우기 핸들을 더블클릭합니다.

> VLOOKUP(C2,$G$2:$H$8,2,1) 식은 C2의 값을 G2:H8 표의 첫 번째 열에서 찾습니다. 정확하게 일치하는 값이 없는 경우는 작은 값 중에서 제일 큰 값을 찾아 그 행의 2번째 열의 값을 가져옵니다. 제일 뒤의 1은 생략해도 되며, 이는 G2:H8 표의 첫 번째 열인 거리가 오름차순으로 소트되어 있어야 하며, 정확히 일치하는 값이 없을 때는 작은 값 중에서 제일 큰 값을 가져오라는 의미입니다.

[찾기5.xlsx]

SECTION 130

우대고객과 일반고객을 구분해 할인율을 적용하려면?

작은 쇼핑몰을 운영하고 있습니다. 구매를 자주하시는 분들은 별도로 우수 고객으로 모시고 있답니다. 이번에 할인 행사를 하면서 구입 금액에 따라 할인을 해드리게 되었습니다. 그런데 할인율이 2 종류입니다. 우수 고객과 일반 고객의 경우가 다릅니다. 동일한 금액을 구매해도 할인율이 달라집니다. 우수 고객을 위한 할인 요율표가 있고, 일반 고객을 위한 할인 요율표가 있습니다. 그리고 우수 고객 명단도 있습니다. 고객을 구분해서 할인율을 구하는 방법 좀 알려주세요.

C열에 있는 할인율은 우수 고객과 일반 고객을 구분해서 구한 것입니다.

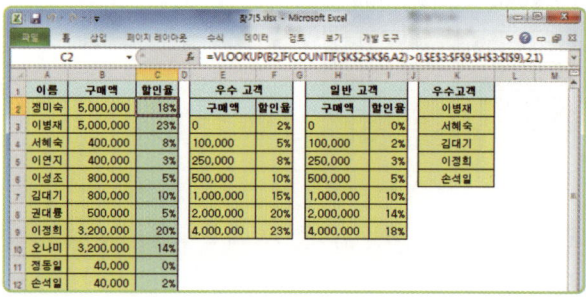

① C2 셀에 다음 식을 입력합니다.

=VLOOKUP(B2,IF(COUNTIF($K$2:$K$6,A2)>0,$E$3:$F$9,$H$3:$I$9),2,1)

② C2 셀의 채우기 핸들을 더블클릭합니다.

이 문제를 해결하기 위해서는 먼저 우수 고객인지를 확인해야 합니다. 그래서 우수 고객이면 F열의 할인율, 아니면 I열의 할인율을 구합니다. IF(COUNTIF ($K$2:$K$6,A2)>0 식이 우수 고객인지를 판단합니다. 이름을 우수 고객 명단에서 찾아서, 있으면 1이므로 TRUE가 되어 검색의 범위가 $E$3:$F$9가 됩니다. 이제 VLOOKUP 함수로 그 검색 범위의 첫 번째 열에서 구매액의 구간을 찾아 그 행의 2번째 열 값을 가져오면 됩니다.

SECTION 131

[찾기6.xlsx]

수평 테이블에서 직급별 기본급과 수당을 가져오려면

다른 표에 있는 값을 가져올 때 대부분 VLOOKUP 함수를 사용하는 걸로 아는데요. 저의 경우는 표가 수평으로 작성되어 있습니다. 1행에 직급이 있고, 2행에 기본급, 3행에 직책 수당이 기록되어 있는 형식입니다. 이럴 때는 어떤 함수를 어떻게 사용해야 그 값을 가져올 수 있는지 알려주세요.

아래의 표에 기록된 기본급과 직책 수당은 위의 수평 테이블에서 가져온 것입니다.

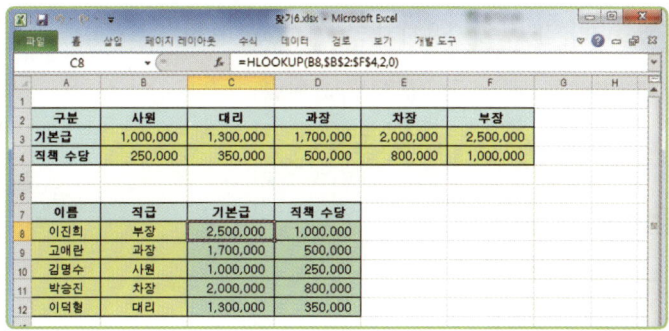

① C8 셀에 =HLOOKUP(B8,$B$2:$F$4,2,0)을 입력한 후 채우기 핸들을 더블클릭합니다.

② D8 셀에 =HLOOKUP(B8,$B$2:$F$4,3,0)을 입력한 후, 채우기 핸들을 더블클릭합니다.

> HLOOKUP(B8,$B$2:$F$4,2,0) 식은 B8 셀의 값을 B2:F4 셀 범위의 첫 번째 행에서 찾은 후 해당 열의 2번째 행의 값을 돌려줍니다. 제일 뒤의 0은 첫 행은 소트되지 않아도 되고, 정확하게 일치하는 값이 없으면 #N/A 에러가 발생한다는 의미입니다.

[찾기7.xlsx]

SECTION 132 기준표 없이 점수별 평점을 구하려면?

직원들의 근무 평가표를 만들고 있습니다. 최종 평가 점수가 90점 이상이면 A, 80점 이상이면 B와 같은 식으로 평점을 표시합니다. 이럴 경우 대개 IF 문을 반복해서 사용하거나 옆에 기준 표를 만들어 놓고 그 표에서 평점을 찾더군요. 그런데 IF 문은 넘 복잡하고, 기준 표를 옆에 기록하면 시트가 좀 지저분해 보이고... 무슨 다른 방법이 없나요?

표 없이 E열에 평점을 구했습니다. IF 문을 사용하지 않고 LOOKUP 함수를 사용했습니다.

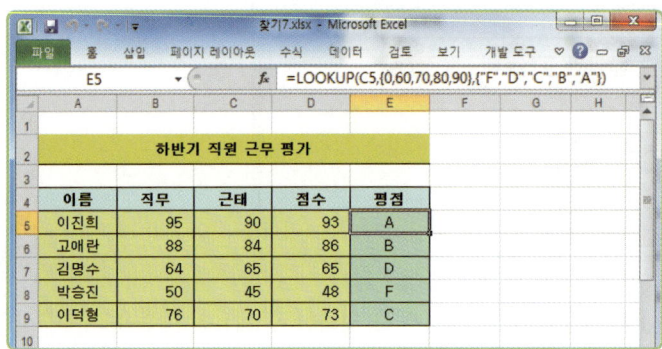

① E5 열에 =LOOKUP(C5,{0,60,70,80,90},{"F","D","C","B","A"})를 입력합니다.

② E5 셀의 채우기 핸들을 더블클릭합니다.

LOOKUP(C5,{0,60,70,80,90},{"F","D","C","B","A"}) 식에서 두 번째 인수(점수)는 오름차순으로 소트되어 있어야 합니다. 첫 번째 인수의 값을 두 번째 인수에서 찾아 세 번째 인수에서 짝이 되는 값을 반환합니다. 두 번째 인수에서 정확하게 일치하는 값이 없으면 작은 값 중에서 제일 큰 값을 찾습니다.

[찾기8.xlsx], [찾기8연습.xlsx]

SECTION 133 사원 이름으로 인사 정보를 조회하려면

사원 정보를 조회하는 방법을 알고 싶습니다. 사원 이름을 콤보상자에서 선택하면 그 사원에 대한 정보가 표시되게 해야 합니다. 재직증명서를 비롯해서 정보를 조회할 때 이런 기능이 많이 필요한데 제일 간단하고 효율적인 방법을 알려주시면 고맙겠습니다.

A13 셀의 콤보상자에서 이름을 선택하면 그 사원의 정보가 B13:F13 셀에 표시됩니다.

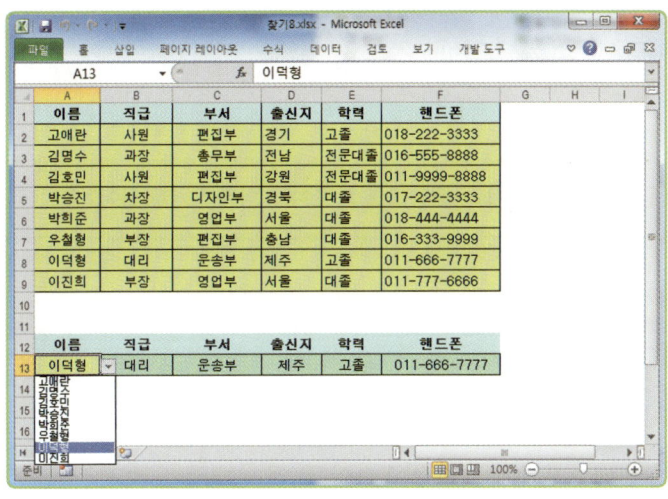

① [찾기8연습.xlsx] 파일을 열고 A1:F9 셀에 범위를 지정한 후 메뉴에서 [수식]-[정의된 이름]-[이름 정의]를 선택합니다. [새 이름] 창에서 [첫 행]에만 체크를 하고 [확인]을 클릭합니다. 이제 [수식]-[정의된 이름]-[이름 관리자] 메뉴를 선택하면 표의 첫 행의 제목으로 이름이 만들어진 걸 알 수 있습니다.

② A13 셀을 클릭하고 메뉴에서 [데이터][데이터 도구][데이터 유효성 검사]를 선택한 후, [제한 대상]에서 "목록"을 선택하고 [원본]에 "=이름"을 입력한 후, [확인]을 클릭합니다.

③ 이제 다음과 같이 입력합니다.

　B13 셀 : =LOOKUP(A13,이름,직급)

　C13 셀 : =LOOKUP(A13,이름,부서)

　D13 셀 : =LOOKUP(A13,이름,출신지)

　E13 셀 : =LOOKUP(A13,이름,학력)

　F13 셀 : =LOOKUP(A13,이름,핸드폰)

> 어떤 값을 찾은 후 그 옆에 있는 짝이 되는 값을 가져오는 경우 LOOKUP 함수를 기억하세요. 짝꿍 함수랍니다.

[찾기9.xlsx], [찾기9연습.xlsx]

SECTION 134 직급별, 호봉별로 기본급을 가져오려면

급여를 계산하면서 기본급을 구해야 합니다. 기본급은 직급과 호봉으로 결정됩니다. 부장부터 사원까지 1호봉에서 5호봉까지 있습니다. 직급과 호봉을 기록한 테이블이 있는데 거기서 알맞은 기본급을 자동으로 가져오는 방법을 알려주세요.

F2:K7 셀 범위의 표에서 기본급을 찾아 D열에 기록했습니다.

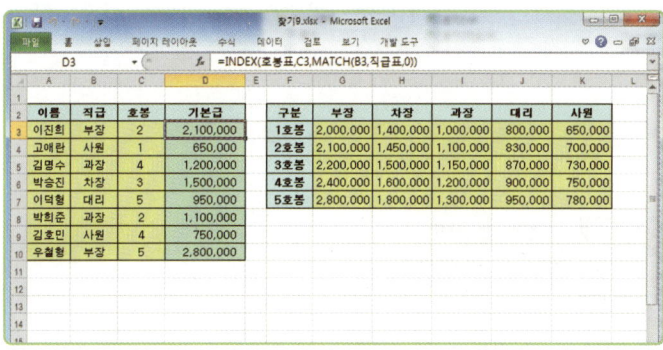

① [찾기9연습.xlsx] 파일을 열고 G3:K7 셀에 범위를 지정하고 [이름 상자]에 "**호봉표**"를 입력합니다.

② G2:K2 셀에 범위를 지정하고 [이름 상자]에 "**직급표**"를 입력합니다.

③ D3 셀에 =INDEX(호봉표,C3,MATCH(B3,직급표,0))을 입력한 후, 채우기 핸들을 더블클릭합니다.

MATCH(B3,직급표,0) 식은 B3 셀의 직급을 G2:K2에서 찾아 그 순서 번호를 반환합니다. 차장의 경우 이 값은 2가 됩니다. INDEX(호봉표,C3,MATCH(B3,직급표,0)) 식은 C3 셀의 값을 행으로 사용하고, MATCH 함수가 반환한 값을 열로 사용해서 호봉표에서 해당 셀 값을 반환합니다. MATCH 함수에서 마지막 인수 0은 정확하게 일치하는 값을 찾으라는 의미입니다.

[찾기10.xlsx], [찾기10연습.xlsx]

SECTION 135 회사별 제품별 가격 조견표를 만들려면

복사용지를 판매하고 있는 작은 문구사를 운영하고 있습니다. 그런데 복사용지를 공급하는 도매업체마다 가격이 조금씩 다릅니다. 복사용지도 다양하고 도매업체도 많아서 가격 조견표를 보고 찾는데 눈도 어둡고... 찾기가 힘드네요. 이런 거 어떻게 엑셀로 안 되나요? 회사하고 용지를 선택하면 가격이 탁 나오게 말이죠.

H1 셀과 H2 셀의 콤보상자에서 회사와 용지를 선택하시면 H3 셀에 가격이 나옵니다. [찾기10연습.xlsx]를 열고 실습하세요.

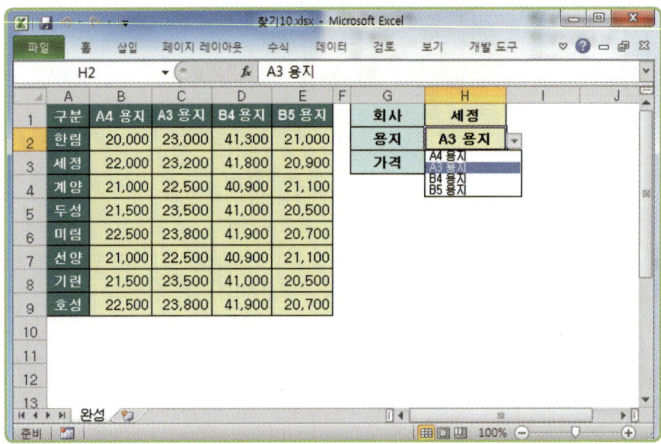

① A2:A9 셀에 범위를 지정하고 [이름상자]에 "**회사**"를 입력합니다.

② B1:E1 셀에 범위를 지정하고 [이름상자]에 "**용지**"를 입력합니다.

③ B2:E9 셀에 범위를 지정하고 [이름상자]에 "**표**"를 입력합니다.

④ H1 셀을 클릭하고 메뉴에서 [데이터][데이터 도구][데이터 유효성 검사]를 선택 후, [제한 대상]에서 "목록"을 선택하고 [원본]에 "**=회사**"를 입력한 후, [확인]을 클릭합니다.

⑤ H2셀을 클릭하고 메뉴에서 [데이터][데이터 도구][데이터 유효성 검사]를 선택 후, [제한 대상]에서 "목록"을 선택하고 [원본]에 "**=용지**"를 입력한 후, [확인]을 클릭합니다.

⑥ H3 셀에 **=INDEX(표,MATCH(H1,회사,0),MATCH(H2,용지,0))**를 입력합니다.

> 행과 열을 지정해서 값을 가져오는 INDEX 함수에서 행과 열을 지정하기 위해 2개의 MATCH 함수를 사용했습니다. MATCH(H1,회사,0) 식은 H1 셀의 회사를 "회사"라고 정의된 A2:A9 셀 범위에서 찾아 행을 결정합니다. MATCH (H2,용지,0) 식은 H2 셀의 용지를 "용지"라고 정의된 B1:E1 셀 범위에서 찾아 열을 결정합니다. INDEX 함수는 "표"라고 정의된 영역에서 MATCH 함수들이 반환한 행과 열의 값을 가져옵니다.

[찾기11.xlsx]

SECTION 136
분기별로 최고 실적자와 최저 실적자를 찾으려면

1분기부터 4분기까지 영업부 직원들의 판매 실적을 기록한 표가 있습니다. 행에는 직원 이름이 있고, 열에는 분기가 있습니다. 그 표 아래에 분기별로 최고 실적을 올린 직원 이름과 최저 실적을 올린 직원 이름을 기록해야 합니다. 표에서 최대값과 최소값을 고르려면 MAX와 MIN 함수를 써야 하고, 이름을 가져오려면 INDEX 함수를 써야 할 것 같은데… 잘 모르겠네요. 함수식 좀 만들어주세요.

C14:G15 셀에 분기별로 최고 실적과 최저 실적을 올린 직원의 이름이 기록되었습니다.

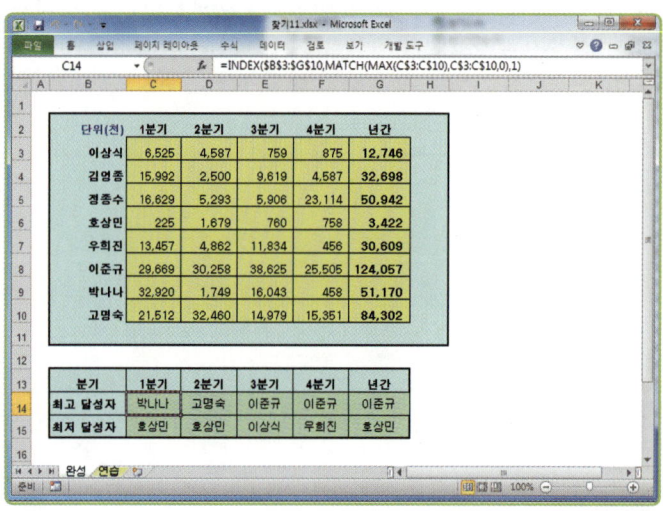

① C14 셀에 다음 식을 입력합니다.

=INDEX($B$3:$G$10,MATCH(MAX(C$3:C$10),C$3:C$10,0),1)

② C14 셀의 채우기 핸들을 잡고 G14 셀까지 드래그합니다.

③ C15 셀에 다음 식을 입력합니다.

=INDEX($B$3:$G$10,MATCH(MIN(C$3:C$10),C$3:C$10,0),1)

④ C15 셀의 채우기 핸들을 잡고 G15 셀까지 드래그합니다.

MATCH(MAX(C$3:C$10),C$3:C$10,0) 식은 1분기 열에서 최고 값을 찾은 후 그 값이 있는 행의 순서 번호를 반환합니다. INDEX 함수는 B3:G10의 표에서 MATCH 함수가 반환한 행의 1열의 값 즉, 최고 값이 있는 행의 이름을 반환합니다.

[찾기12.xlsx], [찾기12연습.xlsx]

SECTION 137
6개의 영업소 표에서 품목별 판매량을 가져오려면

1개의 시트에 영업소별로 6개의 표를 만들었습니다. 각 영업소의 표는 품목과 판매량으로 구성됩니다. 콤보상자에서 영업소와 품목을 선택해서 판매량을 구하려면 어떻게 하지요? 문제는 6개의 표를 구분하는 건데 그걸 모르겠네요.

B4 셀과 C4 셀의 콤보상자에서 영업소와 품목을 선택하면 E4 셀에 판매량이 표시됩니다. [찾기12연습.xlsx]를 열고 실습하세요.

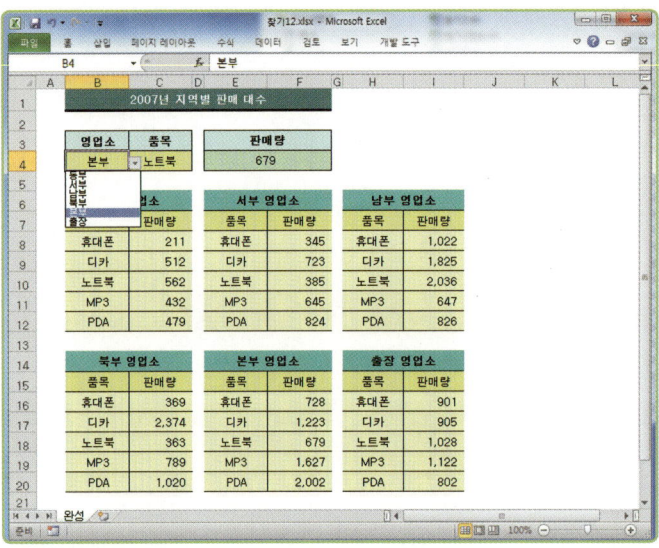

① B8:C12 셀에 범위를 지정하고 [이름상자]에 "**동부**"를 입력합니다.

② E8:F12 셀에 범위를 지정하고 [이름 상자]에 "**서부**"를 입력합니다.

③ 위와 같은 방식으로 "남부", "북부", "본부", "출장"을 정의합니다.

4 B4 셀을 클릭하고 메뉴에서 [데이터][데이터 도구][데이터 유효성 검사]를 선택하고 [제한 대상]에서 "목록"을 선택한 후, [원본]에 "**동부, 서부, 남부, 북부, 본부, 출장**"을 입력하고 [확인]을 클릭합니다.

5 C4 셀을 클릭하고 [데이터][데이터 도구][데이터 유효성 검사]를 선택하고 [제한 대상]에서 "**목록**"을 선택한 후, [원본] 안을 클릭한 후, B8:B12 셀을 드래그하고 [확인]을 클릭합니다.

6 E4 셀에 =VLOOKUP($C$4,INDIRECT($B$4),2,FALSE)를 입력합니다.

> INDIRECT($B$4) 식은 B4 셀을 찾아가서 그 셀에 기록된 이름을 다시 찾아갑니다. 즉, B4 셀에 기록된 표를 기술한 것과 동일한 효과를 가집니다. C4 셀의 품목을 해당 표의 첫 번째 열에서 찾아, 그 행의 2번 열 값을 반환합니다. FALSE(0)는 표의 첫 번째 열이 소트되지 않아도 되고, 정확한 값을 찾는다는 의미입니다.

[찾기13.xlsx]

SECTION 138 1반의 홀수, 2반의 짝수 학생은 1 고사장으로

저희 학교에서는 모의고사를 볼 때마다 학생들을 2개 반끼리 섞어서 고사장을 배치합니다. 1반의 1번, 3번, 5번과 같이 홀수 학생은 1 고사장으로 가고, 2번, 4번, 6번과 같은 짝수 번호 학생은 2 고사장으로 갑니다. 이런 식으로 2개 목록에서 하나씩 걸러서 배치하려면 어케하나요??

고사장 배치표를 보면 1 고사장에는 1반의 홀수 학생과 2반의 짝수 학생들이 배치되었습니다. 2 고사장에는 1반의 짝수 학생들과 2반의 홀수 학생들이 배치되었습니다.

1 G3 셀에 =INDIRECT(IF(MOD(ROW(),2)=1,"B"&ROW(),"E"&ROW ()))를 입력하고 채우기 핸들을 더블클릭합니다.

2 H3 셀에 INDIRECT(IF(MOD(ROW(),2)<>1,"B"&ROW(),"E"&ROW ()))를 입력하고 채우기 핸들을 더블클릭합니다.

IF(MOD(ROW(),2)=1,"B"&ROW(),"E"&ROW()) 식은 행 번호가 홀수인가를 검사해서 그러면 B와 행 번호를 결합해서 B3과 같은 주소를 만듭니다. 그 후에 INDIRECT 함수는 텍스트 연산으로 만들어진 "B3"을 셀 주소로 변환해서 그 학생 이름을 가져옵니다. 현재의 1 고사장과 2 고사장의 학생을 바꾸려면 MOD(ROW(),2)=1 식에서 1만 0으로 바꾸면 됩니다.

SECTION 139
[찾기14.xlsx]
3번째 등장하는 특정 항목의 데이터를 가져오려면

저는 병원의 의료보험업무를 처리해주는 작업을 하고 있습니다. 저의 시트에는 병원들의 데이터가 입력되어 있는데 동일한 병원의 데이터가 여러 개 있기도 합니다. 그래서 특정 병원의 데이터를 찾으려면 그 병원의 몇 번째 데이터와 같은 식으로 찾아야 합니다. 예를 들어, "대진"병원의 경우, 데이터가 4개이라서 "대진"이라는 이름이 4번 등장합니다. 그 중에서 2번째 "대진"의 데이터를 찾는 작업을 하려면 어떻게 해야 하나요?

B19 셀의 콤보상자에서 병원 이름을 선택하고 C19 셀에 숫자를 입력하면 그 데이터의 정보가 옆에 표시됩니다. 이 시트의 A열과 G열은 숨겨져 있습니다.

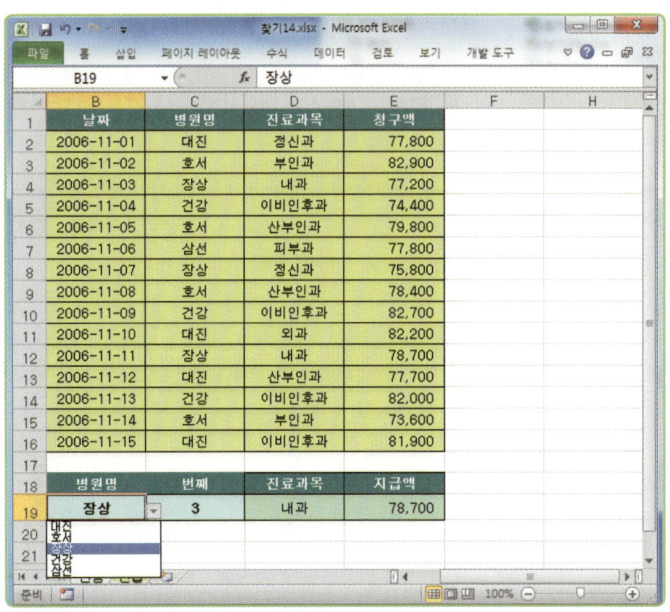

① A2 셀에 =C2&COUNTIF($C$2:C2,C2)를 입력하고 A16 셀까지 드래그합니다.

② B19 셀을 클릭하고 메뉴에서 [데이터][데이터 도구][유효성 검사]를 선택합니다. [제한 대상]에서 "**목록**"을 선택하고, [원본] 안을 클릭한 후 G2:G6 셀을 드래그합니다, [확인]을 클릭합니다.

③ D19 셀에 다음 식을 입력합니다.

=IF(ISERROR(VLOOKUP(INDIRECT("B19")&INDIRECT("C19"), $A$2:$E$16,4,0)),"없음",VLOOKUP(INDIRECT("B19")&INDIRECT ("C19") ,$A$2:$E$16,4,0))

④ E19 셀에 다음 식을 입력합니다.

=IF(ISERROR(VLOOKUP(INDIRECT("B19")&INDIRECT("C19"), $A$2:$E$16,5,0)),"없음",VLOOKUP(INDIRECT("B19")&INDIRECT ("C19"),$A$2:$E$16,5,0))

⑤ A열과 G열의 머리글 위에서 단축 메뉴를 부르고 [숨기기]를 선택해서 열을 안보이게 합니다.

C2&COUNTIF($C$2:C2,C2) 식은 C2 셀의 병원 이름 뒤에 순서번호를 붙이는 식입니다. C2 셀부터 아래로 진행하면서 C2 셀 이후 해당 셀이 등장한 횟수를 세어서 그 숫자를 뒤에 붙이면 순서번호가 됩니다.

INDIRECT("B19")&INDIRECT("C19") 식은 B19 셀의 내용과 C19 셀의 내용을 & 연산자로 결합하는 식입니다. 사용자가 입력한 2개 셀의 내용을 결합해서 표의 첫 번째 열에서 행을 찾은 후 그 행의 4번째 값을 가져오면 진료과목이고, 5번째 값을 가져오면 청구액입니다.

VLOOKUP 함수는 마지막 인수인 0은 FALSE로 기술해도 되며, 이 인수는 표의 첫 번째 열이 소트되지 않아도 되며, 일치하게 정확한 값이 없으면 에러가 발생한다는 의미입니다.

없는 데이터를 요청하는 경우 #N/A 에러 대신에 "없음"이라고 표시하기 위해 IF와 ISERROR 함수를 사용했습니다.

[찾기15.xlsx]

SECTION 140
3가지 항목으로 구분해 정보를 가져오려면

표에서 값을 가져올 때 vlookup 함수를 주로 사용했습니다. 그런데 저는 3개 항목을 기준으로 데이터를 찾아서 그 데이터의 2개의 값을 가져와야 합니다. 제조사, 제품, 규격, 생산지, 단가가 기록되어 있습니다. 여기서 제조사와 제품, 규격을 입력하면 그에 해당하는 데이터의 생산지와 단가 정보를 가져와야 합니다. 그냥 vlookup으로는 도저히 못하겠습니다. 방법을 알려주세요.

B16, C16, D16 셀의 콤보상자에서 항목을 선택하면 E16, F16 셀에 생산지와 단가가 표시됩니다. 이 시트의 A열이 숨겨져 있습니다.

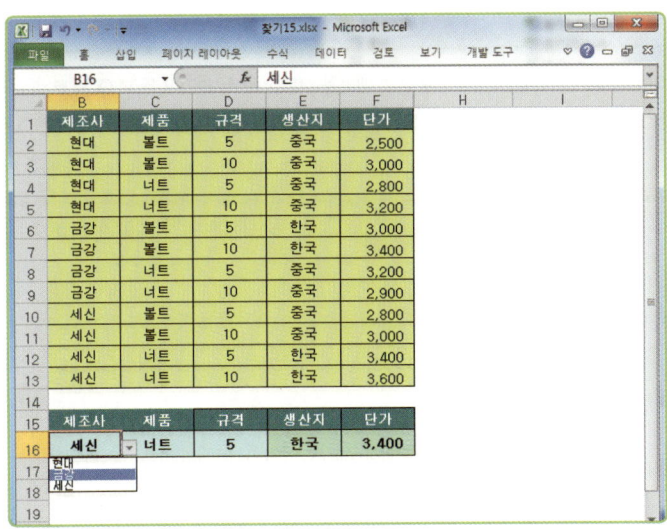

① A2 셀에 **=B2&C2&D2**를 입력하고 A13 셀까지 드래그합니다.

② B16 셀을 클릭하고 [데이터][데이터 도구][유효성 검사] 메뉴를 선택하고, [제한 대상]에서 "**목록**"을 선택하고, [원본]에 "**현대,금강,세신**"을 입력 후, [확인]을 클릭합니다.

③ 동일한 방법으로 C16셀과 D16셀에도 콤보상자를 만듭니다. C16 셀은 [원본]에 "**볼트,너트**"를 입력하고, D16 셀은 [원본]에 "**5,10**"을 입력합니다.

④ E16 셀에 다음 식을 입력합니다.

=VLOOKUP(INDIRECT("B16")&INDIRECT("C16")
&INDIRECT("D16"),$A$2:$F$13,5,0)

⑤ F16 셀에 다음 식을 입력합니다.

=VLOOKUP(INDIRECT("B16")&INDIRECT("C16")
&INDIRECT("D16"),$A$2:$F$13,6,0)

> INDIRECT("B16")&INDIRECT("C16")&INDIRECT("D16") 식으로 3개 셀의 내용을 결합한 후, 우리가 만든 VLOOKUP 함수의 첫 번째 열에서 일치하는 값을 찾아 그 행의 5, 6번째 값을 가져옵니다. INDIRECT 함수에서 괄호 안에 셀 주소를 쓰면 그 셀의 값을 의미합니다.

[찾기16.xlsx], [찾기16연습.xlsx]

SECTION 141
3번째로 많이 팔린 제품의 정보를 가져오려면

일자별로 매출을 기록한 표가 있습니다. 이 표는 5개의 항목으로 구성되는데 제일 마지막에 금액이 있습니다. 이 표에서 예를 들어, 3번째로 많이 팔린 제품의 각 항목의 값을 가져오려면 어떻게 하지요? 금액을 뒤지면서 등수를 체크해서 데이터를 찾은 다음에 그 행의 각 항목을 가져오면 될 것 같은데요. 제가 숫자를 입력하면 그 순위에 해당하는 데이터를 가져올 수 있게 해주세요.

A1 셀에 숫자를 입력하면 그 등수에 해당하는 금액의 데이터가 표시됩니다.

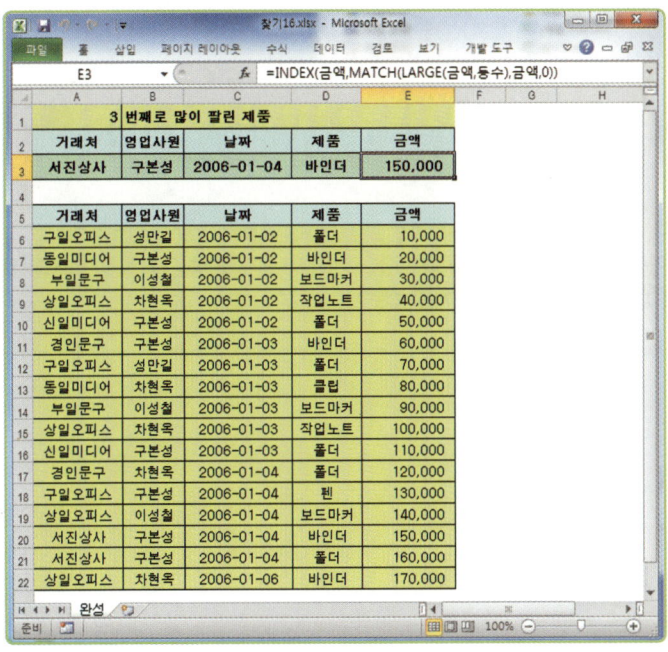

① [찾기16연습.xlsx]에서 A1 셀을 클릭하고 [이름상자]에 "등수"를 입력합니다.

② A5:E22 셀에 범위를 지정하고 메뉴에서 [수식][정의된 이름][선택영약에서 만들기]를 선택합니다. [첫 행]에만 체크하고 [확인]을 클릭합니다. 각 열의 제목으로 이름을 정의한 것입니다.

③ A3 셀에 =INDEX(거래처,MATCH(LARGE(금액,등수),금액,0))을 입력합니다.

④ B3 셀에 =INDEX(영업사원,MATCH(LARGE(금액,등수),금액,0))을 입력합니다.

⑤ C3 셀에 =INDEX(날짜,MATCH(LARGE(금액,등수),금액,0))을 입력합니다.

⑥ D3 셀에 =INDEX(제품,MATCH(LARGE(금액,등수),금액,0))을 입력합니다.

⑦ E3 셀에 =INDEX(금액,MATCH(LARGE(금액,등수),금액,0))을 입력합니다.

> 먼저 LARGE 함수로 금액 열에서 해당 등수의 금액 값을 찾습니다. 그리고 MATCH 함수로 그 금액 값의 행 번호를 구합니다. 최종적으로 INDEX 함수로 그 행의 다른 항목 값을 가져옵니다.

[찾기17.xlsx], [찾기17연습.xlsx]

SECTION 142 특정 시트의 값이 변하면 총괄 시트의 값도 변하게

1월부터 6월까지 6개의 시트에 사원별 제품별로 판매액을 기록한 표가 있어요. 저는 이 시트들 앞에 총괄 시트를 만들어서 월별로 총계 금액만 간단히 표로 정리했어요. 그 표로 차트도 그렸고요. 근데 가끔 6개 시트에서 값을 수정하는 경우가 있어요. 그래서 그 시트의 총계 금액이 달라지면 저는 총괄 시트로 와서 또 그 값을 수정해야 하구요. 이거 자동으로 안 되나요.

"1월"에서 "6월"까지 임의의 시트에서 값을 수정하면 "완성" 시트의 매출 총액도 수정되고, 차트도 수정됩니다.

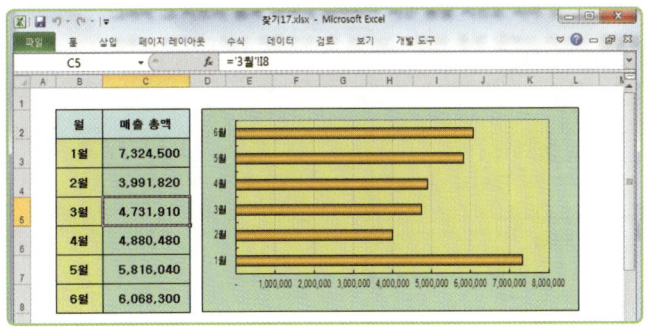

① 찾기17연습.xlsx] 파일을 열고 "연습" 시트에서 C3 셀에 "="을 입력한 후, "1월" 시트로 가서 I8 셀을 클릭하고 엔터키를 누릅니다. 그러면 "연습" 시트의 C3 셀에 "1월" 시트의 I8 셀의 값이 표시됩니다.

② 이제 나머지 월에 대해서도 동일한 방법으로 작업합니다.

"완성" 시트의 1월 매출 총액 셀을 클릭하고 수식 입력줄을 보면 ='1월'!I8과 같은 식이 보입니다. 이 식을 직접 입력해도 됩니다. 셀의 주소를 시트부터 입력할 때는 "시트!셀"과 같은 형식으로 입력합니다. 시트와 셀을 "!"로 구분하면 됩니다. "완성" 시트의 값들은 각 시트의 값을 가져온 것이기 때문에 시트의 값이 변하면 "완성" 시트의 값도 변합니다.

[찾기18.xlsx], [찾기18연습.xlsx]

SECTION 143
다른 시트에 있는 영업소별 매출표를 가져오려면

"제1영업소"부터 "제4영업소"까지 4개의 시트에 월별 제품별로 매출 기록을 정리한 표가 있습니다. 제일 앞에 총괄 시트를 만들어서 콤보상자에서 영업소를 선택하면 그 영업소의 표가 총괄 시트에 표시되게 하고 싶습니다. 차트도 그려지고 차트의 제목도 해당 영업소 이름으로 표시되어야 합니다.

"완성" 시트에 있는 D2 셀의 콤보상자에서 영업소를 선택하면 그 영업소의 표와 차트가 표시됩니다. 차트의 제목도 해당 영업소 이름으로 표시됩니다. "완성" 시트의 J열은 숨겨져 있습니다.

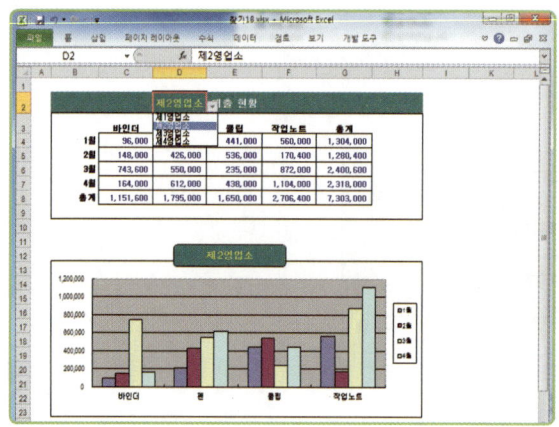

① [찾기18연습.xlsx] 파일을 열고 "연습" 시트의 D2 셀을 클릭한 후, 메뉴에서 [데이터]-[데이터 도구]-[데이터 유효성 검사]를 선택합니다. [제한 대상]에서 "**목록**"을 선택하고, [원본] 안을 클릭한 후, J3:J6 셀을 드래그합니다. [확인]을 클릭합니다. 이제 D2 셀의 콤보상자에서 영업소를 하나 선택해서 표시해둡니다.

② "제1영업소" 시트에서 C4:G8 셀에 범위 지정하고 [이름 상자]에 "**제1영업소**"를 입력합니다.

224 • 실무에서 꼭 필요한 **엑셀 함수 Q&A**

③ "제2영업소" 시트에서 C4:G8 셀에 범위 지정하고 [이름 상자]에 "**제2영업소**"를 입력합니다.

④ "제3영업소" 시트에서 C4:G8 셀에 범위 지정하고 [이름 상자]에 "**제3영업소**"를 입력합니다.

⑤ "제4영업소" 시트에서 C4:G8 셀에 범위 지정하고 [이름 상자]에 "**제4영업소**"를 입력합니다.

⑥ "연습" 시트로 와서 C4셀에 **=INDIRECT($D$2)**를 입력합니다.

⑦ C4 셀의 채우기 핸들을 잡고 G4 셀까지 드래그합니다.

⑧ G4 셀의 채우기 핸들을 더블클릭합니다.

⑨ "연습" 시트의 B3:F7 셀에 범위를 지정하고 [삽입][차트][2차원 세로 막대형]에서 첫 번째를 선택합니다.

⑩ 차트의 크기와 위치를 적절히 조절한 후 [삽입][도형][사각형][모서리가 둥근 도형]을 선택하고 도형을 차트 위쪽에 그립니다.

⑪ 도형이 선택된 상태에서 수식 입력줄에 "**=D2**"를 입력합니다. 그러면 도형에 D2 셀의 영업소 이름이 표시됩니다.

⑫ 이제 도형에 원하는 서식을 지정합니다.

> INDIRECT($D$2) 식은 D2 셀의 값을 주소로 사용합니다. 그런데 여기서는 D2 셀의 값이 표의 이름입니다. 이런 경우 그 표의 시작 주소를 의미합니다. 따라서 해당 표의 값들을 가져오게 됩니다. 도형의 경우 =D2를 지정하면 D2 셀의 내용이 도형 안에 표시됩니다.

SECTION 144

[찾기19.xlsx], [찾기19연습.xlsx]

제품별로 최고액 구매자 정보를 조회하려면

제품 판매 내역을 기록해두었습니다. 제품을 구입한 날짜와 고객의 이름, 제품명, 금액 등이 기록되어 있는데 여기서 제품별로 구매액이 제일 많은 고객의 정보를 추출하려면 어떻게 해야 하나요? 무조건 제일 금액이 많은 고객이 아니라, 제품별로 최고 구매자를 찾아서 그 고객의 정보를 가져와야 합니다.

B3 셀의 콤보상자에서 제품을 선택하면 그 제품의 최고 구매자 정보가 옆에 표시됩니다.

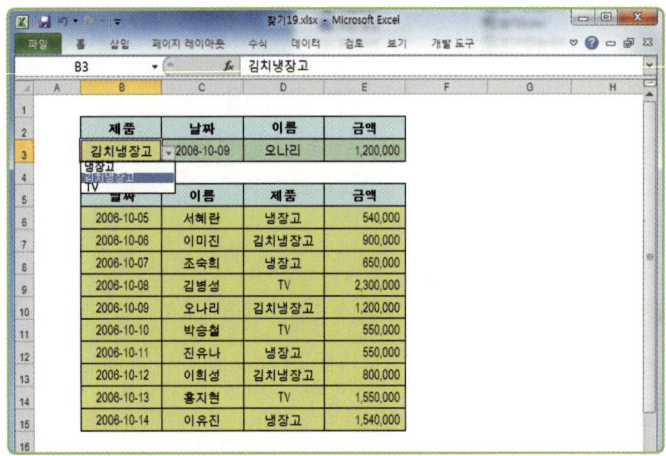

① [찾기19연습.xlsx] 파일을 열고 B5:E15 셀에 범위 지정합니다. 메뉴에서 [수식][정의된 이름][선택영역에서 만들기]를 선택한 후, [첫 행]에만 체크를 하고 [확인]을 클릭합니다. 표의 제목 행으로 각 열에 이름을 부여한 것입니다.

② B3 셀을 클릭하고 메뉴에서 [데이터][데이터 도구][데이터 유효성 검사]를 선택하고 [제한 대상]에서 "**목록**"을 선택하고, [원본]에 "**냉장고,김치냉장고,TV**"를 입력한 후, [확인]을 클릭합니다.

3 C3 셀에 =INDEX(날짜,MATCH(MAX(금액*(제품=B3)),금액,0))을 입력합니다. 배열식이므로 식을 입력한 후에 수식 입력줄에 커서를 놓고 Ctrl + Shift + Enter 키를 눌러 중괄호를 입력합니다.

4 D3 셀에 =INDEX(이름,MATCH(MAX(금액*(제품=B3)),금액,0))}을 입력한 후, 수식 입력줄에 커서를 놓고 Ctrl + Shift + Enter 키를 누릅니다.

5 E3 셀에 =INDEX(금액,MATCH(MAX(금액*(제품=B3)),금액,0))을 입력한 후, 수식 입력줄에 커서를 놓고 Ctrl + Shift + Enter 키를 누릅니다.

> MAX(금액*(제품=B3)) 식은 제품 열을 검색하면서 B3 셀의 값과 같은 가를 조사해서 1이나 0으로 구성된 배열을 반환합니다. 그 배열에 금액을 곱해서 최대 값을 찾습니다. 그러면 해당 제품 중 최고 금액이 구해집니다. 이후 MATCH 함수로 그 금액의 행을 결정해서 INDEX 함수로 해당 행의 날짜나 이름, 금액 등의 정보를 가져옵니다.

SECTION 145

2 종류의 가격표에서 특정 제품의 가격을 찾으려면

신발류와 의류를 판매하고 있습니다. 신발류는 아동화에서 조깅화까지 6 종류가 있고, 의류도 청바지에서 스커트까지 6 종류가 있습니다. 그래서 신발류의 가격표와 의류의 가격표가 있습니다. 제가 제품을 입력하면 자동으로 신발류인지 의류인지를 판단해서 해당 제품의 가격을 가져 올 수 있게 해주세요.

D열의 가격은 B열의 주문품을 참조해서 해당 가격표에서 가져온 것입니다.

1 D3 셀에 다음 식을 입력합니다.

=IF(ISNA(VLOOKUP(B3,$G$3:$H$8,2,0)),VLOOKUP(B3,$J$3:$K$8,2,0),VLOOKUP(B3,$G$3:$H$8,2,0))

2 D3 셀의 채우기 핸들을 더블클릭합니다.

3 E3 셀에 =C3*D3을 입력하고 채우기 핸들을 더블클릭합니다.

B3 셀의 주문품 이름을 신발 가격표에서 찾은 후 에러가 발생하면 그 표에는 없다는 의미입니다. 그래서 에러가 발생하면 의류 가격표에서 가격을 찾고, 에러가 발생하지 않으면 신발 가격표에서 가격을 찾습니다. 에러의 발생 여부는 IF(ISNA(VLOOKUP(B3,$G$3:$H$8,2,0)) 식으로 판단합니다. ISNA 함수는 VLOOKUP 함수가 일치하는 값을 찾지 못해 #N/A 에러를 발생시키면 TRUE, 아니면 FALSE를 반환합니다.

[찾기21.xlsx]

대리점 이름을 입력해서 그 대리점의 지역을 찾으려면

대리점 목록을 만들어두었습니다. 39개의 대리점을 지역별로 기록해 두었는데 대리점 이름을 입력하면 그 대리점이 있는 도시 이름을 가져와야 합니다. 대리점들은 6개 열에 기록되어 있고 각 열 제목에 지역 이름이 있습니다. 결국 대리점 이름을 찾아서 그 대리점의 열 제목을 가져와야 하는데 어찌하나요?

C2 셀에 대리점 이름을 입력하면 그 대리점이 있는 도시 이름이 E2 셀에 표시됩니다.

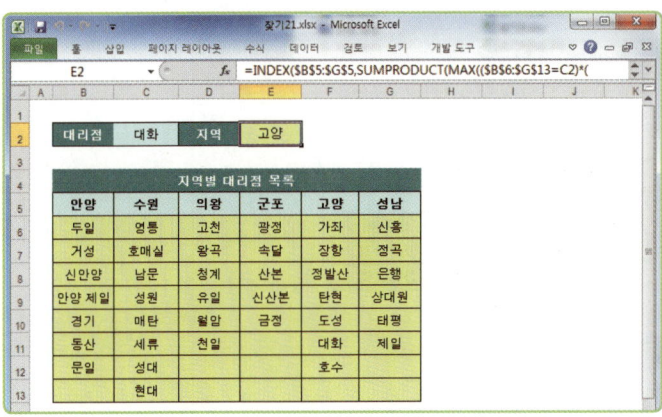

1 C2 셀에 대리점 이름을 하나 입력하고 E2 셀에 다음의 식을 입력합니다.

=INDEX($B$5:$G$5,SUMPRODUCT(MAX(($B$6:$G$13=C2)*(COLUMN($B$6:$G$13))))−COLUMN($B$5)+1)

SUMPRODUCT(MAX(($B$6:$G$13=C2)*(COLUMN($B$6:$G$13))))식은 C2 셀에 입력된 대리점 이름이 있는 열 번호를 구합니다. 이 열 번호는 COLUMN 함수에 의해 구해진, 시트 전체에서의 열 번호입니다. 따라서 COLUMN($B$5) 식으로 표의 첫 번째 열 번호를 구해서 뺀 후 1을 더하면(A열이 있으므로) 표에서의 열 번호가 구해집니다. 이제 INDEX 함수로 B5:G5 셀에서 그 번호의 데이터를 가져옵니다.

[찾기22.xlsx]

SECTION 147 제일 유사한 납품 가격과 업체 이름을 찾으려면

저희 회사에 납품하는 업체들의 납품 가격을 정리한 표가 있습니다. 예산에 맞게 납품 가격을 찾아야 하는데 우리 회사가 희망하는 가격과 가장 유사한 큰 가격과 작은 가격을 찾아서 기록하는 방법은 없는지요?

F2 셀에 희망 가격을 입력하면 제일 비슷한 큰 가격과 작은 가격 그리고 그 업체들의 이름이 표시됩니다.

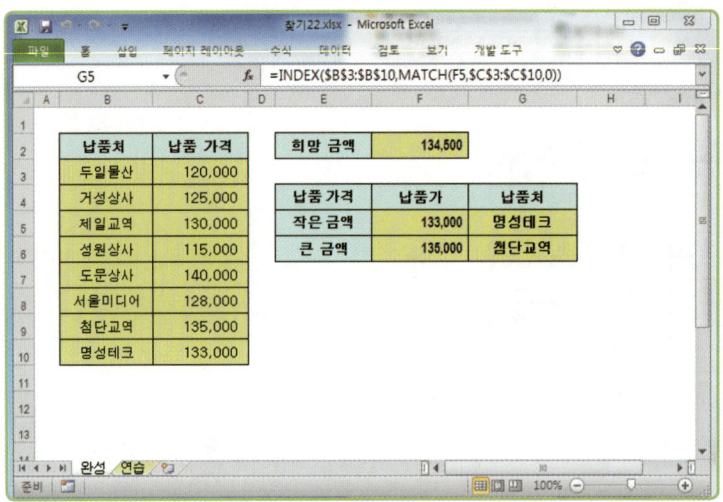

① F5 셀에 다음 식을 입력합니다.

=IF(ISERROR(LARGE($C$3:$C$10,COUNTIF($C$3:$C$10,">"&F2)+1)),"없음",LARGE($C$3:$C$10,COUNTIF($C$3:$C$10,">"&F2)+1))

② F6셀에 다음 식을 입력합니다.

=IF(ISERROR(SMALL($C$3:$C$10,COUNTIF($C$3:$C$10,"<"&F2)+1)),"없음",SMALL($C$3:$C$10,COUNTIF($C$3:$C$10,"<"&F2)+1))

③ G5 셀에 =INDEX($B$3:$B$10,MATCH(F5,$C$3:$C$10,0))을 입력합니다.

④ G6 셀에 =INDEX($B$3:$B$10,MATCH(F6,$C$3:$C$10,0))을 입력합니다.

> 작은 금액은 희망 금액보다 큰 금액의 개수를 세어서 1을 더한 후 LARGE 함수로 그 순서의 큰 금액을 찾습니다. 그러면 희망 금액보다 바로 작은 금액이 구해집니다. 큰 금액은 희망 금액보다 작은 금액의 개수를 세어서 1을 더한 후 SMALL 함수로 그 순서의 작은 금액을 찾습니다. 그러면 희망 금액보다 바로 큰 금액이 구해집니다. IF와 ISERROR는 값이 없는 경우 "없음"을 기록하기 위해 사용했습니다.

[찾기23.xlsx], [찾기23연습.xlsx]

SECTION 148
이름을 선택해서 사진과 신상 정보를 가져오려면

이런 건 안 될까요? 직원 이름을 선택하면 그 직원의 사진이 표시되게... 사진이 표시되면서 그 직원에 대한 간단한 신상 정보도 같이 표시되면 좋겠습니다. 사진이나 도형에도 식을 할당할 수 있는 걸로 알고 있습니다. 어떻게 하는지 알려주세요.

C5 셀의 콤보상자에서 이름을 선택해보세요. 그 사람의 사진과 신상 정보가 표시됩니다. "인사" 시트에 사진과 정보가 있습니다.

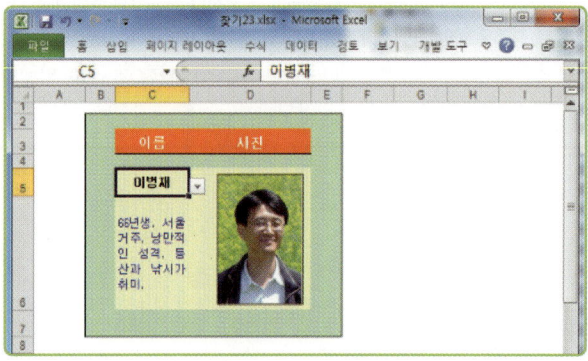

① [찾기23연습.xlsx] 파일을 열고 "인사" 시트의 B2:B5 셀에 범위를 지정합니다. [이름상자]에 "**이름**"을 입력합니다.

② 사진이 있는 C2:C5 셀에 범위를 지정하고 [이름상자]에 "**사진**"을 입력합니다. 범위를 지정하기가 곤란하면 C2 셀의 사진을 잠시 옆으로 이동시키고 범위를 지정하면 됩니다.

③ "연습" 시트로 와서 C5 셀을 클릭하고 메뉴에서 [데이터][데이터 도구][유효성 검사]를 선택합니다. [제한 대상]에서 "**목록**"을 선택하고, [원본]에 "**=이름**"을 입력한 후, [확인]을 클릭합니다.

④ "인사" 시트에서 사진을 하나 클릭하고 `Ctrl` + `C` 키로 복사합니다. "연습" 시트의 사진 위치에 `Ctrl` + `V` 키를 눌러 붙여넣기를 합니다. 붙여넣기한 사진은 크기와 위치를 조절해도 됩니다.

⑤ 메뉴에서 [수식][정의된 이름][이름 정의]를 선택하고 [이름]에 "**사진참조**"를 입력한 후, "참조 대상"에 **=INDEX(사진,MATCH(연습!$C$5,이름,0))**을 입력하고 [확인]을 클릭합니다.

⑥ 붙여넣기한 사진을 클릭하고 수식 입력줄에 "**=사진참조**"를 입력합니다.

⑦ "연습" 시트의 C6 셀에 **=VLOOKUP(C5,인사!B2:D5,3,0)**을 입력합니다.

> 여기서 중요한 것은 6번 과정처럼 사진에 수식을 할당한다는 것입니다. 도형이나 클립아트, 사진, 그림 등에도 수식을 할당할 수 있습니다. 여기서는 사진에 "사진참조"라는 이름을 이용해서 INDEX 함수를 할당해서 이름이 선택될 때마다 그 이름의 사진을 찾아와 표시했습니다.
>
> MATCH(연습!$C$5,이름,0) 식은 선택된 이름 (연습!$C$5)을 "이름"이라고 정의된 범위에서 찾아 순서 번호를 반환합니다. INDEX 함수는 "사진"이라고 정의된 범위에서 그 값에 해당하는 행의 사진을 가져옵니다. 그 후 C6 셀에서는 VLOOKUP 함수로 그 사람 이름(C5)을 인사 시트의 B2:D5 셀 범위의 첫 번째 열에서 찾은 후, 해당 행의 3번째 열 값을 가져와 정보를 표시합니다.
>
> 사진이나 기타 그래픽 개체들에 수식을 할당할 때는 일반 셀에 기록할 때와 동일한 개념으로 사용하면 됩니다. "연습" 시트의 사진을 다른 위치로 맘대로 이동하거나 크기를 조절해도 됩니다. 셀을 이동하거나 셀의 크기를 조절한 것과 동일하게 취급되기 때문입니다.

[찾기24.xlsx], [찾기24연습.xlsx]

SECTION 149
OA를 선택하면 OA 서적만 표시하는 이중 콤보상자

출판사에 근무하고 있습니다. 주문을 기록하는 시트를 만들고 있습니다. 주문이 들어온 책 이름을 선택하면 자동으로 서적 코드와 정가가 기록되게 하고 싶습니다. 그런데 책을 분야별로 분류하면 10종 정도가 됩니다. 이 책을 분야별로 구분해서 선택할 수는 없을까요? 예를 들어, 첫 번째 콤보상자에서 "취미"를 선택하면, 두 번째 콤보상자에는 취미에 관련된 서적만 쫘~악 표시되고 거기서 책을 선택할 수 있게...

"분류" 콤보상자에서 분야를 선택하면 "제목" 콤보상자에 그 분야의 서적 이름만 표시됩니다. 서적 이름을 선택하면 코드와 정가가 자동으로 기록됩니다.

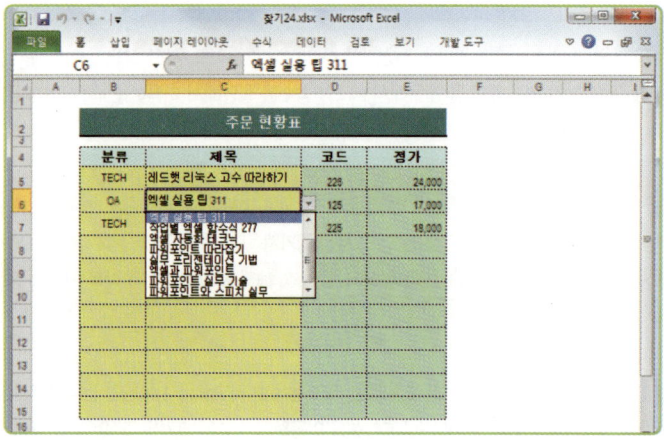

① [찾기24연습.xlsx] 파일을 열고, "OA" 시트의 A2:A11 셀에 범위를 지정하고, [이름상자]에 "OA"를 입력합니다.

② "OA" 시트의 A2:C11 셀에 범위를 지정하고 [이름 상자]에 "OALIST"를 입력합니다.

③ "TECH" 시트의 A2:A11 셀에 범위를 지정하고 [이름 상자]에 "TECH"를 입력합니다.

④ "TECH" 시트의 A2:C11 셀에 범위를 지정하고 [이름 상자]에 "TECHLIST"를 입력합니다.

⑤ "연습" 시트의 B5:B15 셀에 범위를 지정하고 메뉴에서 [데이터][데이터 도구][유효성 검사]를 선택합니다. [제한 대상]에서 "목록"을 선택하고 [원본]에 "OA,TECH"를 입력하고 [확인]을 클릭합니다.

⑥ "연습" 시트의 C5:C15 셀에 범위를 지정하고 메뉴에서 [데이터][데이터 도구][유효성 검사]를 선택합니다. [제한 대상]에서 "목록"을 선택하고 [원본]에 "=INDIRECT(B5)"를 입력하고 [확인]을 클릭합니다.

⑦ D5 셀에 =IF(B5="","",VLOOKUP(C5,INDIRECT(B5&"LIST"),2,0))을 입력합니다. 채우기 핸들을 잡고 D15 셀까지 드래그합니다.

⑧ E5 셀에 =IF(B5="","",VLOOKUP(C5,INDIRECT(B5&"LIST"),3,0))을 입력합니다. 채우기 핸들을 잡고 E15 셀까지 드래그합니다.

> =INDIRECT(B5) 식은 B5 셀을 찾아가 그 셀의 값을 주소로 삼아 다시 다른 셀을 찾아갑니다. 여기서는 B5 셀의 내용이 이름이기 때문에 그 이름의 시작 주소를 찾아가서 그 이름으로 정의된 표의 내용을 가져옵니다.
>
> VLOOKUP(C5,INDIRECT(B5&"LIST"),2,0) 식은 B5 셀의 내용과 "LIST"라는 글자를 결합해서 이름을 만든 후, 그 이름으로 정의된 표를 찾아가서 첫 번째 열에서 C5 셀의 내용을 찾은 후 그 행의 2번째 열의 값을 가져옵니다.

[찾기25.xlsx], [찾기25연습.xlsx]

SECTION 150
한번 선택한 항목은 표시하지 않는 콤보상자?

매일 밤마다 방범 순찰자를 배치하고 있습니다. 순찰할 사람과 지역이 정해져 있는 상태이기 때문에 콤보상자에서 순찰자와 순찰 지역을 선택하면 됩니다. 그런데 한 번 배치한 순찰자나 이미 인원 배치가 된 순찰 지역은 콤보상자에 표시되지 않으면 좋겠습니다. 배치가 끝난 사람과 지역이 계속 표시되니까 헷갈려서...

A열과 B열 콤보상자에서 이름과 순찰 지역을 선택하면 핸드폰과 집전화가 표시됩니다. 한번 선택된 이름과 지역은 콤보상자에 표시되지 않습니다. A, B열에서 이름이나 지역을 삭제하면 그 이름이나 지역은 다시 콤보상자에 표시됩니다.

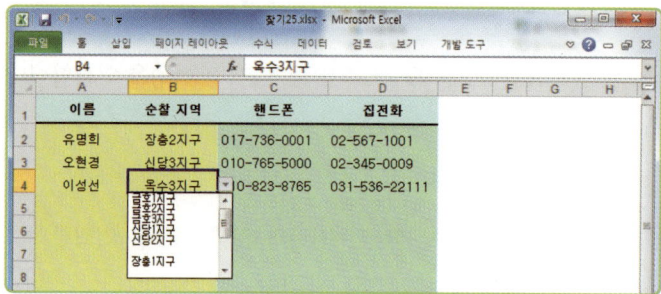

① [찾기25연습.xlsx] 파일을 열고 "데이터" 시트에서 G2 셀에 =IF (COUNTIF(연습!A:A, A2)>0,"",데이터!A2)를 입력합니다. 채우기 핸들을 잡고 G15 셀까지 드래그합니다.

② H2 셀에 =IF(COUNTIF(연습!B:B, E2)>0,"",데이터!E2)를 입력합니다. 채우기 핸들을 잡고 H15 셀까지 드래그합니다.

③ A2:C15 셀에 범위를 지정하고 [이름 상자]에 "**표**"를 입력합니다.

④ G2:G15 셀에 범위를 지정하고 [이름 상자]에 "**미선택이름**"을 입력합니다.

5 H2:H15 셀에 범위를 지정하고 [이름 상자]에 "**미선택지역**"을 입력합니다.

6 "연습" 시트로 와서 A2:A15 셀에 범위를 지정하고 메뉴에서 [데이터][데이터 도구][데이터 유효성 검사]를 선택한 후 [제한 대상]에서 "**목록**"을 선택하고, [원본]에 "**=미선택이름**"을 입력합니다. [확인]을 클릭합니다.

7 B2:B15 셀에 범위를 지정하고 메뉴에서 [데이터][데이터 도구][데이터 유효성 검사]를 선택한 후 [제한 대상]에서 "**목록**"을 선택하고, [원본]에 "**=미선택지역**"을 입력합니다. [확인]을 클릭합니다.

8 C2 셀에 **=IF(A2="","",VLOOKUP(A2,표,2,0))**을 입력한 후, 채우기 핸들을 잡고 C15 셀까지 드래그합니다.

9 D2 셀에 **=IF(A2="","",VLOOKUP(A2,표,3,0))**을 입력한 후, 채우기 핸들을 잡고 D15 셀까지 드래그합니다.

"연습" 시트의 A열과 B열의 콤보상자에 표시되는 이름과 지역은 "미선택 이름"과 "미선택 지역" 목록에서 가져온다는 것을 기억해야 합니다. "미선택 이름" 목록은 "데이터" 시트의 A열에 있는 이름을 모두 가져오되, 해당 이름이 "연습" 시트의 A열에 있으면 (즉, 이미 배치되었으면) 그 이름에는 공백을 기록해서 표시하지 않습니다. 다음의 식이 그 작업을 합니다.

=IF(COUNTIF(연습!A:A, A2))0,"",데이터!A2)

"미선택 지역" 목록은 "데이터" 시트의 E열에 있는 지역을 모두 가져오되, 해당 이름이 "연습" 시트의 B열에 있으면 (즉, 이미 배치되었으면) 그 이름에는 공백을 기록해서 표시하지 않습니다. 다음의 식이 그 작업을 합니다.

=IF(COUNTIF(연습!B:B, E2))0,"",데이터!E2)

그리고 공백을 포함한 이 목록들이 콤보상자에 표시되는 겁니다. A열에 순찰자가 기록되면 그 사람의 핸드폰과 집전화 번호를 가져오기 위해 다음의 2개의 함수식이 사용되었습니다.

=IF(A2="","",VLOOKUP(A2,표,2,0))
=IF(A2="","",VLOOKUP(A2,표,3,0))

EXCEL **PART 07** 서식과

엑셀 함수
Q&A

콤보상자로 데이터 관리하기

Q&A

[서식1.xlsx]

SECTION 151 1개 셀씩 건너서 색을 칠하려면

표를 예쁘게 치장하고 싶습니다. 1개 셀씩 건너서 색을 칠하는 방법을 알려주세요. 표의 첫 번째 셀부터 색을 칠하는 방법과 두 번째 셀부터 색을 칠하는 방법을 모두 알려주세요.

표의 두 번째 셀부터 1개 셀씩 건너서 색을 칠했습니다. 표의 첫 번째 셀부터 칠하는 방법도 설명합니다.

① B2:I18 셀에 범위를 지정하고 메뉴에서 [홈][스타일][조건부 서식][새규칙]을 선택합니다.

② 수식을 사용하여 서식을 지정할 셀 결정]을 클릭하고 [다음 수식이 참인 값의 서식 지정]에 =MOD(ROW(),2)<>MOD(COLUMN(),2)를 입력한 후 [서식]을 클릭합니다.

③ [채우기] 탭에서 색을 지정하고 [확인]을 연달아 클릭합니다.

MOD(ROW(),2)<>MOD(COLUMN(),2) 식에서 "<>" 연산자를 "="로 수정하면 첫 번째 셀부터 색이 칠해집니다. MOD 함수는 나머지를 구하는 함수입니다. ROW 함수는 행 번호, COLUMN 함수는 열 번호를 구하는 함수입니다. 셀의 행 번호와 열 번호를 2로 나누어 나머지가 서로 다르면 색이 칠해집니다.

[서식2.xlsx]

SECTION 152 1개 행씩 건너서 색을 칠하려면

1개 행씩 건너서 색을 칠하는 조건부 서식의 식을 알려주세요. 첫 번째 행부터 칠하는 방법과 두 번째 행부터 칠하는 방법을 모두 알려주세요.

표의 첫 번째 행부터 1개 행씩 건너서 색이 칠해졌습니다.

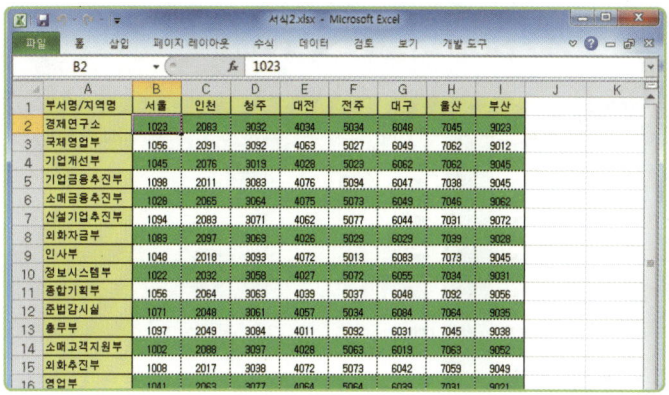

① B2:I18 셀에 범위를 지정하고 메뉴에서 [홈][스타일][조건부 서식][새규칙]을 선택합니다.

② [수식을 사용하여 서식을 지정할 셀 결정]을 클릭하고 [다음 수식이 참인 값의 서식 지정]에 =MOD(ROW(),2)=0을 입력한 후 [서식]을 클릭합니다.

③ [채우기] 탭에서 색을 지정하고 [확인]을 연달아 클릭합니다.

MOD(ROW(),2)=0 식은 짝수 행에만 색을 칠합니다. 0을 1로 수정하면 홀수 행에만 색이 칠해집니다. ROW 함수로 행 번호를 구한 후, MOD 함수를 이용해서 2로 나눈 나머지가 0인 경우만 색을 칠합니다.

[서식3.xlsx]

SECTION 153 · 1개 열씩 건너서 색을 칠하려면

1개 열씩 건너서 색을 칠하려면 어떻게 하나요? 첫 번째 열부터 색을 칠하는 방법과 두 번째 열부터 색을 칠하는 방법을 알려주세요.

첫 번째 열부터 1개 열씩 건너서 색이 칠해졌습니다.

① B2:I18 셀에 범위를 지정하고 메뉴에서 [홈][스타일][조건부 서식][새규칙]을 선택합니다.

② [수식을 사용하여 서식을 지정할 셀 결정]을 클릭하고 [다음 수식이 참인 값의 서식 지정]에 =MOD(COLUMN(),2)=0을 입력한 후 [서식]을 클릭합니다.

③ [채우기] 탭에서 색을 지정하고 [확인]을 연달아 클릭합니다.

> MOD(COLUMN(),2)=0 식은 짝수 열에만 색을 칠합니다. 0을 1로 수정하면 홀수 열에만 색이 칠해집니다. COLUMN 함수로 열 번호를 구한 후, MOD 함수로 2로 나눈 나머지를 구해 나머지가 0인 경우만 색을 칠합니다.

[서식4.xlsx]

154 2개, 3개 행씩 묶어서 색을 칠하려면

어떤 시트를 보면 3개 행씩 묶어서 색을 칠해서 보기 좋게 치장을 하던데요. 그렇게 만드는 조건부 서식의 식을 알려주세요.

처음부터 3개 행씩 묶어서 색이 칠해집니다. 숫자만 바꾸면 시작행과 행의 개수를 쉽게 조절할 수 있습니다.

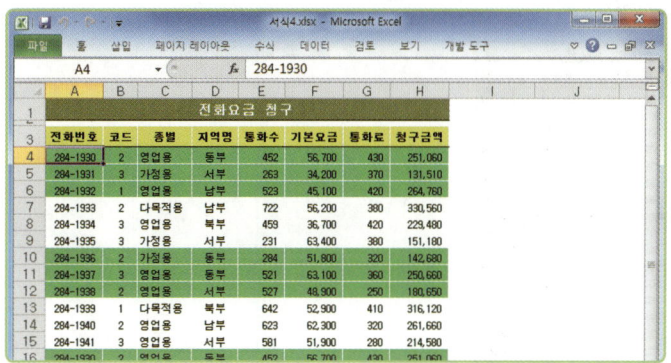

① A4:H20 셀에 범위를 지정하고 메뉴에서 [홈][스타일][조건부 서식] [새 규칙]을 선택합니다.

② [수식을 사용하여 서식을 지정할 셀 결정]을 클릭하고 [다음 수식이 참인 값의 서식 지정]에 =MOD(INT((ROW()-4)/3)+1,2)를 입력한 후 [서식]을 클릭합니다.

③ [채우기] 탭에서 색을 지정하고 [확인]을 연달아 클릭합니다.

MOD(INT((ROW()-4)/3)+1,2) 식에서 4는 처음 색이 칠해지는 행 번호입니다. 3은 묶는 행의 개수 입니다. 색이 칠해지는 첫 행을 조절하려면 4를 해당 행 번호로 수정합니다. 묶는 행의 개수를 수정하려면 3을 수정합니다.

SECTION 155

2개, 3개 열씩 묶어서 색을 칠하려면

[서식5.xlsx]

2개씩 또는 3개씩 열을 묶어서 색을 칠하는 공식 좀 알려주세요. 숫자만 바꾸면 5개, 6개 열씩 마음대로 묶을 수 있는 융통성 있는 식이 없을까요?

세 번째 열부터 2개 열씩 색이 칠해졌습니다.

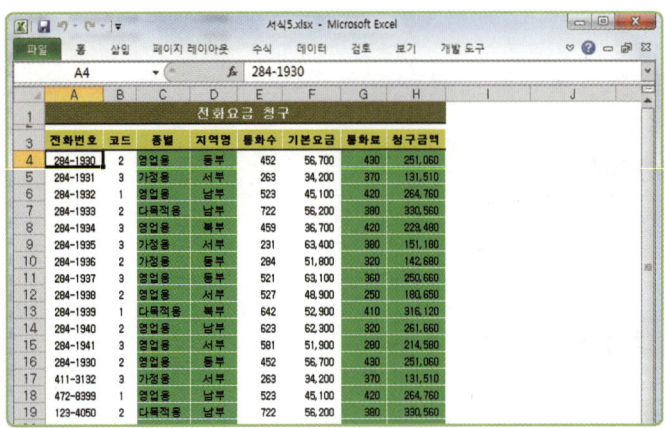

① A4:H20 셀에 범위를 지정하고 메뉴에서 [홈][스타일][조건부 서식] [새 규칙]을 선택합니다.

② [수식을 사용하여 서식을 지정할 셀 결정]을 클릭하고 [다음 수식이 참인 값의 서식 지정]에 =MOD(INT((COLUMN()-3)/2) +1,2)를 입력한 후 [서식]을 클릭합니다.

③ [채우기] 탭에서 색을 지정하고 [확인]을 연달아 클릭합니다.

(COLUMN()-3)/2) 식에서 3이 색이 시작되는 열 번호입니다. 2는 2개 열씩 묶는다는 의미입니다. 이 숫자들을 조절하면 자유롭게 색을 칠할 수 있습니다.

[서식6.xlsx]

SECTION 156
3번째 행, 4번째 행마다 한번씩 색을 칠하려면

표의 데이터에서 세 번째 행, 여섯 번째 행, 아홉 번째 행과 같이 3의 배수나 4의 배수 행마다 색을 칠하는 식을 알려주세요.

세 번째 열부터 2개 열씩 색이 칠해졌습니다.

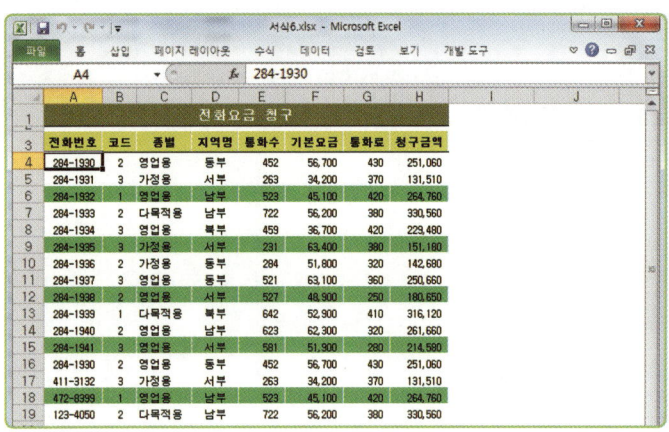

① A4:H20 셀에 범위를 지정하고 메뉴에서 [홈][스타일][조건부 서식] [새 규칙]을 선택합니다.

② [수식을 사용하여 서식을 지정할 셀 결정]을 클릭하고 [다음 수식이 참인 값의 서식 지정]에 =MOD(ROW()−ROW($A$3),3)을 입력한 후 [서식]을 클릭합니다.

③ [채우기] 탭에서 색을 지정하고 [확인]을 연달아 클릭합니다.

MOD(ROW()−ROW($A$3),3)=0 식에서 3이 행의 수를 의미합니다. 3을 4로 수정하면 4개 행마다 색이 칠해집니다.

SECTION 157

[서식7.xlsx]

2번째 열, 3번째 열마다 색을 칠하려면

표의 데이터에서 2번째 열마다 또는 3번째 열마다와 같이 자유롭게 열을 지정해서 색을 칠하는 식을 알려주세요.

B열부터 시작해서 3번째 열마다 색이 칠해졌습니다. 시작 열을 조절할 수 있습니다.

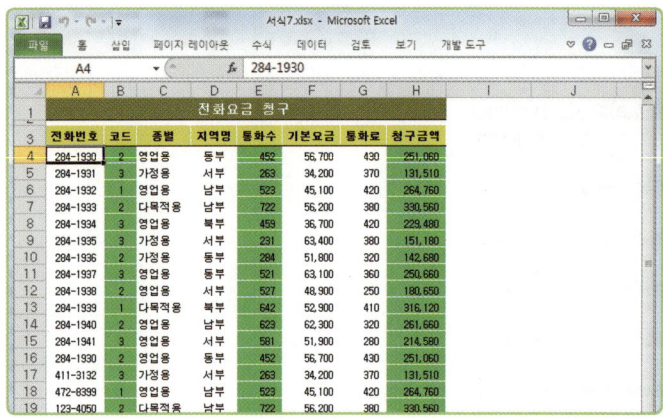

① A4:H20 셀에 범위를 지정하고 메뉴에서 [홈][스타일][조건부 서식] [새 규칙]을 선택합니다.

② [수식을 사용하여 서식을 지정할 셀 결정]을 클릭하고 [다음 수식이 참인 값의 서식 지정]에 =MOD(COLUMN()−COLUMN ($B$3),3)=0을 입력한 후 [서식]을 클릭합니다.

③ [채우기] 탭에서 색을 지정하고 [확인]을 연달아 클릭합니다.

(COLUMN()−COLUMN($B$3),3) 식에서 3은 "3번째 행마다"라는 의미입니다. $B를 $A로 바꾸면 A열부터 색이 칠해집니다.

[서식8.xlsx]

SECTION 158 토요일과 일요일에만 노란색을 칠하려면

제가 받은 자료에는 A열에 날짜가 있습니다. 그 데이터들 중에서 토요일이나 일요일 데이터만 노란색을 칠해서 표시하려고 합니다.

토요일이나 일요일 데이터에만 노란색이 칠해졌습니다.

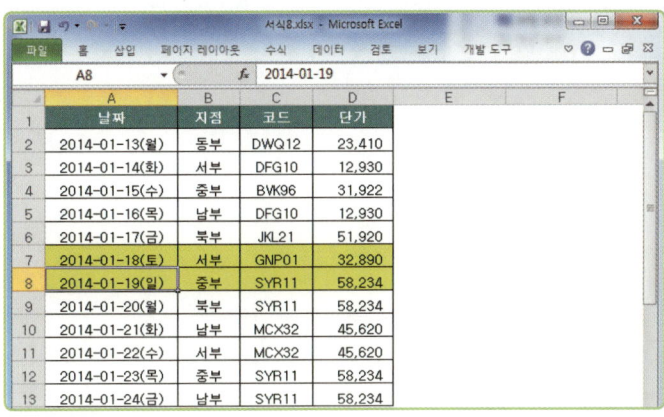

① A2:D13 셀에 범위를 지정하고 메뉴에서 [홈][스타일][조건부 서식] [새 규칙]을 선택합니다.

② [수식을 사용하여 서식을 지정할 셀 결정]을 클릭하고 [다음 수식이 참인 값의 서식 지정]에 =OR(WEEKDAY($A2)=7,WEEKDAY($A2)=1)을 입력한 후 [서식]을 클릭합니다.

③ [채우기] 탭에서 색을 지정하고 [확인]을 연달아 클릭합니다.

> WEEKDAY 함수는 일요일이면 1, 월요일이면 2, …, 토요일이면 7을 반환합니다. OR 함수로 토요일이나, 일요일을 지정합니다.

SECTION 159

[서식9.xlsx]
특정 년 특정 월의 데이터만 굵게 표시하려면

날짜별로 매출 현황을 기록한 표가 있는데 여기서 2007년 3월 데이터만 볼드체로 표시하고 싶습니다. 현재 데이터는 업체 이름으로 오름차순 소트되어 있습니다.

2014년 3월 데이터는 볼드체로 표시되었습니다.

① A4:D19 셀에 범위를 지정하고 메뉴에서 [홈][스타일][조건부 서식] [새 규칙]을 선택합니다.

② [수식을 사용하여 서식을 지정할 셀 결정]을 클릭하고 [다음 수식이 참인 값의 서식 지정]에 =AND(YEAR($B4)=2014,MONTH($B4)=3)을 입력한 후 [서식]을 클릭합니다.

③ [글꼴] 탭에서 [글꼴 스타일][굵게]를 지정하고 [확인]을 연달아 클릭합니다.

> YEAR 함수로 년을 추출하고, MONTH 함수로 월을 추출한 후, AND 함수로 해당 년, 월을 모두 충족시키는 데이터를 지정합니다.

[서식10.xlsx]

SECTION 160
새로운 월이 시작될 때마다 색을 칠하려면

날짜를 기준으로 오름차순으로 소트된 데이터가 있습니다. 날짜를 기준으로 새로운 월이 시작되는 데이터에만 색을 칠해서 구분하고 싶습니다. 식을 알려주세요.

월이 바뀔 때마다 그 행에 색이 칠해졌습니다.

① A4:D19 셀에 범위를 지정하고 메뉴에서 [홈][스타일][조건부 서식] [새 규칙]을 선택합니다.

② [수식을 사용하여 서식을 지정할 셀 결정]을 클릭하고 [다음 수식이 참인 식]에 =MONTH($B3)<>MONTH($B4)를 입력한 후 [서식]을 클릭합니다.

③ [채우기] 탭에서 색을 지정하고 [확인]을 연달아 클릭합니다.

날짜 데이터에서 MONTH 함수로 월을 추출해서 다음 행의 월과 비교하면서 월이 달라지면 색을 칠합니다.

[서식11.xlsx]

S·E·C·T·I·O·N 161

특정 값 이상인 데이터만 색으로 구분하려면

판매 현황을 기록한 시트가 있습니다. 거래처, 날짜, 제품, 금액 등으로 구성된 표에서 금액이 10만원 이상인 경우에만 노란색을 칠하려고 합니다. 갈켜주세요.

금액이 10만원 이상인 데이터만 노란색으로 표시했습니다.

① A4:D19 셀에 범위를 지정하고 메뉴에서 [홈][스타일][조건부 서식] [새규칙]을 선택합니다.

② [수식을 사용하여 서식을 지정할 셀 결정]을 클릭하고 [다음 수식이 참인 식]에 =$D4)=100000를 입력한 후 [서식]을 클릭합니다.

③ [채우기] 탭에서 색을 지정하고 [확인]을 연달아 클릭합니다.

> D열의 조사하면서 10만원이 넘는 데이터만 노란색을 칠합니다. $D4와 같이 혼합주소를 사용해야 한다는 것을 유의해야 합니다. 행은 변해야 하기 때문입니다.

[서식12.xlsx]

SECTION 162 평균 값 이상인 특정 데이터를 구분하려면

5개 제품에 대해 주문 현황을 기록해두었습니다. 이 중에서 주문 금액이 전체 주문 금액의 평균 금액 이상인 "폴더" 제품의 데이터만 기울림 꼴로 표시하고 녹색을 칠하려고 합니다. 조건부 서식에서 식을 제대로 사용한 것 같은데 잘 안됩니다.

금액이 표 전체의 평균 금액 이상인 "폴더" 제품만 기울림 꼴의 녹색으로 표시했습니다.

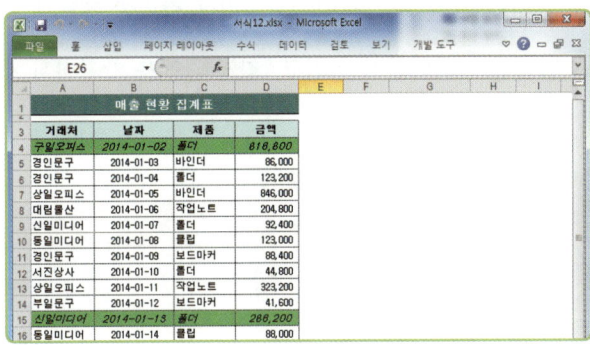

1 A4:D19 셀에 범위를 지정하고 메뉴에서 [홈][스타일][조건부 서식] [새 규칙]을 선택합니다.

2 [수식을 사용하여 서식을 지정할 셀 결정]을 클릭하고 [다음 수식이 참인 식]에 =AND($C4="폴더",$D4>=AVERAGE($D$2:$D$19))를 입력한 후 [서식]을 클릭합니다.

3 [글꼴] 탭에서[글꼴 스타일][기울임 꼴]을 선택하고, [채우기] 탭에서 색을 지정하고 [확인]을 연달아 클릭합니다.

> AND 함수로 2개의 조건을 기술했습니다. AVERAGE($D$2:$D$19) 식은 D2:D19 셀의 평균값을 구하며, 이 셀 범위는 변하는 범위가 아니므로 절대 주소로 표시해야 합니다.

SECTION 163

[서식13.xlsx]

최대 값은 파란색, 최저 값은 빨간색으로 기록하려면

거래처와 날짜, 제품, 금액을 기록한 시트가 있습니다. 금액 중에서 최고 금액은 파란색 볼드체로 기록하고, 최저 금액은 빨간색의 볼드체로 기록하려고 합니다. 방법을 알려주세요. 그리고 데이터를 기록하기 전에 미리 이런 서식을 지정해두어도 되는지요?

최고 금액과 최저 금액이 알맞게 표시되었습니다. 데이터를 입력할 범위에 조건부 서식을 미리 지정해두어도 됩니다. 그러면 입력된 데이터까지만 최고, 최저 금액을 따지면서 서식이 지정됩니다.

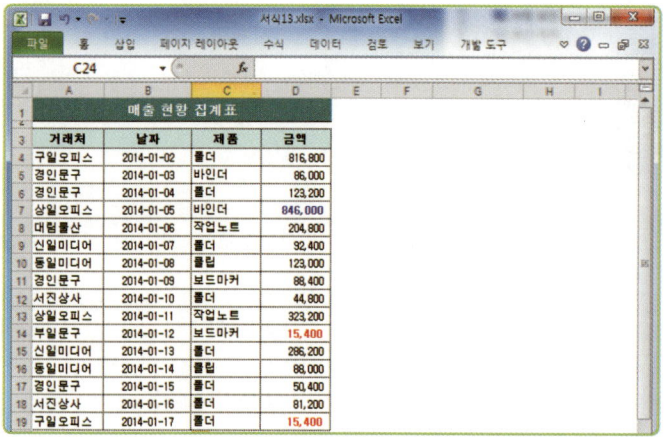

① D4:D19 셀에 범위를 지정하고 메뉴에서 [홈][스타일][조건부 서식] [새 규칙]을 선택합니다. 전체 행이 아닌 해당 셀에만 서식을 지정할 때는 그 열만 범위를 지정합니다.

② [수식을 사용하여 서식을 지정할 셀 결정]을 클릭하고 [다음 수식이 참인 식]에 =$D4=MAX($D$4:$D$19)를 입력한 후 [서식]을 클릭합니다.

③ [글꼴 스타일]에서 [굵게]를 지정하고 [색]에서 "파랑"을 지정하고 [확인]을 연달아 클릭합니다.

④ D4:D19 셀에 범위가 지정된 상태에서 다시 메뉴에서 [홈][스타일][조건부 서식][새 규칙]을 선택합니다

⑤ [수식을 사용하여 서식을 지정할 셀 결정]을 클릭하고 [다음 수식이 참인 식]에 =$D4=MIN($D$4:$D$19)를 입력한 후 [서식]을 클릭합니다.

⑥ [서식]을 클릭하고, [글꼴] 탭에서 빨간색을 선택하고, [글꼴]에서 [굵게]를 선택한 후, [확인]을 연달아 클릭합니다.

> MAX 함수와 MIN 함수를 사용해서 D열에서 최대 값과 최소 값을 찾아 서식을 지정했습니다. 최대 값, 최소 값이 여러 개이면 모두 표시됩니다.

[서식14.xlsx]

SECTION 164
값을 크기별로 3개 그룹으로 나누어 구분하려면

월별, 지점별로 신규 회원 수를 기록한 2차 테이블이 있습니다. 회원 수는 최소 0명에서 최대 1000명인데, 이 숫자들을 3개 그룹으로 나누어 색을 지정하려고 합니다. 0-333까지는 주황색, 334-666까지는 녹색, 667-1000까지는 청색으로 기록하려면 어떻게 하나요? 일일이 글꼴 색을 바꿀 수도 없고...

질문하신 그룹대로 글꼴색을 바꾸었습니다. 조건부 서식을 이용하면 숫자가 아무리 많아도 한방에 됩니다.

① B2:I13 셀에 범위를 지정하고 메뉴에서 [홈][스타일][조건부 서식][새규칙]을 선택합니다.

② [셀 강조 규칙][다음 값의 사이에 있음]을 선택하고 0과 333을 입력합니다. [적용할 서식]에서 [사용자 지정 서식]을 선택하고 [글꼴][색]에서 주황색을 선택하고 [확인]을 연달아 클릭합니다.

③ 동일한 방법으로 334와 666 그리고 667과 1000에 대해 작업합니다.

[조건부 서식]의 [셀 강조 규칙]을 이용하면 제한적이기는 하지만 함수식을 사용하지 않고도 서식을 간단히 지정할 수 있습니다.

SECTION 165

[서식15.xlsx]

제일 큰 값 3개와 제일 작은 값 3개를 구분하려면

숫자가 있는 표에서 제일 큰 값 3개는 청색 볼드체로 기록하고, 제일 작은 값 3개는 빨간 볼드체로 기록하려면 어떻게 해야 하는지요? 숫자가 엄청 많아요.

질문하신 그룹대로 글꼴색을 바꾸었습니다. 조건부 서식을 이용하면 숫자가 아무리 많아도 한방에 됩니다.

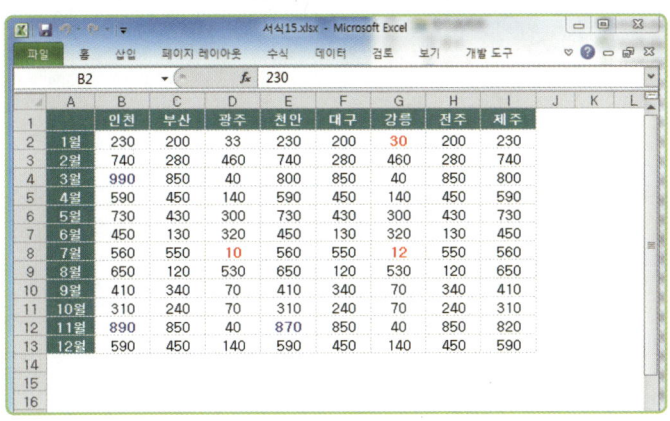

① 숫자가 있는 표에서 제일 큰 값 3개는 청색 볼드체로 기록하고, 제일 작은 값 3개는 빨간 볼드체로 기록하려면 어떻게 해야 하는지요? 숫자가 엄청 많아요.

② [수식을 사용하여 서식을 지정할 셀 결정]을 클릭하고 [다음 수식이 참인 식]에 =B2>=LARGE($B$2:$I$13,3)를 입력한 후 [서식]을 클릭합니다.

③ 글꼴을 지정하고 [확인]을 연달아 클릭합니다.

4 다시 [홈][스타일][조건부 서식][새 규칙]을 선택합니다.

5 [수식을 사용하여 서식을 지정할 셀 결정]을 클릭하고 [다음 수식이 참인 식]에 =B2<=SMALL($B$2:$I$13,3)를 입력한 후 [서식]을 클릭해서 글꼴을 지정하고 [확인]을 연달아 클릭합니다.

> LARGE 함수로 3번째로 큰 값을 찾아 그 값과 같거나 큰 값에 서식을 지정합니다. SMALL 함수로 3번째로 작은 값을 찾아 그 값과 같거나 작은 값에 서식을 지정합니다.

[서식16.xlsx]

2번 또는 3번 이상 중복된 데이터를 구분하려면

작은 온라인 쇼핑몰을 운영하고 있습니다. 현재까지 구매한 고객 중에서 2번 이상 구매한 고객들을 찾아서 색을 칠하려면 어떻게하나요? 사은품 보내려고…

2회 이상 판매 기록에 등장한 사람을 색을 칠해서 구분했습니다.

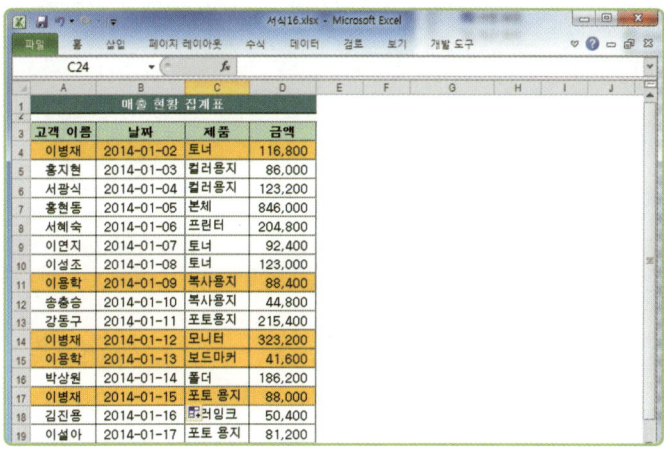

① A4:D19 셀에 범위를 지정하고 메뉴에서 [홈][스타일][조건부 서식][새 규칙]을 선택합니다.

② [수식을 사용하여 서식을 지정할 셀 결정]을 클릭하고 [다음 수식이 참인 식]에 =COUNTIF($A$4:$A$19,$A4)>1을 입력한 후 [서식]을 클릭하고 알맞은 서식을 지정합니다. [확인]을 연달아 클릭합니다.

COUNTIF 함수를 사용해서 이름이 2번 이상 등장한 고객을 찾아서 색을 칠합니다. 만일 3번 이상 구매한 경우를 따지려면 식에서 1을 2로 수정하면 됩니다. 딱 1번만 구매한 고객은 식에서 >1을 =1로 수정하면 됩니다.

SECTION 167 · 1번만 등장한 특정 데이터를 구분하려면

[서식17.xlsx]

판매 현황을 기록한 시트에서 딱 1번만 구매하면서 컬러 용지를 구매한 사람을 찾아 서식을 지정하려면 어떻게 하나요? 여러 번 구매했으면서 컬러 용지를 구매한 경우는 제외해야 합니다.

데이터에서 이병재와 이용학 고객은 컬러용지를 구매했지만 여러 번 구매한 사람입니다. 1번만 구매하면서 컬러 용지를 구매한 고객만 색을 칠했습니다.

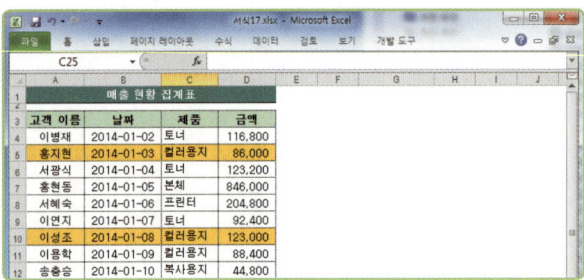

① A4:D19 셀에 범위를 지정하고 메뉴에서 [홈][스타일][조건부 서식][새 규칙]을 선택합니다.

② [수식을 사용하여 서식을 지정할 셀 결정]을 클릭하고 [다음 수식이 참인 식]에 다음 식을 입력합니다.
=AND(COUNTIF($A$4:$A$19,$A4)=1,$C4="컬러용지")

③ [서식]을 클릭하고 알맞은 서식을 지정합니다. [확인]을 연달아 클릭합니다

> AND 함수로 2개의 조건을 묶었습니다. COUNTIF 함수로 한번만 구매 여부를 따지고 그 고객 중에서 컬러용지를 구매한 고객을 구분했습니다.

[서식18.xlsx]

SECTION 168 콤보상자에서 선택한 데이터만 동적으로 색이 칠해지게

제품 판매 현황을 기록한 시트가 있습니다. 콤보상자에서 제품을 선택하면 그 제품의 정보에만 색이 칠해지게 할 수는 없나요? 글구 옆에 그 제품의 판매 금액 합계가 표시되면 더 좋고요.

D2 셀의 콤보상자에서 제품을 선택하세요. 해당 제품의 데이터에만 색이 칠해지고 합계 금액도 표시됩니다.

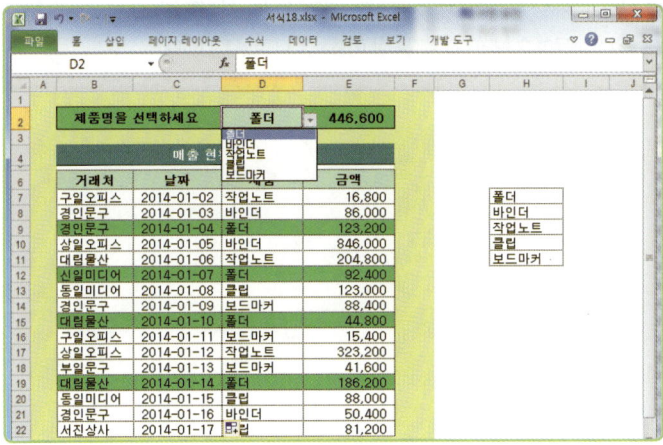

① D2 셀을 클릭하고 메뉴에서 [데이터]-[데이터 도구]-[데이터 유효성 검사]를 선택합니다. [제한 대상]에서 "목록"을 선택하고 [원본] 안을 클릭한 후, H7:H11 셀을 드래그하고 [확인]을 클릭합니다.

② E2 셀에 =SUMPRODUCT(($D$7:$D$22=$D$2)*$E$7:$E$22)를 입력합니다.

③ B7:E22 셀에 범위를 지정하고 메뉴에서 [홈][스타일][조건부 서식][새 규칙]을 선택합니다.

④ [수식을 사용하여 서식을 지정할 셀 결정]을 클릭하고 [다음 수식이 참인 식]에 =$D7=$D$2를 입력합니다.

⑤ [서식]을 클릭하고 [채우기]에서 색을 선택한 후 [확인]을 연달아 클릭합니다. 다.

> =$D7=$D$2 식으로 콤보상자에서 선택한 제품을 골라 색을 칠합니다. 이 식에서 혼합주소와 절대주소의 사용에 유의해야 합니다. 해당 제품의 합계를 구하기 위해 SUMPRODUCT 함수를 사용했습니다. 대부분의 COUNTIF나 SUMIF 함수는 SUMPRODUCT 함수로 대치할 수 있기 때문에 SUMPRODUCT를 잘 이용하면 더 효율적입니다.

SECTION 169

[서식19.xlsx]

데이터를 입력하는 행에 자동으로 테두리가 쳐지게

제 옆의 김대리는 정말 엑셀을 잘하는 거 같아요. 표를 미리 그려놓지도 않고 데이터를 입력하면 자동으로 테두리가 막 쳐지네요... 데이터를 지우면 테두리도 없어지고요. VBA로 한 걸까요? 아님 엑셀만으로도 되나요? 늘 잘난 척하는 김대리한테는 죽어도 물어보기 싫어요. 갈쳐주삼!

조건부 서식을 이용한 겁니다. 완성 시트에서 데이터를 입력해보세요. 15행까지는 테두리가 자동으로 그려집니다.

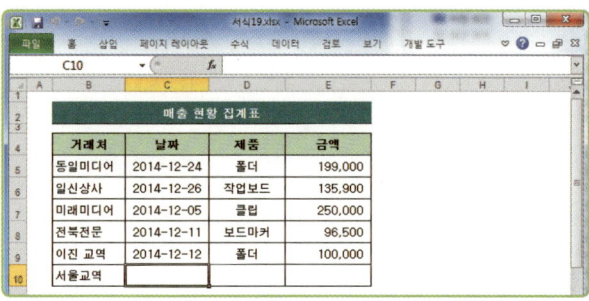

① 조건부 서식을 이용한 겁니다. 완성 시트에서 데이터를 입력해보세요. 15행까지는 테두리가 자동으로 그려집니다.

② [수식을 사용하여 서식을 지정할 셀 결정]을 클릭하고 [다음 수식이 참인 식]에 =$B4<>"" 를 입력합니다.

③ [서식]을 클릭하고 [테두리]에서 [선][스타일]을 선택하고 [윤곽선]을 클릭한 후, [확인]을 클릭합니다.

=$B4<>"" 식으로 거래처가 공백이 아니면 테두리가 그려지게 했습니다. 데이터를 지우면 테두리도 지워집니다.

SECTION 170

[서식20.xlsx]

중복 입력을 방지하려면

당직자 명단을 작성하고 있습니다. 부서별로 1명씩 돌아가면서 당직을 서야 합니다. 그래서 당직 명단을 작성할 때는 당직자가 중복해서 기록되면 안 됩니다. 실수로 당직자를 중복 기록하는 경우에 중복 입력되었음을 알려주는 방법이 있는 걸로 알고 있는데요....

C열에 당직자 이름을 중복해서 입력하면 메시지 상자가 표시되면서 입력을 못하게 합니다.

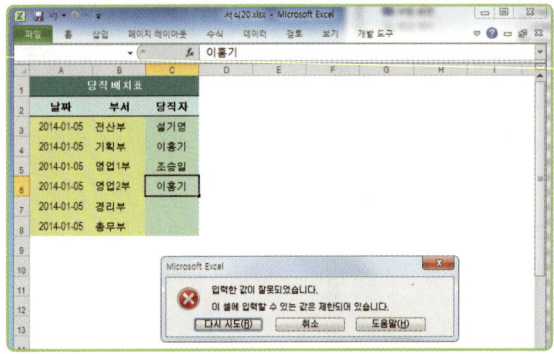

① 당직자를 기록할 C3:C8 셀에 범위를 지정하고 메뉴에서 [데이터][데이터 도구][데이터 유효성 검사]를 선택합니다.

② [제한 대상]에서 "사용자 지정"을 선택하고 [수식]에 다음 식을 입력하고 [확인]을 클릭합니다.

=COUNTIF($C$3:$C$8,$C3)=1

> 입력되는 이름의 개수가 목록에 1개만 있어야 함을 COUNTIF 함수로 정의합니다. 이 식에 위배되면 메시지 상자가 표시됩니다.

[서식21.xlsx]

SECTION 171
토요일, 일요일의 입력을 거부하려면

주문 받은 상품을 배송하는 일정표를 작성하고 있습니다. 제일 앞에 배송 일자를 기록하게 되어 있습니다. 그런데 토요일과 일요일은 배송업체가 쉬기 때문에 토요일과 일요일은 날짜를 잡으면 안 됩니다. 날짜를 기록하는 열에 토요일이나 일요일은 입력이 안 되게 해주세요.

B열에 날짜를 입력해보세요. 토요일이나 일요일이면 입력이 안 됩니다.

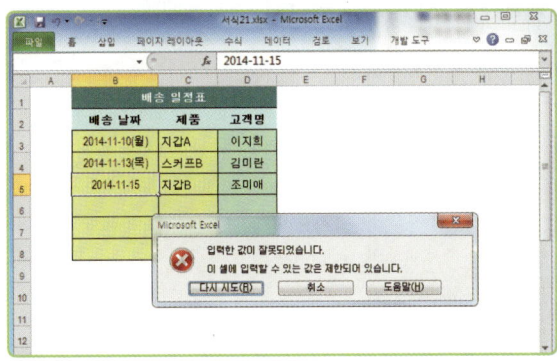

① 날짜를 입력할 B3:B8 셀에 범위를 지정하고 메뉴에서 [데이터][데이터 도구][데이터 유효성 검사]를 선택합니다.

② [제한 대상]에서 "사용자 지정"을 선택하고 수식에 다음 식을 입력한 후 [확인]을 클릭합니다.

=AND(WEEKDAY($B3)<>7,WEEKDAY($B3)<>1)

> WEEKDAY 함수는 날짜 데이터에서 요일 값을 돌려줍니다. 토요일은 7, 일요일은 1입니다. 토요일이어도 안 되고, 일요일이어도 안 되므로 AND 함수를 사용합니다.

[서식22.xlsx]

S·E·C·T·I·O·N 172 "A"로 시작해서 2자, "B"로 시작해서 3자만 입력되게

공장별로 생산량을 기록하고 있습니다. 제품 코드와 공장, 생산량 등의 정보를 입력하는데 제품 코드가 2 종류입니다. A로 시작하는 경우는 A12와 같이 뒤에 숫자가 2개만 붙습니다. 그러나 B로 시작하는 경우는 B123과 같이 뒤에 숫자가 3개가 붙습니다. 코드가 가끔 헷갈립니다. 이런 규칙에 위배되는 데이터를 미리 걸러낼 수 있게 해주세요.

B열에 규칙에 위배되는 코드를 입력해보세요. 입력이 안 됩니다.

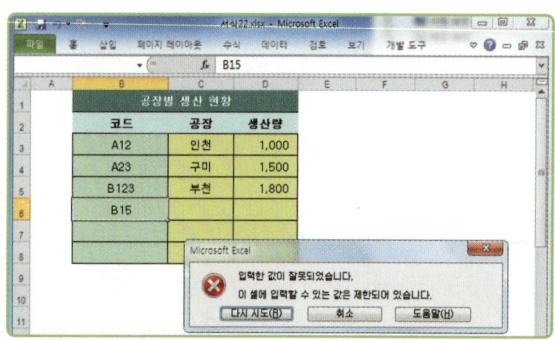

1 코드를 입력할 B3:B8 셀에 범위를 지정하고 메뉴에서 [데이터][데이터 도구][데이터 유효성 검사]를 선택합니다.

2 [제한 대상]에서 "사용자 지정"을 선택하고 수식에 다음 식을 입력한 후 [확인]을 클릭합니다.

=OR(COUNTIF($B3,"A??")=1,COUNTIF($B3,"B???")=1)

> "?" 하나가 한 개의 글자를 의미합니다. COUNTIF 함수에서는 "?"를 사용할 수 있기 때문에 이 함수를 사용했을 뿐, 개수를 세는 의미는 없습니다. 구문에 맞게 COUNTIF 함수의 기능을 이용했을 뿐입니다.

SECTION 173

숫자만 또는 문자만 입력되게 하려면

[서식23.xlsx]

대부분 열마다 서로 다른 데이터를 입력하는데 어떤 열에는 문자만 입력하고 어떤 열에는 숫자만 입력하게 되잖아요. 그럴 경우 데이터가 잘못 입력되는 걸 미리 방지하기 위해 문자만 입력되게 하거나 숫자만 입력되게 하는 방법을 알려주세요.

품목에 숫자를 입력하거나 상반기나 하반기에 문자를 입력하면 입력이 되지 않습니다.

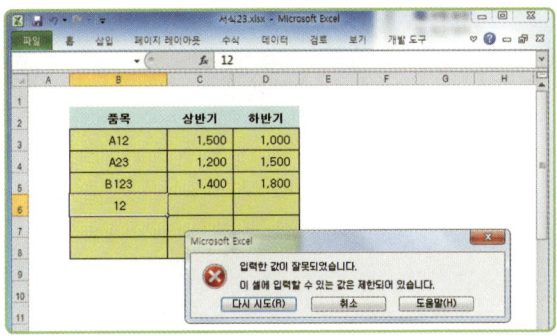

① B3:B8 셀에 범위를 지정하고 메뉴에서 [데이터][데이터 도구][데이터 유효성 검사]를 선택합니다. [제한 대상]에서 "사용자 지정"을 선택하고 [수식]에 =ISTEXT(B3)을 입력하고 [확인]을 클릭합니다.

② C3:D8 셀에 범위를 지정하고 메뉴에서 [데이터][데이터 도구][데이터 유효성 검사]를 선택합니다. [제한 대상]에서 "사용자 지정"을 선택하고 [수식]에 =ISNUMBER(C3)을 입력하고 [확인]을 클릭합니다.

ISTEXT 함수는 문자인가를 검사합니다. 문자가 아니면 에러가 발생해서 메시지가 표시됩니다. ISNUMBER 함수는 숫자인가를 검사합니다. 숫자가 아니면 에러가 발생해서 메시지가 표시됩니다.

EXCEL **PART 08** 원하는

엑셀 함수 Q&A

데이터만 추출하거나 값 구하기   Q&A

SECTION 174

필터링할 때마다 다시 일련번호를 부여하려면

[추출1.xlsx]

필터를 이용하면 내가 원하는 데이터만 골라서 보는 재미가 쏠쏠하기는 합니다. 그런데 데이터를 추출할 때마다 추출된 데이터에 일련번호가 새로 1부터 부여되게 할 수는 없을까요? 원본 데이터에 그냥 일련번호를 부여해두니까 필터링할 때마다 일련번호의 순서가 엉망이 되요.

번호를 제외한 나머지 항목들에 버튼이 있습니다. 종별이나 지역명을 선택해보세요. 새로운 일련번호가 부여됩니다.

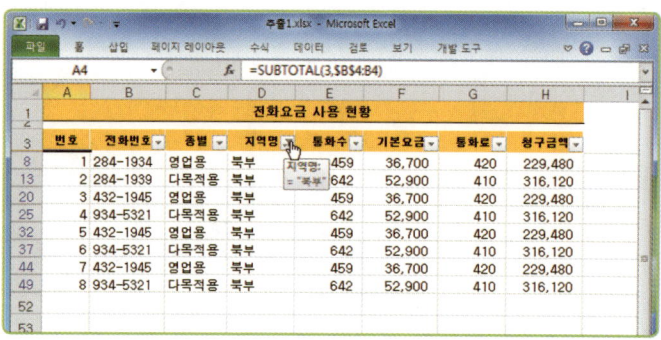

① 필터가 부여되지 않은 상태에서 A4 셀에 **=SUBTOTAL(3,$B$4 :B4)**를 입력합니다. 채우기 핸들을 더블클릭해서 아래로 복사합니다.

② 번호를 제외하고 B3:H3 셀에 범위를 지정하고 메뉴에서 [데이터][정렬 및 필터][필터]를 선택해서 필터링 버튼을 만듭니다. A열은 제외하고 있다는 걸 유의해야 합니다.

=SUBTOTAL(3,$B$4:B4) 식에서 3은 COUNTA 함수와 같이 비어있지 않은 셀의 개수를 카운트합니다. B$4:B4 식은 B4 셀부터 아래로 진행하면서 $B$4:B5, $B$4:B6과 같이 변하므로 B4 셀부터 해당 셀까지 비어 있지 않은 셀의 개수를 카운트합니다. 그 개수를 번호로 사용하는 것입니다. 번호에는 필터를 지정하지 않아야 한다는 걸 유의해야 합니다.

[추출2.xlsx], [추출2연습.xlsx]

SECTION 175
추출한 데이터만 합계 금액과 거래 건수 등을 구하려면

매출 기록을 정리한 시트가 있습니다. 이 시트에서 제가 원하는 업체의 제품만 골라내서 그 데이터에 대해서만 매출액의 합계와 거래 건수, 평균 금액, 최대 금액, 최저 금액 등을 구해야 합니다. 데이터를 추출할 때마다 그런 통계 값이 변하게 하려면 어떻게 하나요?

필터와 SUBTOTAL 함수를 이용하면 됩니다. 거래처나 제품의 버튼을 클릭하고 선택해보세요. 추출된 데이터의 거래 내역이 변합니다. 위의 통계표는 데이터 표와 셀 간격에 맞지 않아 그림 기능을 이용해서 만들었습니다.

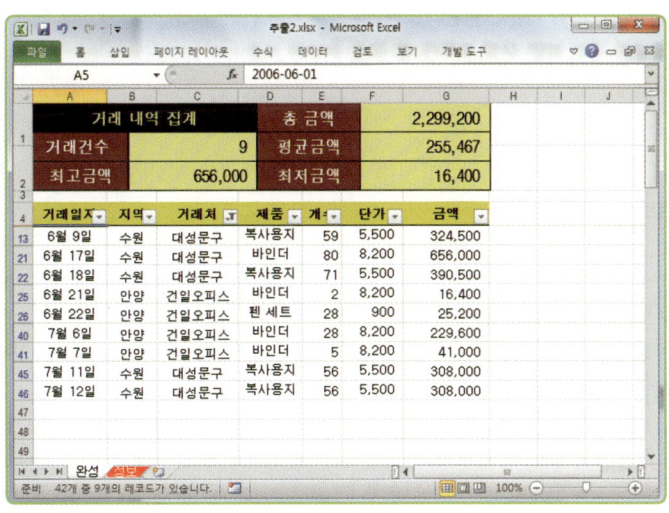

1 [추출2연습.xlsx]를 열고 데이터 표의 셀을 하나 클릭하고 Ctrl + A 키를 눌러 표 전체를 범위로 지정합니다. 메뉴에서 [수식][정의된 이름][선택영역에서 만들기]를 선택합니다. [첫 행]에만 체크를 하고 [확인]을 클릭합니다. 표의 각 열에 첫 행 제목으로 이름을 정의한 겁니다.

② "정보" 시트로 가서 E2 셀에 =SUBTOTAL(9,금액)을 입력합니다.

③ C3 셀에 =SUBTOTAL(2,금액)을 입력합니다.

④ E3 셀에 =SUBTOTAL(1,금액)을 입력합니다.

⑤ C4 셀에 =SUBTOTAL(4,금액)을 입력합니다.

⑥ E4 셀에 =SUBTOTAL(5,금액)을 입력합니다.

⑦ B2:E4 셀에 범위를 지정하고 Ctrl + C 키를 눌러 복사한 후, "연습" 시트로 와서 [홈][붙여넣기][기타 붙여넣기 옵션][연결된 그림]을 선택합니다. 그림 크기를 조절해서 표 위에 배치합니다.

⑧ 데이터 셀을 클릭하고 메뉴에서 [데이터][정렬 및 필터][필터]를 선택합니다.

> SUBTOTAL 함수는 화면에 표시된 셀에 대해서만 작업을 합니다. 즉, 필터링 후 숨겨진 데이터는 무시합니다. 첫 번째 인수 1은 평균, 2는 숫자의 개수, 4는 최대 값, 5는 최소 값, 9는 합계를 의미합니다. 거래 내역 집계표는 [연결된 그림] 기능을 이용했기 때문에 데이터 표의 값이 수정되면 집계표의 값도 수정됩니다.

[추출3.xlsx], [추출3연습.xlsx]

SECTION 176 데이터를 추출해서 여러 항목의 통계 값을 구하려면

필터를 이용해서 원하는 데이터만 추출했습니다. 이 추출된 데이터에 대해서 합계 금액과 평균 금액, 최고 금액, 최저 금액을 구해야 합니다. 그런데 저는 3가지 항목에 대해 이런 값을 구해야 합니다. 진료비와 약품비 그리고 청구액 등 3가지 항목에 대해 4가지 통계 값을 구하는 방법을 알려주세요. 그리고 필터 버튼이 모든 항목에 생기지 않고 제가 원하는 항목에만 생기게 할 수는 없나요?

필터 버튼이 4개 항목에만 생겼습니다. 필터링을 하면 진료비, 약품비, 청구액 등 3개 항목에 대해 위의 통계표에 값이 표시됩니다.

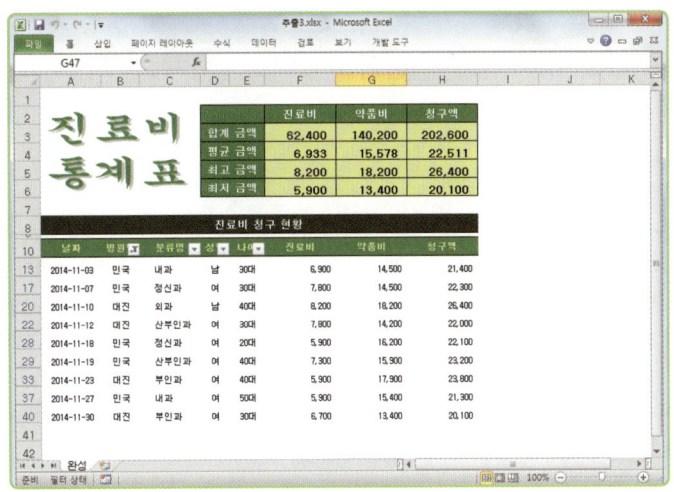

① 데이터 셀을 클릭하고 Ctrl + A 키를 눌러 표 전체에 범위를 지정하고 메뉴에서 [수식][정의된 이름][선택영역에서 만들기]를 선택합니다. [첫 행]에만 체크를 하고 [확인]을 클릭합니다. 표의 각 열의 첫 행의 제목으로 이름을 정의한 겁니다. 이름 정의를 확인하려면 메뉴에서 [이름 관리자]를 선택합니다.

② B10:E10 셀에 범위를 지정하고 메뉴에서 [데이터][정렬 및 필터][필터]를 선택합니다. 그러면 이 4개 항목에만 버튼이 생깁니다.

③ F3 셀에 =SUBTOTAL(9,INDIRECT(F2))를 입력하고 H3 셀까지 드래그합니다. 첫 번째 인수 9는 합계를 의미합니다.

④ F4 셀에 =SUBTOTAL(1,INDIRECT(F2))를 입력하고 H4 셀까지 드래그합니다. 첫 번째 인수 1은 평균을 의미합니다.

⑤ F5 셀에 =SUBTOTAL(4,INDIRECT(F2))를 입력하고 H5 셀까지 드래그합니다. 첫 번째 인수 4는 최대 값을 의미합니다.

⑥ F6 셀에 =SUBTOTAL(5,INDIRECT(F2))를 입력하고 H6 셀까지 드래그합니다. 첫 번째 인수 5는 최소 값을 의미합니다.

> SUBTOTAL 함수는 화면에 표시된 셀에 대해서만 작업을 하는 유일한 함수입니다. 이 함수의 첫 번째 인수에 따라 계산의 종류가 달라집니다. 통계표의 열 제목을 이용하기 위해서 INDIRECT 함수를 사용했습니다. INDIRECT(F2) 식은 F2 셀을 찾아가 거기에 기록된 값을 셀 주소로 해석합니다. 여기서는 F2에 기록된 값이 데이터 표의 각 열의 제목이면서 각 열에 정의된 이름입니다. 그래서 결국은 그 이름을 직접 기술한 것과 동일한 효과를 얻을 수 있습니다.

[추출4.xlsx]

SECTION 177
데이터를 추출할 때마다 새로운 누계를 기록하려면

필터를 이용해서 원하는 데이터만 추출한 경우에도 누계를 구할 수 있나요? 데이터를 추출할 때마다 그 데이터들에 대해서 새로운 누계가 계속 표시되게 하려면 어떻게 하나요?

필터링 버튼을 클릭해서 데이터를 추출할 때마다 누계 열에 새로운 누계가 표시됩니다.

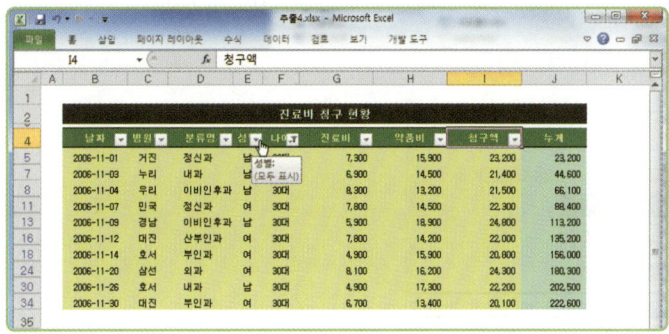

① J5 셀에 =SUBTOTAL(9,$I$5:I5)를 입력합니다.

② J5 셀의 채우기 핸들을 더블클릭합니다.

③ B4:I4 셀에 범위를 지정하고 메뉴에서 [데이터]-[정렬 및 필터]-[필터]를 선택합니다. 누계 열은 제외한 것을 유의해야 합니다.

SUBTOTAL(9,$I$5:I5) 식은 현재 화면에 표시된 셀에 대해서만 합계(9)를 구합니다. $I$5:I5 식을 사용했기 때문에 I5 셀부터 해당 셀까지의 합계가 구해집니다.

[추출5.xlsx]

SECTION 178
인위적으로 숨기는 행을 합계에서 제외하려면

행 머리글을 드래그하고 단축 메뉴를 불러 [숨기기]를 선택하면 그 행들이 숨겨지는데 이렇게 행을 숨기고 그 숨겨진 행들은 계산에서 제외하려면 어떻게 하나요? SUBTOTAL 함수를 사용하면 현재 화면에 표시된 셀들만 계산을 할 수 있는 걸로 아는데 제가 임의로 숨긴 행에 대해서는 잘 안 되는군요.

시트에서 10행부터 20행까지 숨기기를 했습니다. 숨긴 행은 위의 합계와 건수에서 제외됩니다. 숨기기 취소를 하면 다시 계산됩니다.

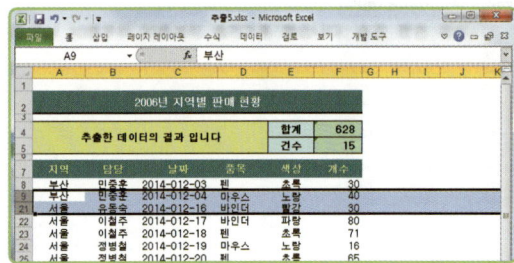

① F4 셀에 **=SUBTOTAL(109,개수)**를 입력합니다.

② F5 셀에 **=SUBTOTAL(102,개수)**를 입력합니다. 이제 행을 숨기면 그 행들은 합계와 건수 계산에서 제외됩니다.

③ [수식][정의된 이름][이름관리자] 메뉴를 선택해서 이름 정의를 살펴보세요. 6개의 이름이 정의되어 있습니다. 이 이름들은 "완성" 시트를 만들면서 정의해둔 것입니다. 이름은 워크북 단위로 정의되지요.

> SUBTOTAL 함수의 첫 번째 인수를 101에서 111까지로 지정하면 인위적으로 숨긴 행들도 계산에 제외됩니다. 109는 합계를 의미하고, 102는 숫자의 개수를 의미합니다.

[추출6.xlsx]

특정 값 이상 특정 값 미만인 데이터만 골라내려면

필터를 이용해서 원하는 항목을 추출할 때 고민이 있어요. 그냥 특정 항목을 선택하는 게 아니라, "주문량이 20개 이상 30개 미만"과 같이 특정 범위 내의 데이터만 골라내려면 어떻게 하나요?

[사용자 지정 필터] 기능을 이용하면 됩니다. 수량이 20개 이상 30개 미만인 데이터만 추출되었습니다.

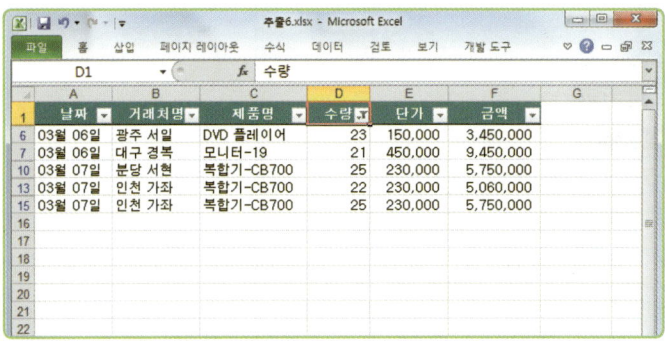

① 수량의 필터 버튼을 클릭하고 [숫자 필터][사용자 지정 필터]을 선택합니다.

② 수량에서 ")="를 선택하고 20을 입력합니다.

③ "그리고"에 체크를 합니다.

④ "<"를 선택하고 30을 입력한 후, [확인]을 클릭합니다.

> 필터링을 할 때 데이터에 없는 항목을 사용하려면 [사용자 지정 필터]를 이용해서 논리식을 구성할 수 있습니다.

[추출7.xlsx], [추출7연습.xlsx]

SECTION 180
2개의 조건으로 데이터를 추출하려면

월별, 상품별, 대리점별로 상품 판매를 기록한 시트가 있습니다. 이 시트에서 내가 원하는 데이터만 골라서 다른 시트에 기록해야 합니다. 또한 추출한 데이터의 수량의 합계도 자동으로 기록되게 해야 합니다. 고급 필터를 사용해야 할 것 같은데…

"데이터" 시트에 있는 데이터 중에서 1월의 스키 데이터만 "완성" 시트에 기록되었습니다.

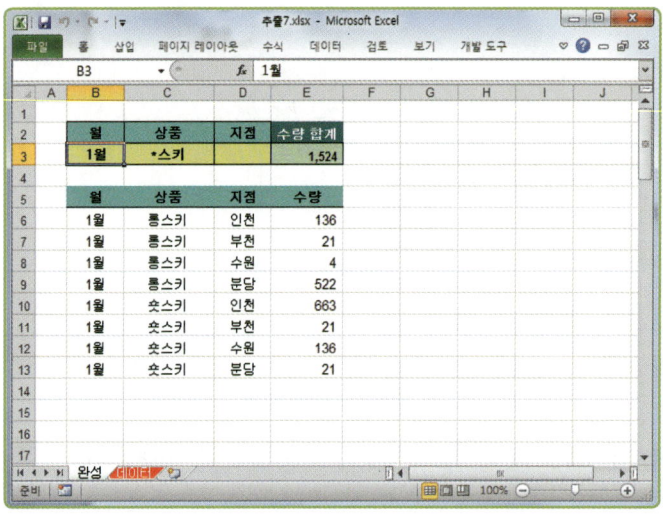

① "데이터" 시트의 셀 하나를 클릭하고 **Ctrl** + **A** 키를 눌러 데이터 표 전체에 범위를 지정하고 [이름 상자]에 "**목록표**"를 입력합니다.

② "연습" 시트의 B2:D3 셀에 범위를 지정하고 [이름 상자]에 "**조건표**"를 입력합니다.

③ "연습" 시트의 B5:E5 셀에 범위를 지정하고 [이름 상자]에 "**복사표**"를 입력합니다.

276 • 실무에서 꼭 필요한 엑셀 함수 Q&A

④ "연습" 시트의 B3 셀에 "**1월**", C3 셀에 "***스키**"를 입력합니다.

⑤ 메뉴에서 [데이터][정렬 및 필터][고급]을 선택하고 [목록 범위]에 "**목록표**"를 입력합니다. [조건 범위]에 "**조건표**"를 입력합니다. [다른 장소에 복사]에 체크하고 [복사 위치]에 "**복사표**"를 입력한 후 [확인]을 클릭합니다.

⑥ E3 셀에 **=SUBTOTAL(9,E6:E100)**를 입력합니다.

"*스키"는 "스키"로 끝나는 모든 상품을 의미합니다. 복사표의 열 제목은 실제 데이터의 열 제목과 같아야 합니다. 수량 합계에서는 추출되는 데이터가 최대 100행까지 있는 것으로 가정했습니다. 조건표에서 지점과 같이 조건을 비워두면 모든 지점을 의미합니다.

SECTION 181

[추출8.xlsx], [추출8연습.xlsx]

2월의 자전거나 부천대리점의 롱스키만 추출하려면

A열에는 통화 날짜가 있고, B열에 전화번호가 있습니다. 시내 전화인 경우는 앞에 지역을 의미하는 DDD 번호가 없고 시외 전화는 DDD 번호가 있습니다. 이 상태에서 C열에 "시내", "시외"를 구분해서 기록하는 방법을 알고 싶습니다. 그리고… "시외"의 경우는 빨간색으로 기록해야 합니다.

2가지 조건으로 데이터를 추출했습니다. 2월의 자전거와 부천의 롱스키는 OR 조건이므로 조건을 2개의 행에 기술합니다.

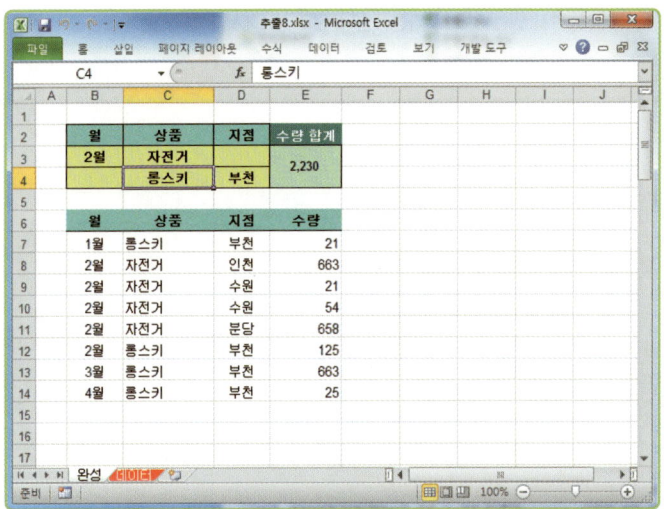

① "데이터" 시트의 셀 하나를 클릭하고 Ctrl + A 키를 눌러 데이터 표 전체에 범위를 지정하고 [이름 상자]에 "목록표"를 입력합니다.

② "연습" 시트의 B2:D4 셀에 범위를 지정하고 [이름 상자]에 "조건표"를 입력합니다.

③ "연습" 시트의 B6:E6 셀에 범위를 지정하고 [이름 상자]에 "**복사표**"를 입력합니다.

④ "연습" 시트의 B3 셀에 "2월", C3 셀에 "자전거"를 입력하고 C4 셀에 "롱스키", D4 셀에 "부천"을 입력합니다.

⑤ 메뉴에서 [데이터][정렬 및 필터][고급]을 선택하고 [목록 범위]에 "**목록표**"를 입력합니다. [조건 범위]에 "**조건표**"를 입력합니다. [다른 장소에 복사]에 체크하고 [복사 위치]에 "**복사표**"를 입력한 후 [확인]을 클릭합니다.

⑥ E3 셀에 =SUBTOTAL(9,E7:E100)를 입력합니다.

> 조건표에서 조건을 기술할 때 AND 조건은 한 개의 행에 기술합니다. 그러나 OR 조건 (~거나)은 그 다음 행에 기술해야 합니다. 수량 합계는 총 100행까지로 가정했습니다.

SECTION 182

[추출9.xlsx], [추출9연습.xlsx]

2월과 3월의 자전거 데이터만 추출하려면

월별, 상품별, 대리점별로 상품 판매를 기록한 시트가 있습니다. 이 시트에서 2월의 자전거 데이터와 3월의 자전거 데이터만 뽑아서 별도의 시트에 기록하려고 합니다. 고급 필터를 사용해야 할 것 같은데 조건을 어떻게 설정해야 하는지요?

2월의 자전거와 3월의 자전거는 OR 조건입니다. 그래서 조건을 2개의 행에 기술해야 합니다.

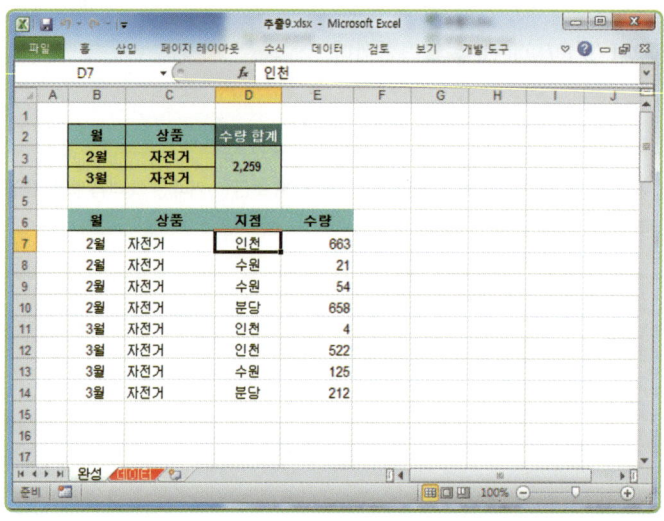

① "데이터" 시트의 셀 하나를 클릭하고 Ctrl + A 키를 눌러 데이터 표 전체에 범위를 지정하고 [이름 상자]에 "목록표"를 입력합니다.

② "연습" 시트의 B2:C4 셀에 범위를 지정하고 [이름 상자]에 "조건표"를 입력합니다.

③ "연습" 시트의 B6:E6 셀에 범위를 지정하고 [이름 상자]에 "복사표"를 입력합니다.

4 메뉴에서 [데이터][정렬 및 필터][고급]을 선택하고 [목록 범위]에 "**목록표**"를 입력합니다. [조건 범위]에 "**조건표**"를 입력합니다. [다른 장소에 복사]에 체크하고 [복사 위치]에 "**복사표**"를 입력한 후 [확인]을 클릭합니다.

5 D3 셀에 =SUBTOTAL(9,E7:E100)를 입력합니다.

> 2월, 3월의 자전거는 "2월의 자전거나 3월의 자전거"와 같이 OR 조건을 적용해야 모두 추출됩니다. 그래서 조건을 2개 행에 기술합니다. 수량 합계는 최대 100행까지 추출되는 것으로 가정합니다.

SECTION 183

[추출10.xlsx], [추출10연습.xlsx]

자전거 200대 이상, 롱스키 300대 미만만 추출하려면

월별, 상품별, 대리점별로 상품 판매를 기록한 시트가 있습니다. 이 시트의 데이터 중에서 200대 이상 판매된 자전거 데이터와 300대 미만으로 팔린 롱스키 데이터만 추출해야 합니다. 고급 필터에서 조건식을 어떻게 구성하는 알려주세요.

관계 연산자를 사용해서 조건식을 구성하면 됩니다.

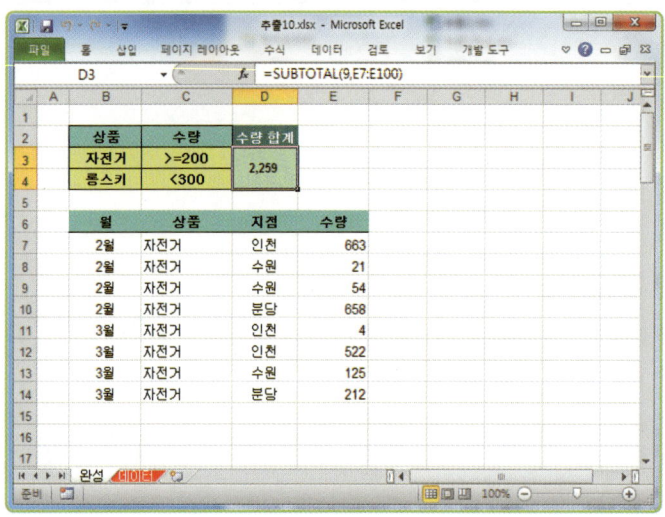

① "데이터" 시트의 셀 하나를 클릭하고 `Ctrl` + `A` 키를 눌러 데이터 표 전체에 범위를 지정하고 [이름 상자]에 "**목록표**"를 입력합니다.

② "연습" 시트의 B2:C4 셀에 범위를 지정하고 [이름 상자]에 "**조건표**"를 입력합니다.

③ "연습" 시트의 B6:E6 셀에 범위를 지정하고 [이름 상자]에 "**복사표**"를 입력합니다.

④ 메뉴에서 [데이터][정렬 및 필터][고급]을 선택하고 [목록 범위]에 "**목록표**"를 입력합니다. [조건 범위]에 "**조건표**"를 입력합니다. [다른 장소에 복사]에 체크하고 [복사 위치]에 "**복사표**"를 입력한 후 [확인]을 클릭합니다.

⑤ D3 셀에 =SUBTOTAL(9,E7:E100)를 입력합니다.

> 조건을 구성할 때 = (같다), ◇ (같지 않다), 〉 (크다), 〈 (작다), 〉= (크거나 같다), 〈= (작거나 같다)와 같은 관계 연산자를 사용할 수 있습니다. 수량 합계는 최대 100행까지 추출되는 것으로 가정합니다.

[추출11.xlsx], [추출11연습.xlsx]

SECTION 184

특정 년월부터 특정 년월까지의 데이터만 추출하려면

작은 쇼핑몰을 운영하고 있습니다. 고객 이름, 구입 날짜, 상품, 수량, 금액, 결제 등의 정보를 기록해두었는데 여기서 날짜별로 데이터를 추출하려면 어떻게 하나요? 예를 들어, 3월 1일부터 4월 20일까지 판매된 데이터만 추출하는 방식입니다.

"완성" 시트의 B2:C3 범위의 내용과 같이 조건을 기술하고 고급 필터를 사용하면 됩니다.

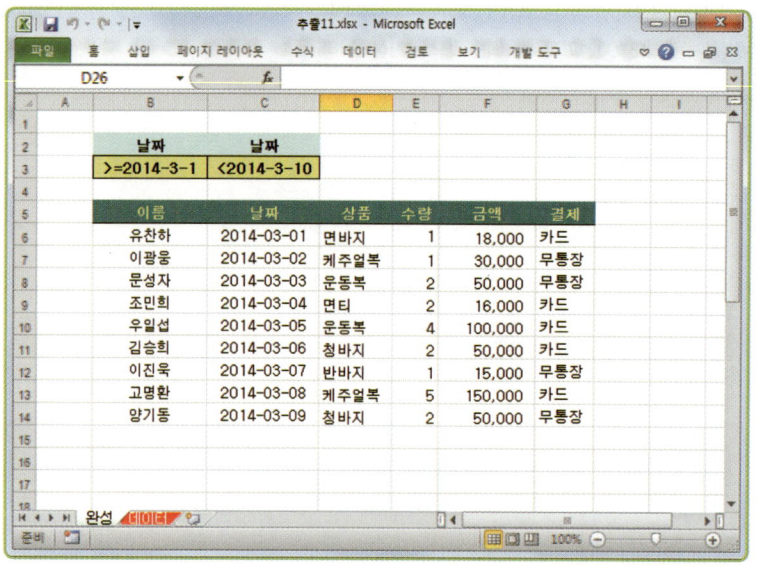

① "데이터" 시트의 셀 하나를 클릭하고 Ctrl + A 키를 눌러 데이터 표 전체에 범위를 지정하고 [이름 상자]에 "**목록표**"를 입력합니다.

② "연습" 시트의 B2:C3 셀에 범위를 지정하고 [이름 상자]에 "**조건표**"를 입력합니다.

③ "연습" 시트의 B5:G5 셀에 범위를 지정하고 [이름 상자]에 "**복사표**"를 입력합니다.

④ 메뉴에서 [데이터][정렬 및 필터][고급]을 선택하고 [목록 범위]에 "**목록표**"를 입력합니다. [조건 범위]에 "**조건표**"를 입력합니다. [다른 장소에 복사]에 체크하고 [복사 위치]에 "**복사표**"를 입력한 후 [확인]을 클릭합니다.

> 데이터를 추출하는 조건을 기술할 때 날짜도 일반 숫자와 같이 관계 연산자를 이용해서 기술하면 됩니다. 날짜는 엑셀 내부에서 정수로 표현되기 때문에 정수처럼 생각하시면 됩니다. 날짜 조건을 지정할 때 날짜의 2가지 형식을 모두 사용할 수 있음을 기억하세요.

SECTION 185

평균 이상 데이터만 추출하려면

[추출12.xlsx], [추출12연습.xlsx]

고급 필터를 사용해서 데이터를 추출하려고 합니다. 판매 현황을 기록해둔 시트에서 구매액이 전체 구매액의 평균 금액 이상인 데이터만 추출하고 싶습니다. 조건을 기술할 때 평균 금액을 표현해야 하는데 어떻게 하는지요? 잘 안됩니다.

이런 경우는 조건을 기술할 때 식을 사용해야 합니다. B3 셀에 식이 입력되어 있습니다.

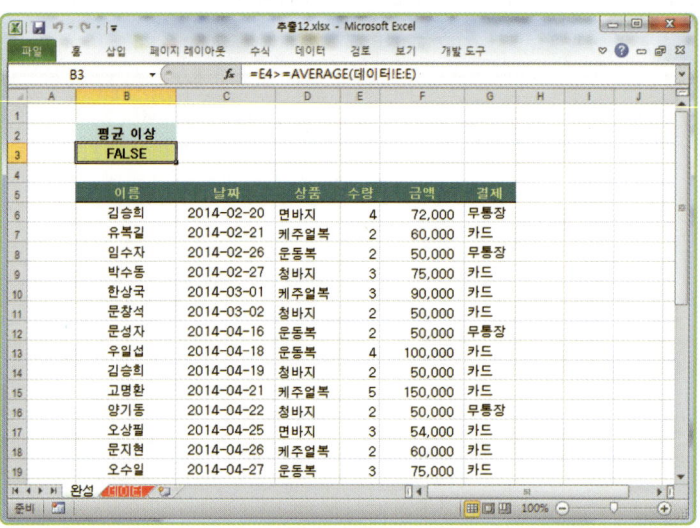

① "데이터" 시트의 셀 하나를 클릭하고 Ctrl + A 키를 눌러 데이터 표 전체에 범위를 지정하고 [이름 상자]에 "목록표"를 입력합니다.

② "연습" 시트의 B3 셀에 =E4>=AVERAGE(데이터!E:E)를 입력합니다.

③ "연습" 시트의 B2:B3 셀에 범위를 지정하고 [이름 상자]에 "조건표"를 입력합니다.

④ "연습" 시트의 B5:G5 셀에 범위를 지정하고 [이름 상자]에 "**복사표**"를 입력합니다.

⑤ 메뉴에서 [데이터][정렬 및 필터][고급]을 선택하고 [목록 범위]에 "**목록표**"를 입력합니다. [조건 범위]에 "**조건표**"를 입력합니다. [다른 장소에 복사]에 체크하고 [복사 위치]에 "**복사표**"를 입력한 후 [확인]을 클릭합니다.

> 조건에 식을 입력할 수 있습니다. 식을 입력하면 #VALUE!나 #NAME과 같은 에러나 TRUE, FALSE가 표시되나 무시하면 됩니다. 또한 식을 사용할 때는 조건의 제목(여기서는 "평균 이상")에 실제 데이터 항목 이름을 기술하면 안 됩니다. 하지만 고급 필터를 사용할 때 그 제목도 반드시 조건에 포함시켜야 합니다.

[추출13.xlsx], [추출13연습.xlsx]

SECTION 186
2번 이상 중복되는 데이터만 추출하려면

중복된 데이터를 추출하는 방법을 알고 싶습니다. 고객의 구매 현황을 기록한 시트에서 2번 이상 구매한 고객의 데이터만 추출하려고 합니다. 고객 이름을 기준으로 2번 이상 등장하는 이름의 데이터를 추출하면 되는데 어떻게 하는지 알려주세요.

고급 필터를 사용하되 조건을 기술할 때 COUNTIF 함수로 2번 이상 등장하는 이름의 데이터를 추출하면 됩니다.

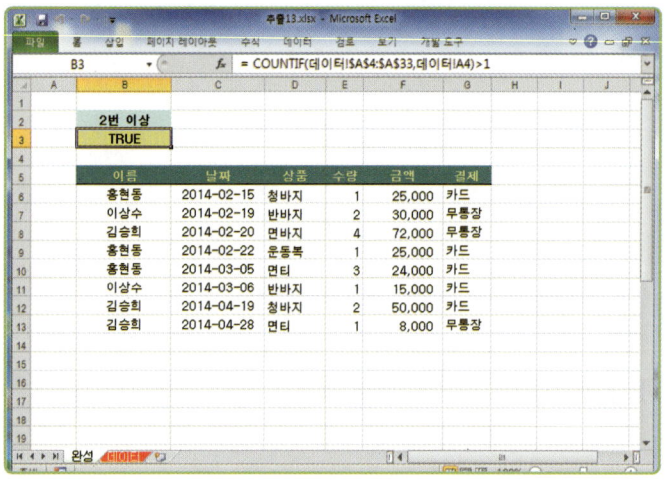

① "데이터" 시트의 셀 하나를 클릭하고 Ctrl + A 키를 눌러 데이터 표 전체에 범위를 지정하고 [이름 상자]에 "**목록표**"를 입력합니다.

② "연습" 시트의 B3 셀에 **=COUNTIF(데이터!$A$4:$A$33,데이터!A4)>1**를 입력합니다.

③ "연습" 시트의 B2:B3 셀에 범위를 지정하고 [이름 상자]에 "**조건표**"를 입력합니다.

④ "연습" 시트의 B2:B3 셀에 범위를 지정하고 [이름 상자]에 "**조건표**"를 입력합니다.

⑤ 메뉴에서 [데이터][정렬 및 필터][고급]을 선택하고 [목록 범위]에 "**목록표**"를 입력합니다. [조건 범위]에 "**조건표**"를 입력합니다. [다른 장소에 복사]에 체크하고 [복사 위치]에 "**복사표**"를 입력한 후 [확인]을 클릭합니다.

> 조건을 기술할 때 식을 입력했습니다. COUNTIF(데이터!$A$4:$A$33,데이터! A4))1 식은 데이터 시트의 표에서 이름이 1번 넘게 등장하는 경우를 지정합니다. 이 조건에 맞는 데이터만 추출되므로 중복된 이름의 데이터만 추출됩니다.

[추출14.xlsm], [추출14연습.xlsx]

SECTION 187 고급 필터에서 버튼만 누르면 데이터가 추출되게

고급 필터를 사용해서 데이터를 추출할 때 한 가지 아쉬운 점이 있습니다. 조건을 설정한 후, 고급 필터를 실행해서 데이터를 추출하고 나서 다른 조건으로 데이터를 추출하려면 다시 메뉴에서 [데이터][필터][고급 필터]를 실행시켜야 합니다. 조건을 수정한 다음에 버튼만 누르면 자동으로 고급 필터가 실행되는 걸 본 적이 있는데 어떻게 하는 건지 좀 알려주시길…

상품과 결제는 콤보상자로 조건을 선택하고, 다른 항목은 직접 조건을 입력합니다. 항목을 비워두면 모든 값을 의미합니다. [검색 시작]을 클릭하면 "데이터" 시트의 데이터가 추출됩니다.

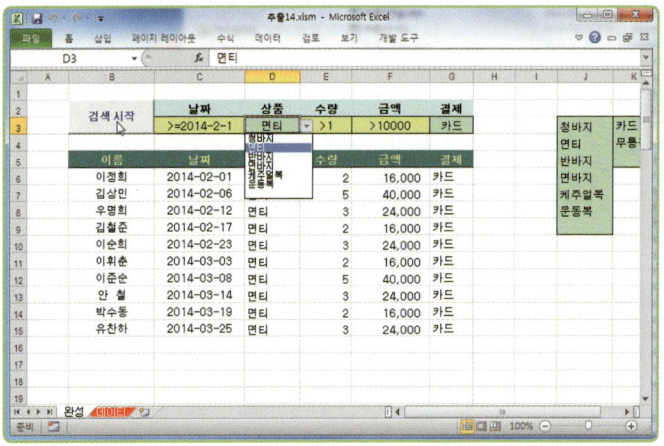

① "데이터" 시트의 셀 하나를 클릭하고 Ctrl + A 키를 눌러 데이터 표 전체에 범위를 지정하고 [이름 상자]에 "**목록표**"를 입력합니다.

② "연습" 시트의 C2:G3 셀에 범위를 지정하고 [이름 상자]에 "**조건표**"를 입력합니다.

③ "연습" 시트의 B5:G5 셀에 범위를 지정하고 [이름 상자]에 "**복사표**"를 입력합니다.

④ D3 셀을 클릭하고 메뉴에서 [데이터][데이터 도구][데이터 유효성 검사]를 선택합니다. [제한 대상]에서 "**목록**"을 선택하고 [원본] 안을 클릭한 후 J3:J9 셀을 드래그합니다. [확인]을 클릭합니다. 제일 마지막의 공백을 포함시키는 것은 나중에 콤보상자에서 그 조건을 지울 때 공백을 선택하도록 한 겁니다.

⑤ G3 셀을 클릭하고 메뉴에서 [데이터][데이터 도구][데이터 유효성 검사]를 선택합니다. [제한 대상]에서 "**목록**"을 선택하고 [원본] 안을 클릭한 후 K3:K5 셀을 드래그합니다. [확인]을 클릭합니다.

⑥ Alt + F11 키를 눌러 Microsoft Visual Basic 화면으로 전환합니다. 이제부터 엑셀 VBA 코드를 입력합니다. VBA 코드는 매크로 코드와 동일한 의미입니다.

⑦ 왼쪽에 있는 [프로젝트] 창에서 VBAProject(추출14연습.xlsx) 아래에 있는 [Microsoft Excel 개체] 위에서 단축 메뉴를 부르고 [삽입][모듈]을 선택합니다.

⑧ 오른쪽에 표시된 창에 다음의 코드를 입력합니다(필자가 입력해두었음).

```
Sub 필터매크로()
Range("목록표").AdvancedFilter xlFilterCopy, Range("조건표"), Range("복사표")
End Sub
```

⑨ Alt + F11 키를 눌러 다시 엑셀 시트로 돌아옵니다.

PART-08
원하는 데이터만
추출하거나 값 구하기

⑩ 메뉴에서 [개발도구]-[컨트롤]-[삽입]-[양식 컨트롤]-[단추]를 선택합니다. 시트에서 드래그해서 단추를 그립니다. [매크로 지정] 창이 표시되면 "필터매크로"를 선택하고 [확인]을 클릭합니다. [매크로 지정] 창이 표시되지 않으면 단추 위에서 단축 메뉴를 부르고 [매크로 지정]을 선택합니다.

⑪ 메뉴에서 [개발도구]-[컨트롤]-[삽입]-[양식 컨트롤]-[단추]를 선택합니다. 시트에서 드래그해서 단추를 그립니다. [매크로 지정] 창이 표시되면 "필터매크로"를 선택하고 [확인]을 클릭합니다. [매크로 지정] 창이 표시되지 않으면 단추 위에서 단축 메뉴를 부르고 [매크로 지정]을 선택합니다.

> 매크로 코드를 입력할 때 Sub 필터매크로()에서 "필터매크로"는 임의로 부여한 매크로 이름입니다. 다른 이름을 사용해도 됩니다. 하지만 Range에 사용된 "목록표", "조건표", "복사표"는 시트에서 정의한 이름을 그대로 사용해야 합니다. 다른 시트에서 사용할 때도 이와 같이 이름을 정의하고 동일한 코드를 사용하면 됩니다. 매크로가 있는 엑셀 파일을 열 때는 항상 [보안 경고] 창이 표시됩니다. 이 때 그냥 [매크로 포함]을 클릭하면 됩니다.

[추출15.xlsx], [추출15연습.xlsx]

SECTION 188

거래처와 상품명을 선택해 총 판매량과 총 금액을 구하려면

매출 기록 시트가 있습니다. 콤보상자에서 거래처와 상품명을 선택하면 해당 데이터에 대해서만 총 판매량과 총 판매금액을 조회할 수 있는 시트 좀 만들어주세요.

거래처와 상품명을 콤보상자로 선택하면 옆에 총 판매량과 금액이 표시됩니다.

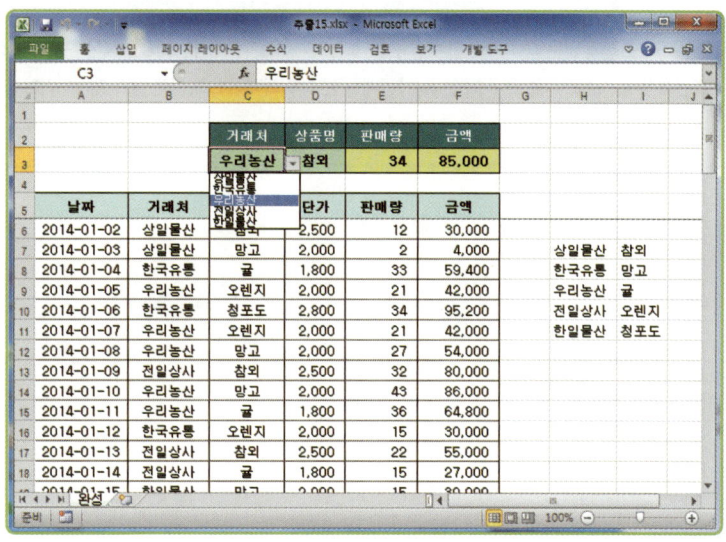

① 데이터 셀을 하나 클릭하고 Ctrl + A 키를 눌러 표 전체에 범위를 지정하고 [이름 상자]에 "표"를 입력합니다.

② C3 셀을 클릭하고 메뉴에서 [데이터]-[데이터 도구]-[데이터 유효성 검사]를 선택합니다. [제한 대상]에서 "목록"을 선택하고 [원본] 안을 클릭한 후 H7:H11 셀을 드래그합니다.

SECTION-188 | 거래처와 상품명을 선택해 총 판매량과 총 금액을 구하려면 ● 293

3 D3 셀을 클릭하고 메뉴에서 [데이터][데이터 도구][데이터 유효성 검사]를 선택합니다. [제한 대상]에서 "목록"을 선택하고 [원본] 안을 클릭한 후 I7:I11 셀을 드래그합니다.

4 E3 셀에 **=DSUM(표, "판매량", C2:D3)**을 입력합니다.

5 F3 셀에 **=DSUM(표, "금액",C2:D3)**을 입력합니다.

> DSUM은 데이터베이스 함수로서 조건에 맞는 데이터의 합계를 구합니다. DSUM(표, "판매량", C2:D3) 식은 "표"라고 정의된 데이터에서 C2:D3 셀의 조건에 맞는 "판매량"을 모두 더합니다. "판매량"은 데이터베이스의 실제 필드 제목이어야 합니다.

[추출16.xlsx], [추출16연습.xlsx]

SECTION 189

거래처를 선택해서 총 금액과 최대, 최저 금액을 구하려면

매출 기록 시트에서 콤보상자로 거래처를 선택해서 그 거래처의 총 거래 금액과 최대 거래 금액, 최저 거래 금액을 구하려면 어떻게 하나요? 데이터베이스 함수를 사용하면 될 것 같은데 시트를 만들어 주세요.

콤보상자에서 거래처 선택할 때마다 옆의 총 금액과 최대 금액, 최저 금액이 변합니다.

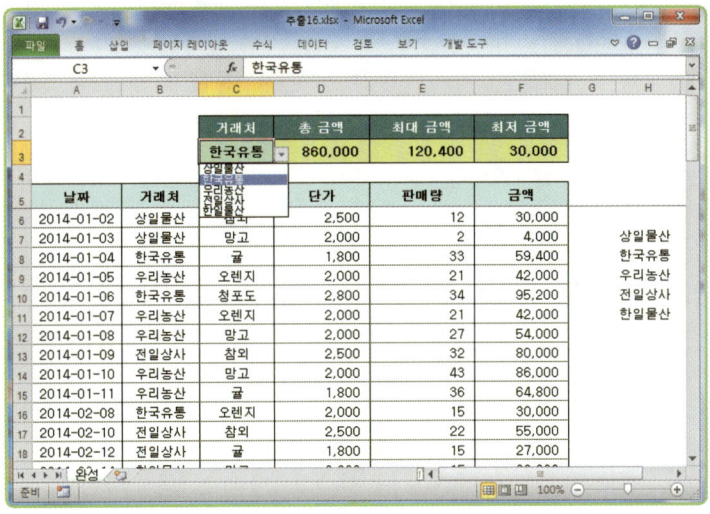

① 데이터 셀을 하나 클릭하고 [Ctrl] + [A] 키를 눌러 표 전체에 범위를 지정하고 [이름 상자]에 "표"를 입력합니다.

② C3 셀을 클릭하고 메뉴에서 [데이터][데이터 도구][데이터 유효성 검사]를 선택합니다. [제한 대상]에서 "목록"을 선택하고 [원본] 안을 클릭한 후 H7:H11 셀을 드래그합니다.

SECTION-189 | 거래처를 선택해서 총 금액과 최대, 최저 금액을 구하려면 ● 295

③ D3 셀에 **=DSUM(표,"금액", C2:C3)**을 입력합니다.

④ E3 셀에 **=DMAX(표,"금액",C2:C3)**을 입력합니다.

⑤ F3 셀에 **=DMIN(표,"금액",C2:C3)**을 입력합니다.

> DSUM 함수는 데이터베이스에서 조건에 맞는 데이터의 합계를 구합니다. DMAX 함수는 최대 값, DMIN 함수는 최소 값을 구합니다.
> DMAX(표,"금액",C2:C3) 식은 표에서 C2:C3 셀의 조건에 맞는 데이터의 "금액" 중 최대 값을 구합니다. "금액"은 데이터베이스의 실제 필드 제목이어야 합니다. DMIN 함수는 최소 값을 구합니다.

SECTION 190

단가와 판매량을 기준으로 거래건수와 평균금액을 구하려면

[추출17.xlsx], [추출17연습.xlsx]

판매 기록을 정리한 시트가 있습니다. 여기서 제가 지정한 단가와 판매량 조건을 만족시키는 데이터에 대해서만 거래 건수와 거래 금액의 합계, 평균 거래 금액 등을 구하려면 어떻게 하나요? 데이터베이스 함수를 사용해서 해결할 수 있을 것 같은데요.

B3 셀에 단가 조건을 지정하는 관계식을 입력하고, C3 셀에 판매량 조건을 지정하는 관계식을 입력해보세요. 그 관계식들을 충족시키는 값들이 구해집니다.

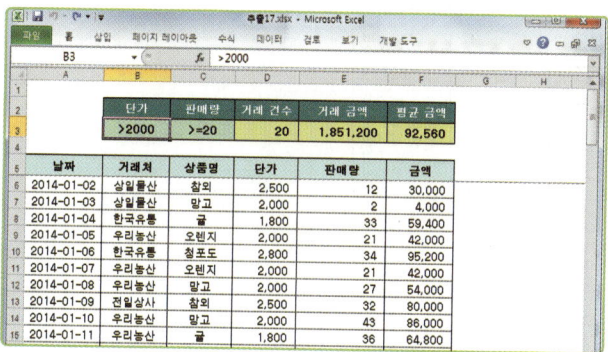

① 데이터 셀을 하나 클릭하고 Ctrl + A 키를 눌러 표 전체에 범위를 지정하고 [이름 상자]에 "표"를 입력하고 D3 셀에 =DCOUNT(표, "단가",B2:C3)을 입력합니다.

② E3 셀에 =DSUM(표, "금액",B2:C3)을 입력한 후 F3 셀에 =DAVERAGE(표, "금액",B2:C3)을 입력합니다.

> DCOUNT(표,"단가",B2:C3) 식은 개수를 세는 함수입니다. 표에서 B2:C3 셀의 조건에 맞는 데이터의 "단가"의 개수를 셉니다. 데이터의 개수를 세는 것이기 때문에, 여기서는 "단가"가 아닌 다른 필드 이름을 사용해도 됩니다. 평균 금액은 DAVERAGE 함수로 계산했습니다.

[추출18.xlsx], [추출18연습.xlsx]

SECTION 191
특정 월일부터 특정 월일까지의 데이터 개수와 값의 합계를 구하려면

매출을 기록한 시트에서 날짜를 기준으로 거래 건수와 거래 금액의 합계를 구하려고 합니다. 예를 들어, 1월 2일부터 2월 10일까지의 거래 건수와 거래 금액의 합계를 구하려면 어떻게 하나요?

2개의 날짜를 관계식으로 입력하세요. 그러면 해당 날짜 구간의 값만 구해집니다.

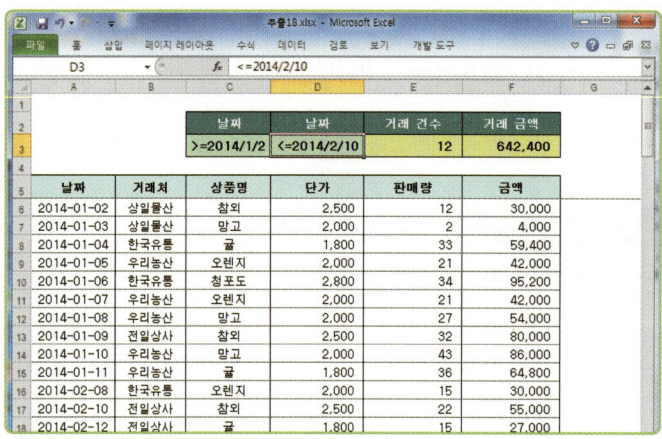

1. 데이터 셀을 하나 클릭하고 Ctrl + A 키를 눌러 표 전체에 범위를 지정하고 [이름 상자]에 "표"를 입력합니다.

2. E3 셀에 =DCOUNT(표,"단가",C2:D3)을 입력합니다.

3. F3 셀에 =DSUM(표,"금액",C2:D3)을 입력합니다.

데이터베이스 함수인 DCOUNT와 DSUM을 이용해서 개수와 합계를 구합니다. 날짜는 엑셀 내부에서 정수로 표현되기 때문에 일반 정수와 동일한 형식으로 관계식을 사용하면 됩니다.

SECTION 192

[추출19.xlsx], [추출19연습.xlsx]

항목을 선택해서 해당 데이터를 조회하려면

상가를 분양하는 회사에 근무하고 있습니다. 상가를 분양할 때마다 고객의 정보를 엑셀 시트에 기록해두었습니다. 그런데 부장님이 일일이 찾아보기가 힘이 드신답니다. 그래서 고객 이름을 선택하면 그 고객의 분양 날짜, 분양 금액, 현재 납입액, 납입율, 잔액 등의 정보를 볼 수 있는 표를 만들고 싶습니다. 간단한 방법 좀 알려주세요.

이름을 콤보상자에서 선택하면 그 사람의 분양 정보가 표시됩니다.

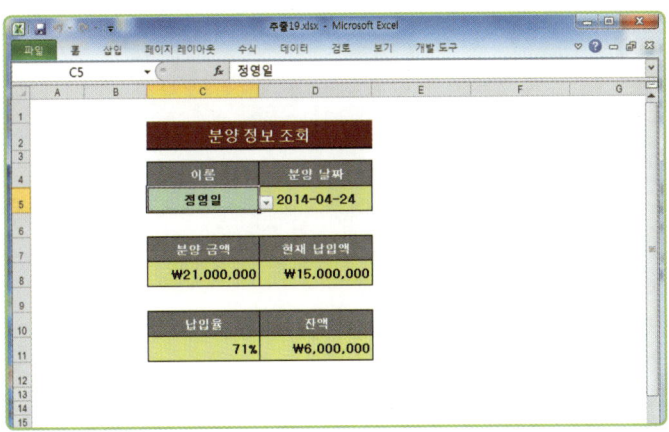

① "데이터" 시트에서 셀을 하나 클릭하고 Ctrl + A 키를 눌러 표 전체에 범위를 지정하고 [이름 상자]에 "표"를 입력합니다.

② "데이터" 시트의 A2 셀을 클릭하고 Ctrl + Shift + ↓ 키를 누릅니다. [이름 상자]에 "이름"을 입력합니다.

③ "연습" 시트의 C5 셀을 클릭하고 메뉴에서 [데이터][데이터 도구][데이터 유효성 검사]를 선택합니다. [제한 대상]에서 "목록"을 선택하고, [원본] 안에 "=이름"을 입력한 후 [확인]을 클릭합니다.

④ D5 셀에 **=DGET(표,D4,$C$4:$C$5)**를 입력합니다.

⑤ C8 셀에 **=DGET(표,C7,$C$4:$C$5)**를 입력합니다.

⑥ D8 셀에 **=DGET(표,D7,$C$4:$C$5)**를 입력합니다.

⑦ C11 셀에 **=DGET(표,C10,$C$4:$C$5)**를 입력합니다.

⑧ D11 셀에 **=DGET(표,D10,$C$4:$C$5)**를 입력합니다.

> DGET 함수는 데이터베이스에서 조건에 맞는 데이터를 가져옵니다.
> DGET(표,D4,$C$4:$C$5) 식은 표에서 C4:C5 셀의 조건에 맞는 D4 셀의 값을 가져옵니다. D4 셀에는 실제 필드 제목이 있어야 합니다.

[추출20.xlsx], [추출20연습.xlsx]

SECTION 193 내 맘대로 조건을 구성하는 자동 검색기를 만들려면?

데이터베이스 함수를 사용하거나 고급 필터를 사용할 때 가끔 관계식을 입력하게 되잖아요. 그런데 관계식을 자주 사용하지 않으니까 자꾸 잊어버립니다. 이 관계식을 자동으로 만드는 방법은 없을까요? 넘 무린가요?

연산자 선택에서 콤보상자로 2개의 관계 연산자를 선택하세요. 그리고 그 아래의 날짜 선택에서 2개의 날짜를 선택합니다. 그러면 8행에 관계식이 표시되고 그 식에 맞는 잔액의 총계가 구해집니다. 날짜는 오름차순으로 소트되어 있습니다.

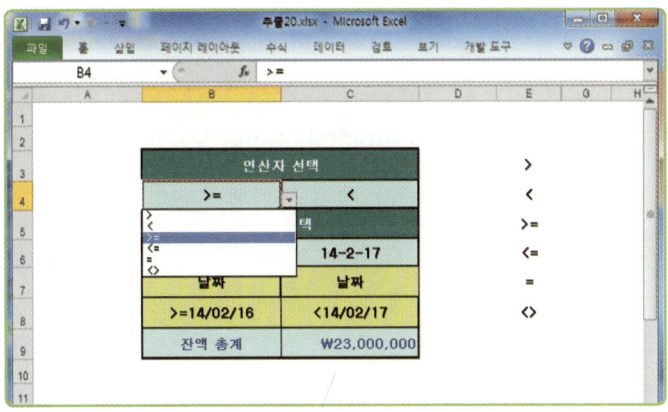

① "데이터" 시트에서 셀을 하나 클릭하고 [Ctrl] + [A] 키를 눌러 표 전체에 범위를 지정하고 [이름 상자]에 "표"를 입력합니다.

② "데이터" 시트의 B2 셀을 클릭하고 [Ctrl] + [Shift] + [↓] 키를 누릅니다. [이름 상자]에 "날짜"를 입력합니다.

③ "연습" 시트의 B4 셀을 선택하고 메뉴에서 [데이터][데이터 도구][데이터 유효성 검사]를 선택합니다. [제한 대상]에서 "목록"을 선택하고 [원본] 안을 클릭한 후, E3:E8 셀을 드래그합니다. [확인]을 클릭합니다.

④ "연습" 시트의 C4 셀을 선택하고 메뉴에서 [데이터][데이터 도구][데이터 유효성 검사]를 선택합니다. [제한 대상]에서 "목록"을 선택하고 [원본] 안을 클릭한 후, E3:E8 셀을 드래그합니다. [확인]을 클릭합니다.

⑤ "연습" 시트의 B6 셀을 선택하고 메뉴에서 [데이터][데이터 도구][데이터 유효성 검사]를 선택합니다. [제한 대상]에서 "목록"을 선택하고 [원본] 안에 "**=날짜**"를 입력하고, [확인]을 클릭합니다.

⑥ "연습" 시트의 C6 셀을 선택하고 메뉴에서 [데이터][데이터 도구][데이터 유효성 검사]를 선택합니다. [제한 대상]에서 "목록"을 선택하고 [원본] 안에 "**=날짜**"를 입력하고, [확인]을 클릭합니다.

⑦ B8 셀에 **=B4&TEXT(B6,"yy/mm/dd")**를 입력합니다.

⑧ C8 셀에 **=C4&TEXT(C6,"yy/mm/dd")**를 입력합니다.

⑨ C9 셀에 **=DSUM(표,"잔액",B7:C8)**를 입력합니다.

> B4&TEXT(B6,"yy/mm/dd") 식은 B4 셀에서 선택된 관계 연산자와 B6 셀에서 선택된 날짜를 결합해서 조건식을 만듭니다. 문자를 연결하는 텍스트 연산인데 B6 셀은 날짜이기 때문에 TEXT 함수로 날짜 서식을 지정해서 올바른 날짜 형 표시되도록 했습니다. DSUM 식은 B7:C8 셀의 날짜에 해당되는 데이터만 잔액을 더합니다.

[추출21.xlsx], [추출21연습.xlsx]

SECTION 194
특정 날짜로부터 특정 일 이후의 값만 계산하려면?

데이터베이스 함수를 사용해서 조건에 맞는 데이터만 값을 구하려고 합니다. 그런데 조건이 단순하게 주어지지 않고 예를 들어, 2014년 3월 1일 이후 20일 지난 데이터부터 값을 구하려면 어떻게 하나요? 날짜 식을 만드나요?

날짜 조건이라는 임의의 제목으로 항목을 만들고 그 아래에 날짜 식을 입력한 후 그 2개 행을 조건으로 지정해서 값을 구하면 됩니다.

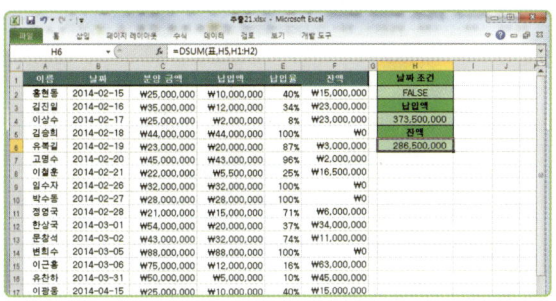

1 셀을 하나 클릭하고 Ctrl + A 키를 눌러 표 전체에 범위를 지정하고 [이름 상자]에 "**표**"를 입력하고 B2 셀을 클릭하고 Ctrl + Shift + ↓ 키를 누릅니다. [이름 상자]에 "**날짜**"를 입력합니다.

2 B2 셀에 **=날짜〉DATE(2014,3,1)+20**을 입력하고 H4 셀에 **=DSUM(표,H3,H1:H2)**를 입력합니다.

3 H6 셀에 **=DSUM(표,H5,H1:H2)**를 입력합니다.

조건에 날짜로 식을 만들었습니다. 이 때 조건의 제목은 임의로 지정하면 됩니다. DATE 함수로 날짜를 지정하고 덧셈으로 지난 날짜를 계산합니다. DSUM 함수에서는 반드시 조건의 제목도 포함시켜 조건(H1:H2)을 기술해야 합니다.

EXCEL / PART 09

엑셀 함수 Q&A

자동화된 실무 차트 만들기

Q & A

[차트1.xlsx], [차트1연습.xlsx]

SECTION 195
콤보 상자로 선택한 월의 차트를 그리려면

2013년부터 2016년까지 4년간 저희 사이트에 신규로 가입한 인원수를 정리한 시트가 있습니다. 매년 1월에서 12월까지 신규 가입자 수가 기록되어 있는데 이 가입자 수를 월별로 차트에 그리려고 합니다. 콤보 상자에서 "1월"을 선택하면 년도별로 1월의 가입자 수가 차트로 그려지게 해주세요.

"완성" 시트의 콤보 상자에서 월을 선택하면 "데이터" 시트에 있는 해당 월의 4개 년도 데이터가 차트로 그려집니다.

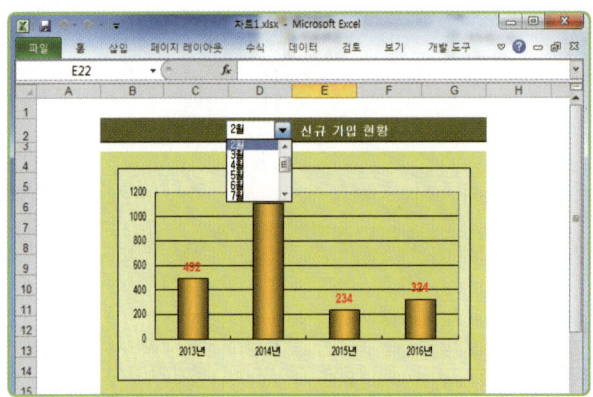

① [차트1연습.xlsx]의 "연습" 시트에는 "데이터" 시트의 A3:E4 셀의 데이터로 기본 차트를 그려놓았습니다. "연습" 시트로 와서 메뉴에서 [개발도구][컨트롤][삽입][양식 컨트롤][콤보 상자]를 선택합니다.

개발도구 탭이 없으면 [파일][옵션][리본 사용자 지정]에서 설정하면 됩니다.

② D2 셀 위치에 콤보 상자를 그립니다. 콤보 상자 위에서 단축 메뉴를 부르고 [컨트롤 서식]을 선택합니다.

③ [컨트롤] 탭에서 [입력 범위] 안을 클릭하고 "데이터" 시트의 A4:A15 셀을 드래그합니다.

④ [셀 연결] 안을 클릭하고 "연습" 시트의 제목 아래의 D3 셀을 클릭합니다.

⑤ [목록 표시 줄 수]를 8로 지정하고 [3차원 음영]의 체크를 해제한 후 [확인]을 클릭합니다. 이제 콤보 상자에서 월을 선택하면 순서 번호가 D3 셀에 표시됩니다.

⑥ 메뉴에서 [수식][정의된 이름][이름 정의]를 선택합니다. [이름]에 "원본"을 입력하고 [참조 대상]에 =OFFSET(데이터!$A$3,연습!$D$3,1,1,4)를 입력한 후, [확인]을 클릭합니다. 동적으로 월의 데이터를 지정하는 식입니다.

⑦ 차트를 클릭하고 단축 메뉴를 불러 [데이터 선택]을 클릭합니다.

⑧ [범례 항목]에 현재 표시되어 있는 "1월"을 [제거] 버튼을 클릭해서 지웁니다. [추가]를 클릭합니다.

⑨ 옆의 [계열 값] 상자에 "=차트1연습.xlsx!원본"을 입력하고 [확인]을 클릭합니다.

⑩ [가로 축 레이블]의 [편집]을 클릭하고 "데이터" 시트의 B3:E3 셀을 드래그합니다. [확인]을 클릭합니다.

⑪ "연습" 시트의 D3 셀을 클릭하고 [글꼴색]을 하얀색으로 지정해서 보이지 않게 합니다. 이제 차트의 각 요소에 원하는 서식을 지정하면 됩니다.

> "연습" 시트의 콤보 상자에서 월을 선택할 때마다 "데이터" 시트에서 그 월의 데이터로 차트를 그려야 한다는 것이 핵심입니다. 콤보 상자에서 월을 선택할 때마다 셀 연결에 지정된 D3 셀에 순서 번호가 표시되므로 이 번호를 이용합니다.
> "원본"이라고 정의된 OFFSET(데이터!$A$3,연습!$D$3,1,1,4) 식이 동적으로 해당 월의 데이터 범위를 지정하는 역할을 합니다.
> 최종적으로 차트가 바뀌어야 하므로 차트의 [데이터 원본 선택] 창에서 차트의 막대를 의미하는 [계열 값]의 값을 "차트1연습.xlsx!원본"으로 수정합니다. 그리고 가로 축 레이블을 지정합니다.

[차트2.xlsx], [차트2연습.xlsx]

SECTION 196
옵션 단추로 선택해서 해당 데이터의 차트를 그리려면

대리점별, 제품별로 판매 실적을 기록한 2차 테이블이 있습니다. 이 테이블의 데이터를 기반으로 차트를 그리려고 합니다. 그런데 대리점별로 옵션 단추를 만들어 놓고 특정 대리점의 옵션 단추를 클릭하면 그 대리점의 차트가 아래에 그려지게 하려면 어떻게 하는지 자세히 설명해 주시면 감사하겠습니다!

"완성" 시트의 대리점 옵션 버튼을 클릭하면 그 대리점의 차트가 그려집니다.

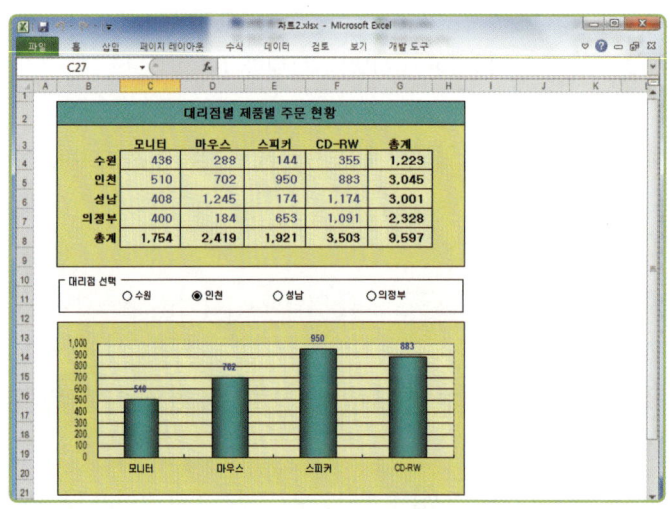

① [차트2연습.xlsx] 파일에는 B3:F4 셀의 데이터로 기본 차트를 그려놓았습니다. 메뉴에서 [개발도구][컨트롤][삽입][양식 컨트롤][그룹 상자]를 선택합니다.

개발도구 탭이 없으면 [파일][옵션][리본 사용자 지정]에서 설정하면 됩니다.

② 차트와 표 사이에 그룹 상자를 그린 후 제목을 "대리점 선택"으로 수정합니다. [양식 컨트롤][옵션 단추] 도구를 클릭하고 그룹 상자 안에 옵션 단추를 하나 그립니다.

③ 옵션 단추 위에서 단축 메뉴를 부르고 [컨트롤 서식]을 선택합니다. [컨트롤] 탭에서 [선택하지 않은 상태]에 체크를 하고, [셀 연결] 안을 클릭한 후, G10 셀 클릭합니다. [3차원 음영]의 체크 표시를 해제하고 [확인]을 클릭합니다.

④ 이제 옵션 단추를 복사해서 3개의 옵션 단추를 더 만듭니다.

⑤ 옵션 단추를 마우스 오른쪽 버튼으로 클릭해서 선택한 후 단추 텍스트를 대리점 이름으로 모두 수정합니다. 이제 옵션 단추를 클릭하면 G10 셀에 순서 번호가 표시됩니다.

⑥ 메뉴에서 [수식][정의된 이름][이름 정의]를 선택합니다. [이름]에 "**원본**"을 입력하고, [참조 대상]에 "**=OFFSET($C$3,$G$10,0,1,4)**"를 입력하고 [확인]을 클릭합니다.

⑦ 차트를 클릭하고 단축 메뉴에서 [데이터 선택]을 클릭합니다. [범례 항목]에 표시된 데이터를 [제거] 버튼을 클릭해서 삭제하고 [추가] 버튼을 클릭합니다. [계열 값]에 "**=차트2연습.xlsx!원본**"을 입력하고 [확인]을 클릭합니다.

⑧ [가로 축 레이블]의 [편집]을 클릭한 후 C3:F3 셀을 드래그하고 [확인]을 클릭합니다.

⑨ G10 셀을 클릭한 후 단축 메뉴를 부르고, [셀 서식]을 선택한 후 [표시 형식][범주][사용자 지정]을 선택하고 [형식]에 ";;;"을 입력한 후 [확인]을 클릭합니다. 그러면 G10 셀의 내용이 보이지 않습니다. 이제 차트의 서식을 지정하면 됩니다.

> "연습" 시트의 옵션 단추에서 대리점을 선택할 때마다 그 행의 데이터를 가져와야 한다는 것이 핵심입니다. 옵션 단추를 선택할 때마다 셀 연결에 지정된 G10 셀에 순서 번호가 표시되므로 그 번호를 이용합니다.
> "원본"이라고 정의된 OFFSET($C$3,$G$10,0,1,4) 식이 동적으로 해당 행을 지정하는 역할을 합니다. 옵션 단추를 선택할 때마다 차트가 바뀌어야 하므로 차트의 [데이터 원본 선택] 창에서 차트의 막대를 의미하는 [계열 값]의 값을 "차트2연습.xlsx!원본"으로 수정합니다. 그리고 가로 축 레이블을 지정합니다.
> 서식을 ;;;로 지정하면 셀의 내용이 보이지 않습니다.

[차트3.xlsx], [차트3연습.xlsx]

S·E·C·T·I·O·N 197
목록 상자로 선택해서 해당 데이터의 차트 그리기

제품별 지역별로 판매 실적을 집계한 2차 테이블이 있습니다. 제품은 5개이고 지역은 4개입니다. 목록 상자를 만들어 두고 그 상자에서 제품을 선택하면 그 제품에 대해서만 지역별로 차트가 그려지게 해야 합니다.

차트 위에 있는 목록 상자에서 제품을 선택해보세요. 차트가 그 제품의 데이터로 다시 표시됩니다.

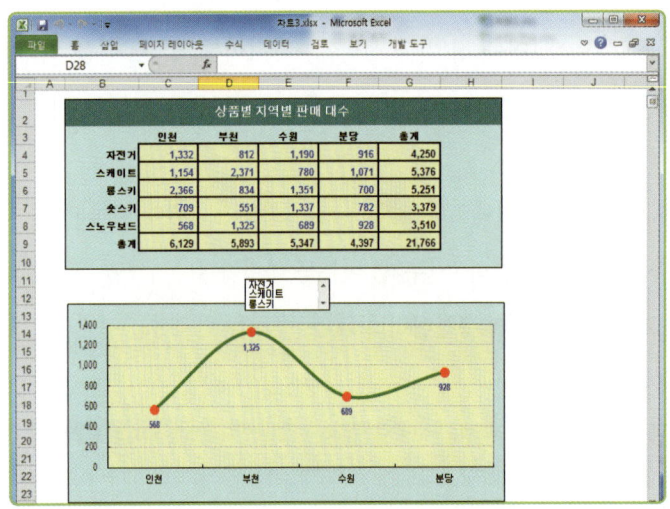

① [차트3연습.xlsx]에는 B3:F4 셀의 데이터로 기본 차트를 그려두었습니다. 메뉴에서 [개발 도구][컨트롤][삽입][양식 컨트롤][목록 상자]를 클릭합니다.

개발도구 탭이 없으면 [파일][옵션][리본 사용자 지정]에서 설정하면 됩니다.

② 차트 위에 목록 상자를 그립니다. 목록 상자 위에서 단축 메뉴를 부르고 [컨트롤 서식]을 선택합니다.

③ [컨트롤] 탭에서 [입력 범위] 안을 클릭한 후, B4:B8 셀을 드래그합니다. [셀 연결] 안을 클릭하고 H11 셀을 클릭합니다. [선택 유형]에서 "한 개"에 체크하고 [3차원 음영]의 체크 표시를 해제한 후 [확인]을 클릭합니다. 이제 목록 상자에서 제품을 선택하면 H11 셀에 순서 번호가 표시됩니다.

④ 메뉴에서 [수식][정의된 이름][이름 정의]를 선택합니다. [이름]에 "원본"을 입력하고, [참조 대상]에 "=OFFSET($C$3,$H$11, 0,1,4)"를 입력하고 [확인]을 클릭합니다.

⑤ 차트를 클릭하고 단축 메뉴[데이터 선택]을 선택합니다. [범례 항목]에 표시된 "자전거"를 [제거] 버튼을 클릭해서 삭제하고, [추가] 버튼을 클릭합니다. [계열 값]에 "=차트3연습.xlsx!원본"을 입력하고 [확인]을 클릭합니다.

⑥ [가로 축 레이블]의 [편집]을 클릭하고 C3:F3 셀을 드래그하고 [확인]을 클릭합니다.

⑦ 꺾은 선을 클릭하고 단축 메뉴를 불러 [데이터 계열 서식]을 선택하고 [선 스타일]에서 [완만한 선]에 체크를 합니다. 그 외 원하는 서식을 지정하고 [확인]을 클릭합니다.

⑧ H11 셀을 클릭하고 [글꼴색]을 하얀색으로 지정해서 보이지 않게 합니다.

"연습" 시트의 목록 상자에서 제품을 선택할 때마다 그 행의 데이터를 가져와야 한다는 것이 핵심입니다. 제품을 선택할 때마다 셀 연결에 지정된 H11 셀에 순서 번호가 표시되므로 그 번호를 이용합니다.

"원본"이라고 정의된 OFFSET($C$3,$H$11,0,1,4) 식이 동적으로 해당 행을 지정하는 역할을 합니다.

제품을 선택할 때마다 차트가 바뀌어야 하므로 차트의 [데이터 원본 선택] 창에서 차트의 막대를 의미하는 [계열 값]의 값을 "차트3연습.xlsx!원본"으로 수정합니다. 그리고 가로 축 레이블을 지정합니다.

[차트4.xlsx], [차트4연습.xlsx]

SECTION 198
스크롤 막대로 선택한 값의 구간만 차트를 그리려면

1년 동안 매일 우리 카페에 새로 가입한 회원 수를 기록한 시트가 있습니다. 날짜와 인원수만으로 구성되는데 문제는 이 데이터를 차트로 표현하기가 어렵다는 것입니다. 데이터가 너무 많아서 특정 날짜 구간만 설정해서 그 동안의 데이터만으로 동적으로 차트를 그리고 싶습니다. 방법을 알려주세요.

"완성" 시트에는 데이터가 기록되어 있는 A열과 B열이 숨겨져 있습니다. [시작일]을 설정하고 [표시 일수]를 조절하면 그에 해당하는 데이터만으로 차트가 그려집니다.

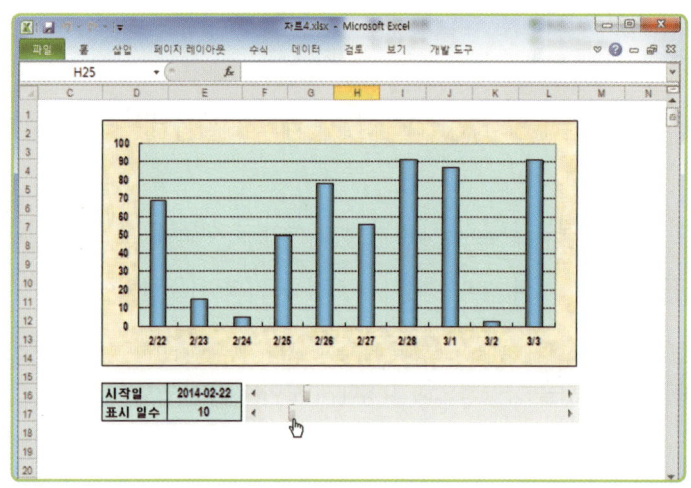

① [차트4연습.xlsx]에는 A2:B5 셀의 데이터로 미리 기본 차트가 그려져 있습니다. 메뉴에서 [개발도구][컨트롤][삽입][양식 컨트롤][스크롤 막대]를 클릭하고 시작일 옆에 스크롤 막대를 그립니다.

개발도구 탭이 없으면 [파일][옵션][리본 사용자 지정]에서 설정하면 됩니다.

② 스크롤 막대 위에서 단축 메뉴를 부르고 [컨트롤 서식]을 선택합니다. [컨트롤] 탭에서 [최소값]은 1, [최대값]은 365, [증분 변경]은 1, [페이지 변경]은 10을 입력합니다. [셀 연결] 안을 클릭하고 M16 셀을 클릭한 후, [3차원 음영]의 체크 표시를 해제하고 [확인]을 클릭합니다.

[증분 변경]은 스크롤 막대의 양쪽 끝 화살표를 클릭했을 때 증가하는 값이고, [페이지 변경]은 막대의 임의의 중간 위치를 클릭했을 때 증가하는 값입니다.

③ 다시 [양식 컨트롤]에서 [스크롤 막대]를 클릭하고 표시 일수 옆에 스크롤 막대를 그립니다.

④ 스크롤 막대 위에서 단축 메뉴를 부르고 [컨트롤 서식]을 선택합니다. [컨트롤] 탭에서 [최소값]은 1, [최대값]은 100, [증분 변경]은 1, [페이지 변경]은 10을 입력합니다. [셀 연결] 안을 클릭하고 M17 셀을 클릭한 후, [3차원 음영]의 체크 표시를 해제하고 [확인]을 클릭합니다.

⑤ E16 셀에 =DATE(2014,1,1)+M16−1을 입력합니다.

⑥ E17 셀에 =M17을 입력합니다.

⑦ 메뉴에서 [수식][정의된 이름][이름 정의]를 선택하고, [이름]에 "날짜"를 입력하고 [참조 대상]에 =OFFSET($A$1,$M$16,0,$M$17,1)를 입력한 후, [확인]를 클릭합니다.

PART-09
자동화된
실무 차트 만들기

⑧ 다시 [수식][정의된 이름][이름 정의]를 선택해서 [이름]에 "**가입**"을 입력하고 [참조 대상]에 **=OFFSET(날짜,0,1,,)**을 입력한 후 [확인]을 클릭합니다.

⑨ 차트의 막대를 클릭하고 [수식 입력줄]의 식을 다음과 같이 수정합니다.
=SERIES(,차트4연습.xlsx!날짜,차트4연습.xlsx!가입,1)

⑩ 차트를 클릭하고 단축메뉴에서 [데이터 선택]를 클릭하고 [숨겨진 셀/빈 셀]을 클릭합니다. [숨겨진 행 및 열에 대한 데이터 표시]에 체크를 하고 [확인]을 클릭합니다. 이 작업은 나중에 데이터가 있는 A열과 B열을 [숨기기]를 해도 차트가 표시되게 합니다.

⑪ A열과 B열의 머리글을 드래그하고 단축 메뉴를 불러 [숨기기]를 선택합니다.

⑫ M16 셀과 M17 셀의 [글꼴색]을 하얀색으로 지정해서 보이지 않게 합니다.

[시작일]의 행부터 [표시 일수]의 행만큼을 데이터로 지정해야 합니다. 시작일의 행은 M16 셀의 값으로 결정하고, [표시 일수]는 M17 셀 값으로 결정합니다. 그러나 이들이 동적으로 지정되어야 하기 때문에 OFFSET 함수를 사용합니다.

OFFSET($A$1,$M$16,0,$M$17,1) 식으로 "날짜" 열의 동적 범위를 지정합니다. OFFSET(날짜,0,1,,) 식으로 "가입자 수" 열의 동적 범위를 지정합니다. OFFSET(날짜,0,1,,) 식은 날짜의 OFFSET 식에서 결정된 날짜 행을 기준으로 그 옆의 열 값, 즉 가입자 수를 지정합니다.

SERIES 함수는 데이터 계열을 표시하는 함수로 우리는 SERIES(,차트4연습.xlsx!날짜,차트4연습.xlsx!가입,1) 식을 사용합니다.

이 식의 첫 번째 인수는 데이터 계열의 이름인데 여기서는 생략되었습니다. 두 번째 인수 "차트4연습.xlsx!날짜"는 X 값을 의미합니다. 세 번째 인수 "차트4연습.xlsx!가입"은 Y 값을 의미합니다. 네 번째 인수 "1"은 계열의 순서 번호를 지정하는데 여기서는 계열이 1개 이므로 1을 사용합니다.

[차트5.xlsx], [차트5연습.xlsx]

SECTION 199
행을 선택하면 그 행의 데이터로 차트가 그려지게

지역별, 연령대별로 자사의 제품을 구입한 인원 비율을 기록해두었습니다. 2차원 표로 만들어두었는데 여기서 지역을 선택하면 그 지역의 데이터로 차트가 그려지게 해주세요. 콤보 상자나 옵션 단추를 사용하지 않고 만드는 방법은 없나요?

B열에서 지역을 선택하고 F9 키를 눌러보세요. 그 지역의 데이터로 차트가 변합니다.

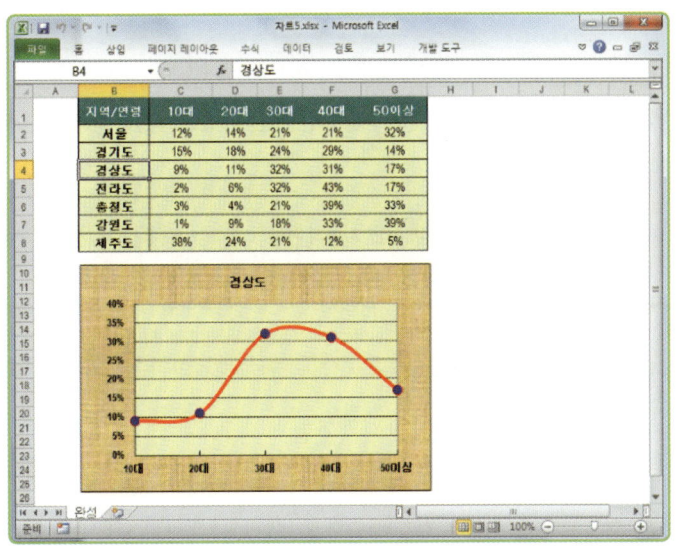

① [차트5연습.xlsx]에는 B1:G2 셀의 데이터로 기본 차트를 만들어 두었습니다.

② 메뉴에서 [수식][정의된 이름][이름 정의]를 선택합니다. [이름]에 "**데이터**"를 입력하고 [참조 대상]에 **=OFFSET($B2,0,1,1,5)**를 입력하고 [확인]을 클릭합니다.

③ 다시 [수식][정의된 이름][이름 정의]를 선택하고 [이름]에 "**제목**"을 입력한 후, [참조 대상]에 **=OFFSET($B2,0,0)**을 입력한 후 [확인]을 클릭합니다.

SECTION-199 | 행을 선택하면 그 행의 데이터로 차트가 그려지게 • **315**

④ 차트를 클릭하고 메뉴에서 [데이터 선택]을 클릭합니다. [범례 항목]에 표시된 "서울"을 [제거]를 클릭해서 삭제합니다. [추가]를 클릭합니다. [계열 이름]에 **=차트5연습.xlsx!제목**을 입력합니다. [계열 값]에 **=차트5연습.xlsx!데이터**를 입력하고 [혹인]을 클릭합니다. [가로 축 레이블][편집]을 클릭하고 시트에서 C1:G1 셀을 드래그합니다. [확인]을 연달아 클릭합니다.

⑤ 꺾은 선을 클릭하고 단축 메뉴를 부른 후 [데이터 계열 서식]을 선택합니다. [선 스타일]에서 [완만한 선]에 체크한 후 원하는 서식을 지정합니다.

F9 키는 현재의 값으로 재계산을 지시하는 키입니다. 그래서 현재 사용자가 클릭한 지역으로 식들이 재계산되면서 차트가 변하게 됩니다.

사용자가 행을 선택할 때마다 차트의 데이터가 변해야 합니다. 또한 차트의 제목도 변해야 합니다. 그래서 "데이터"와 "제목"이라는 이름을 OFFSET 함수로 동적으로 정의해 놓고 [데이터 원본 선택]에서 이용합니다.

[차트6.xlsx], [차트연습6.xlsx]

SECTION 200
표에 추가되는 데이터도 자동으로 차트가 그려지게

이미 차트를 다 그려놓았는데 그 후에 데이터가 추가되는 경우, 추가되는 데이터가 자동으로 차트에 반영되게 하는 방법이 없을까요?

7행에 새로운 데이터를 입력해보세요. 그 데이터도 차트에 추가됩니다.

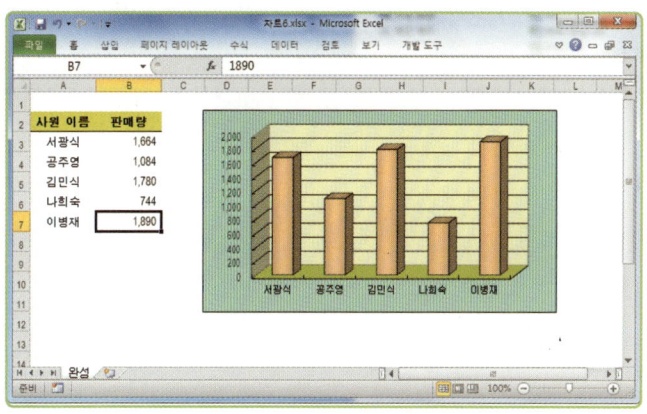

① [차트연습6.xlsx]에는 기존의 데이터인 A3:B6 셀의 값으로 차트가 그려져 있습니다. 메뉴에서 [수식][정의된 이름][이름 정의]를 선택합니다.

② [이름]에 "**이름**"을 입력한 후, [참조 대상]에 다음 식을 입력하고 [확인]을 클릭합니다.
=OFFSET($A$3,0,0,COUNTA($A:$A)−1)

③ 다시 [수식][정의된 이름][이름 정의][이름]에 "**판매**"를 입력한 후, [참조 대상]에 =OFFSET($B$3,0,0,COUNTA($B:$B)−1)을 입력합니다. [확인]을 클릭합니다.

차트의 막대를 클릭하고 [수식 입력줄]의 식을 **=SERIES(,차트6연습.xlsx!이름,차트6연습.xlsx!판매,1)**로 수정합니다.

> 차트로 그려질 데이터의 범위를 OFFSET 함수를 이용해서 동적으로 지정합니다. COUNTA 함수로 현재 데이터가 입력되어 있는 마지막 행을 찾습니다. 1을 뺀 것은 표의 2행에 제목이 있기 때문입니다.
>
> 데이터 계열을 표시하는 SERIES(,차트6연습.xlsx!이름,차트6연습.xlsx!판매,1) 식에서 첫 번째 인수는 생략되었습니다. 두 번째 인수 "차트6연습.xlsx!이름"은 X 값을 의미합니다. 세 번째 인수 "차트6연습.xlsx!판매"는 Y 값을 의미합니다. 네 번째 인수 "1"은 계열의 순서 번호를 지정합니다.

[차트7.xlsx]

SECTION 201
몇 개씩 데이터를 건너뛰면서 차트를 그리려면

차트에 표시되는 데이터를 조절하고 싶습니다. 예를 들어, 10일부터 30일까지 데이터가 있는데 2일 간격으로 또는 3일 간격으로 건너뛰면서 차트를 그리는 방법은 없을까요? 건너뛰는 간격을 자유롭게 지정하면서 차트를 그리는 방법을 알려주세요.

선택의 버튼을 클릭하고 1을 선택하면 1일부터 3일씩 건너서 차트가 표시되고, 2, 3을 선택하면 2일이나 3일부터 3일씩 간격으로 차트가 표시됩니다. A1 셀에 3이 있습니다.

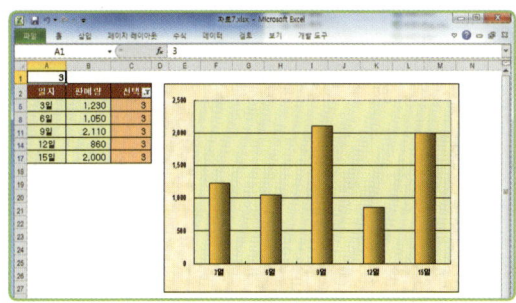

① A1 셀에 3을 입력합니다. 3일 간격을 의미합니다.

② C3 셀에 =MOD(ROW()-ROW($A$3),$A$1)+1을 입력하고 채우기 핸들을 더블클릭해서 아래 데이터도 모두 채웁니다.

③ C2:C17 셀에 범위를 지정하고 메뉴에서 [데이터][정렬 및 필터][필터]를 선택합니다. 선택 필드의 버튼을 클릭하고 이제 1이나 2, 3을 선택하거나 [모두]를 선택해 보세요.

A1 셀에 4나 5를 입력하면 4일, 5일 간격으로 지정할 수 있습니다. ROW 함수는 해당 셀의 행 번호를 구합니다. 각 행의 번호에서 A3 행의 번호를 빼 그 행으로부터 떨어진 간격을 구하고, 그 값을 A1 셀의 값으로 나눈 나머지를 구합니다. 1을 더한 것은 0부터 시작되는 것을 피하기 위한 것입니다.

SECTION 202

항상 마지막 7개 데이터만 차트를 그리려면

[차트8.xlsx], [차트8연습.xlsx]

알자별로 데이터가 있는데요. 모든 데이터에 대해 차트를 그리는 것이 아니라 마지막 7일 간의 데이터만으로 차트를 그릴 수는 없을까요. 데이터가 계속 추가될 예정이기 때문에 마지막 7일도 계속 변하게 됩니다.

15행 이후에 계속 새로운 데이터를 추가해보세요. 계속 마지막 7일분의 데이터만 차트에 그려집니다. 제일 마지막 데이터를 삭제도 해보세요.

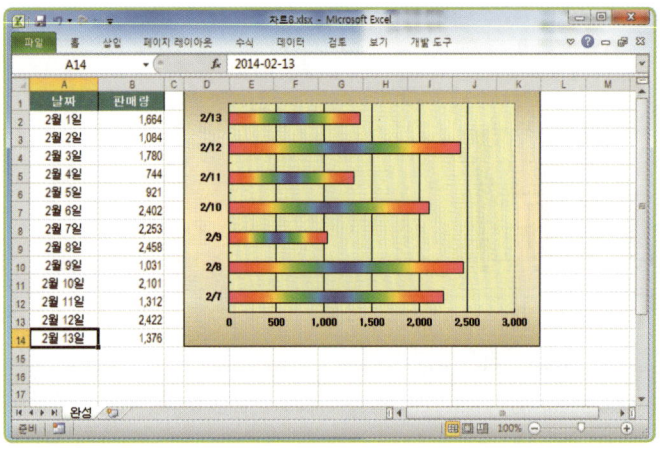

① [차트8연습.xlsx]에는 현재의 모든 데이터를 기반으로 차트가 그려져 있습니다. 우리는 이 차트가 계속 마지막 7일간의 데이터만 반영하도록 작업을 계속할 것입니다.

② 메뉴에서 [수식][정의된 이름][이름 정의]를 선택합니다. [이름]에 "**날짜**"를 입력하고 [참조대상]에 다음 식을 입력하고 [확인]을 클릭합니다.

=OFFSET(연습!$A$1,COUNTA(연습!$A:$A)-7,0,7,1)

3 다시 [수식][정의된 이름][이름 정의][이름]에 "**판매량**"을 입력하고 [참조 대상]에 다음 식을 입력하고 [확인]을 클릭합니다.

=OFFSET(연습!$B$1,COUNTA(연습!$B:$B)-7,0,7,1)

4 차트를 클릭하고 단축 메뉴를 불러 [데이터 선택]을 클릭합니다. [범례 항목]에서 [제거]를 클릭해서 기존 계열을 삭제한 후 [추가]를 클릭하고 [계열 값]에 "**=차트8연습.xlsx!판매량**"을 입력합니다. [가로 축 레이블][편집]을 클릭하고 "**=차트8연습.xlsx!날짜**"를 입력한 후, [확인]을 연달아 클릭합니다.

> 날짜와 판매량 모두 OFFSET 함수를 이용해서 데이터가 입력되어 있는 마지막 행으로부터 7개 행 위쪽부터(-7) 7개의 행을 동적으로 범위로 지정합니다.
>
> 그리고 그 범위를 차트에 반영하기 위해서 차트의 [데이터 원본 선택] 창에서 데이터 계열의 범위를 수정합니다. 데이터 원본 작업을 하지 않고 차트의 막대를 클릭하고 [수식 입력줄]에서 SERIES 함수를 다음과 같이 수정해도 됩니다.
>
> =SERIES(,차트8연습.xlsx!날짜,차트8연습.xlsx!판매량,1)
>
> 차트를 표시하는 이 식에서 날짜와 판매량이 마지막 7일 간의 동적 범위로 지정되어 있기 때문에 데이터가 추가되면 차트가 변합니다.

[차트9.xlsx]

SECTION 203 온도계 차트를 만들려면

신입 회원 배가 운동을 하고 있습니다. 1년 동안 1000명을 증가시키는 것이 목표랍니다. 엑셀로 표를 만들어두고 매월 말에 그 달에 새로 가입한 신입회원 수를 기록하고 있습니다. 그런데 이 증가하는 숫자를 온도계처럼 표시해보라고 합니다. 아래에서 위로 온도계가 올라가듯이 숫자가 증가하면 막대가 자꾸 위로 올라가게…

표에서 신입회원 수를 더 입력하거나 기존의 숫자를 지워보세요. 온도계처럼 막대가 오르내립니다.

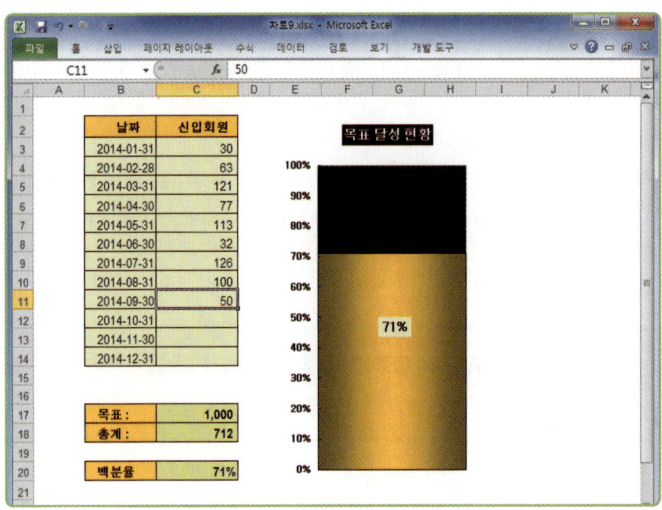

① C20 셀을 클릭하고 [삽입][차트][2차원 세로 막대형]의 첫 번째를 선택합니다.

② 그려진 차트의 제목을 클릭하고 **"목표 달성 현황"**으로 수정합니다.

③ [차트 도구][레이아웃]에서 [레이블][축][기본 가로 축][없음]을 클릭합니다. [레이블][범례][없음]을 클릭합니다. [레이블][데이터 레이블][가운데]를 클릭합니다.

④ 그려진 차트의 막대를 더블클릭해서 [데이터 계열 서식] 창을 부른 후 [계열 옵션][간격 너비]를 "간격 없음"으로 지정하고 [확인]을 클릭합니다. 그러면 막대가 차트에 꽉 차게 표시됩니다.

⑤ [세로 축]을 더블클릭해서 [축 서식] 창을 부르고 [축 옵션]에서 [최소값][고정]을 선택하고 0을 입력합니다. [최대값][고정]을 선택하고 1을 입력합니다. [닫기]를 클릭합니다.

⑥ [차트 도구][레이아웃][축][눈금선][기본 가로 축][없음]을 클릭합니다.

⑦ [세로 축]을 더블클릭해서 [축 서식] 창을 부르고 [선 색][선 없음]을 클릭한 후 [닫기]를 클릭합니다.

⑧ 이제 차트의 각 요소를 더블클릭하면서 서식을 지정하면 됩니다. 특히 [차트 영역]의 경우 [테두리 색]에서 [선 없음]을 지정합니다. 또한 [속성] 탭에서 [개체 위치 지정]을 "변하지 않음"으로 지정하면 행이나 열의 크기를 변화시키거나 삭제, 추가를 해도 차트의 모양이 변하지 않습니다.

> 작업 과정에서 [세로 축]의 [최소값]과 [최대값]의 [고정]에 체크 표시를 하고 0과 1을 값으로 입력하는 작업을 반드시 해야 합니다. 그렇지 않으면 항상 0%에서 100%까지 표시되지가 않습니다.

[차트10.xlsx]

SECTION 204
게이지 차트를 만들려면

백분율을 표시할 때 마치 계측기처럼 왼쪽에서 오른쪽으로 영역이 채워지는 차트를 만들어주세요. 기본적으로 원형 차트를 이용하면 될 것 같은데 만들다가 실패했습니다. 반원을 만들어야 하는데 그게 잘 안됩니다.

신입회원의 숫자를 수정하거나 더 입력해보세요. 그에 따라 영역이 변합니다.

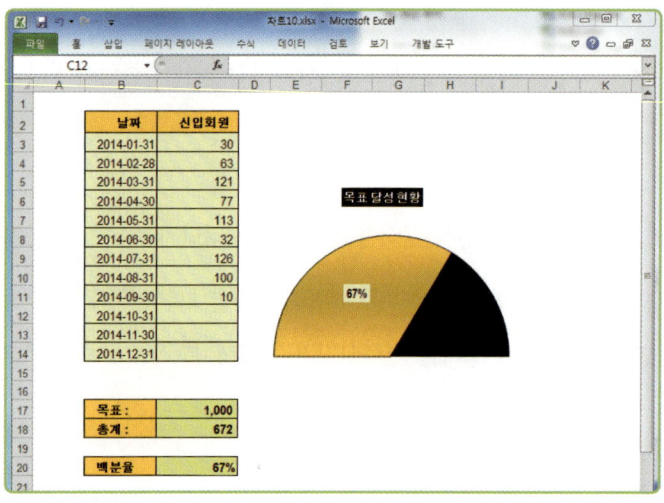

① C19:C21 셀을 드래그하고 [삽입][차트][원형][2차원 원형]의 첫 번째를 클릭합니다.

② [차트 도구][레이블][차트 제목][차트 위]를 선택하고 차트 제목을 "**목표 달성 현황**"으로 수정합니다. [레이블][범례]에서 [없음]을 선택합니다.

③ 원 위에서 단축 메뉴를 부르고 [데이터 계열 서식]을 선택합니다. [계열 옵션]에서 [첫째 조각의 각]을 90으로 조절하고 [닫기]을 클릭합니다.

④ 아래쪽 반원(계열 1 요소 1)을 선택하고 (오른쪽이나 왼쪽 화살표 키를 계속 누르면 차트의 각 요소를 쉽게 선택할 수 있습니다) 단축 메뉴를 불러 [데이터 요소 서식]을 선택합니다. [채우기]에서 "채우기 없음", [테두리 색]에서 "선 없음"에 체크하고 [닫기]를 클릭합니다.

⑤ 66%에 해당하는 [계열 1 요소 2] 조각을 선택하고 [차트 도구][레이아웃][레이블][데이터 레이블][가운데]를 클릭합니다.

⑥ [차트 영역]에서 단축 메뉴를 부르고 [차트 영역 서식]을 선택한 후 [테두리 색]의 "선 없음"에 체크합니다. [속성] 탭에서 "변하지 않음"에 체크를 한 후 [닫기]를 클릭합니다. 그러면 행과 열의 크기가 변해도 차트의 모양은 변하지 않습니다.

⑦ 이제 원의 위치를 이동시키는 등 모양을 내는 서식 작업을 계속하면 됩니다.

⑧ C19, C21 셀의 글꼴색을 하얀색으로 지정해서 보이지 않게 합니다.

> 기본적으로 원형 차트를 사용합니다. 총 200%로 원형 차트를 그린 후 100%에 해당되는 부분을 투명하게 만들어서 보이지 않게 하는 것이 핵심입니다.

[차트11.xlsx]

SECTION 205 좌우 대칭형 차트를 만들려면

사이트를 방문해서 자료를 다운로드한 방문자 수를 기록한 시트가 있습니다. 상반기와 하반기로 나누고 지역을 7개로 나누어 인원수를 기록하고 있지요. 이 표를 차트로 그리려고 하는데 상반기는 왼쪽 막대로, 하반기는 오른쪽 막대로 그리려면 어떻게 해야 할지 알려 주세요. 가능하면 양쪽이 정확하게 대칭이 되면 좋겠습니다.

상반기와 하반기를 정확히 대칭형으로 표시했습니다.

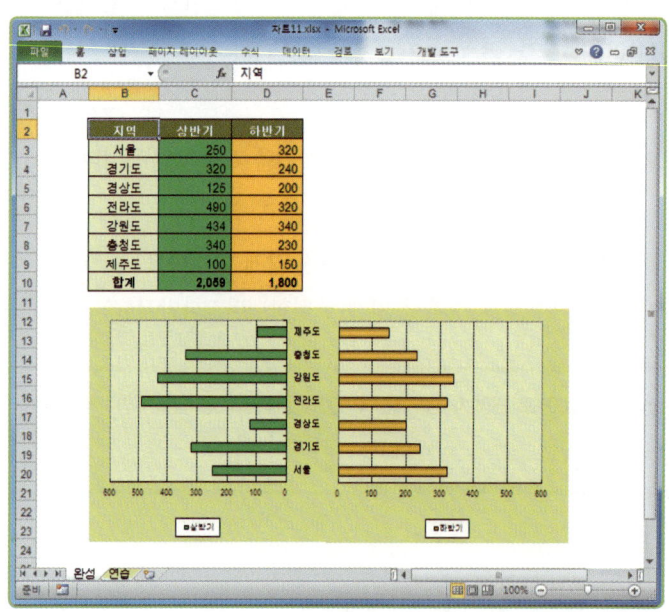

① "연습" 시트에 상반기 차트를 만들어두었습니다. 표에서 B2:C9 셀의 데이터로 가로 막대형 차트를 만든 것입니다. 이제 차트 영역을 클릭하고 Ctrl + C 키를 누르고, Ctrl + V 키를 눌러 차트를 복사합니다. 복사된 차트로 하반기 차트를 만들 것입니다.

② 복사된 차트를 클릭하고 단축메뉴에서 [데이터 선택]을 클릭합니다. [범례 항목] 탭에서 [제거]를 클릭한 후, [추가]를 클릭합니다. [계열 이름]에 "**하반기**"를 입력하고 [계열 값]을 지운 후 표에서 D3:D9 셀을 드래그합니다. [확인]을 연달아 클릭합니다.

③ [가로 축]을 더블클릭하고 [축 옵션][최대 값]에서 [고정]에 체크하고 600으로 수정한 후, [닫기]를 클릭합니다. [새로 축] 위에서 단축 메뉴를 부르고 [삭제]를 선택해서 세로 축을 지웁니다.

④ 막대 위에서 단축 메뉴를 부르고 [데이터 계열 서식]을 선택한 후, 막대의 서식을 알맞게 지정합니다.

⑤ 상반기 차트에서 [가로 축]을 더블클릭한 후, [축 옵션]에서 [**값을 거꾸로**]에 체크를 하고 [닫기]를 클릭합니다. 그러면 상반기 막대가 왼쪽으로 표시됩니다.

⑥ 하반기 차트를 이동시켜 상반기 차트와 겹치게 조절합니다. 하반기 차트의 [그림 영역]을 잡고 왼쪽으로 이동시켜 막대가 좀 더 왼쪽으로 오게 합니다.

⑦ [그리기]이제 `Ctrl` 키로 2개의 차트를 선택한 후 단축 메뉴에서 [그룹][그룹]을 선택해서 2개의 차트를 하나로 묶습니다. 2개의 차트가 하나의 개체로 묶여서 이동이나 확대, 축소를 한번에 할 수 있습니다.

> 수정을 하기 위해 [그룹]을 풀려면 단축 메뉴를 부르고 [그룹][그룹 해제]를 선택하면 됩니다.

SECTION 206

[차트12.xlsx]

위, 아래 대칭형 차트를 만들려면

위와 아래 대칭형으로 차트를 그리려고 합니다. 상반기와 하반기로 나누어 그리되 상반기는 아래로, 하반기는 위로 막대그래프를 그려야 합니다. 가장 간단하고 효율적인 방법을 알려주시면 고맙겠습니다.

상반기를 아래로 표시하기 위해서 상반기 데이터는 음수로 표시했습니다.

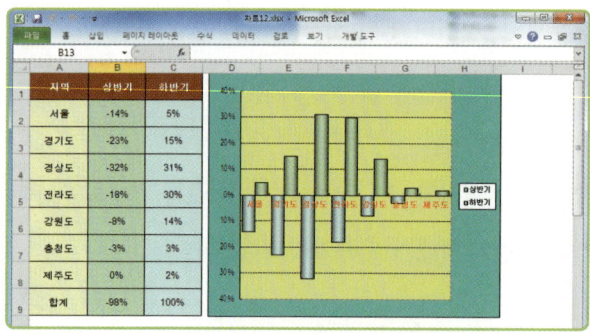

1 표에서 A1:C8 셀에 범위를 지정하고 [삽입][차트][세로 막대형][2차원 세로 막대형]의 첫 번째를 선택합니다.

2 [세로 축]을 더블클릭하고 [표시 형식][범주][사용자 지정]을 선택하고 [서식 코드]에 "0%;0%;0%"를 입력한 후, [닫기]를 클릭합니다. 그러면 상반기 [세로 축]도 양수로 표시됩니다.

3 이제 차트의 각 요소를 선택하면서 서식을 지정하면 됩니다.

아래 막대로 표시될 값을 음수로 표시한다는 것이 핵심입니다. [세로 축]의 서식을 "0%;0%;0%"로 지정하는 것은 "양수;0;음수"의 서식을 지정한 겁니다. 음수의 경우도 0%로 지정했기 때문에 음수 기호가 표시되지 않습니다.

[차트13.xlsx]

SECTION 207 간트 차트를 그리려면

간트 차트는 프로젝트 일정과 같은 기간을 표시하기가 효율적인 차트인 걸로 압니다. 제가 보내드리는 표를 기반으로 간트 차트를 만드는 예를 보여주세요. 어렵네요. 특히 날짜를 어떻게 처리하는지 답답함!

보내주신 표로 간트 차트를 만들었습니다.

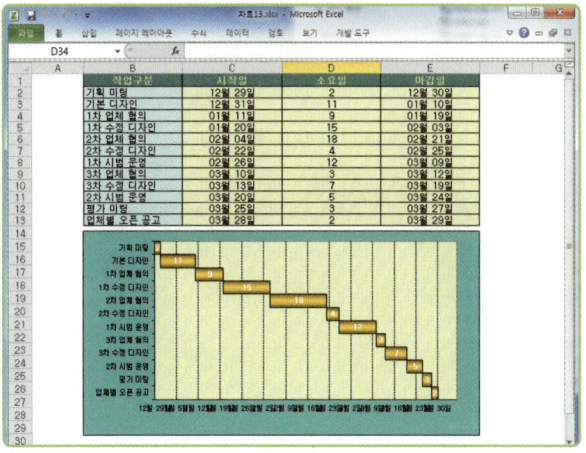

① 표에서 셀을 하나 클릭하고 [삽입][차트][가로 막대형]을 선택하고 [2차원 가로 막대형]에서 두 번째를 선택합니다.

② 차트를 클릭하고 단축메뉴에서 [데이터 선택]을 클릭합니다. [범례 항목]에서 [제거]를 3번 클릭해서 현재의 계열을 모두 제거합니다. [추가]를 클릭합니다. [계열 값] 안을 지우고 표에서 C2:C13 셀을 드래그하고 [혹인]을 클릭합니다. 다시 [추가]를 클릭하고 [계열 값] 안을 지운 후 표에서 D2:D13 셀을 드래그하고 [혹인]을 클릭합니다. [가로 축 레이블] [편집]을 클릭하고 표에서 B2:B13 셀을 드래그하고 [확인]을 연달아 클릭합니다.

SECTION-207 | 간트 차트를 그리려면 • 329

③ [범례 항목]을 삭제합니다.

④ 차트에서 [가로 축]을 더블클릭한 후, [축 옵션]에서 [최소값][고정]에 체크하고 시작 날짜인 2014년 12월 29일의 정수 값인 42002을 입력합니다. [최대값]은 마지막 날짜인 2015년 3월 29일의 정수 값인 42092에 7을 더한 42099를 입력합니다. [주 단위]에 7을 입력하고 [닫기]를 클릭합니다.

⑤ [세로 축]을 더블클릭한 후, [축 옵션]에서 [항목을 거꾸로]에 체크하고 [가로 축 교차][최대 항목]에 체크를 하고 [닫기]를 클릭합니다.

⑥ 차트에서 청색으로 표시된 [계열 1]을 더블클릭하고 [채우기]에서 [없음]에 체크하고 [닫기]를 클릭합니다. 그러면 계열 1은 보이지 않습니다.

⑦ 이제 빨간 색의 [계열 2]를 더블클릭하고 [계열 옵션]에서 [간격 너비]를 20 정도로 조절하고 [닫기]를 클릭합니다.

⑧ [계열 2]를 클릭하고 단축메뉴에서 [데이터 레이블 서식][레이블 옵션][레이블 내용][값]에 체크하고 [레이블 위치][가운데]에 체크한 후 [닫기]를 클릭합니다.

⑨ 이제 차트 자체는 완성되었습니다. 차트의 크기를 조절하고 각 요소에 서식을 지정하세요.

> 엑셀 내부에서는 날짜가 정수로 계산됩니다. 1900년 1월 1일이 1입니다. 그 이후 하루가 지날 때마다 1씩 증가합니다. 표에서 12월 29일을 클릭하고 단축 메뉴를 불러 [표시 형식][범주][날짜][형식]에서 "2001-03-14"와 같은 형식을 선택해보세요. [보기]에 "2014-12-29"가 표시됩니다. 표의 12월 29일은 2014년 12월 29일임을 알 수 있지요. 이제 [범주]에서 [숫자]를 선택해보세요. [보기]에 42002가 표시됩니다. 1900년 1월 1일이 1이고, 2014년 12월 29일은 42002입니다. 이런 식으로 날짜가 정수로 취급됩니다. 그래서 날짜 연산을 할 때는 일반 정수 연산처럼 더하고 빼면 됩니다.

[차트14.xlsx]

SECTION 208 추세선을 표시하는 식을 표시하려면

저희 사이트에 신규 가입한 인원수를 1월부터 12월까지 정리한 표가 있습니다. 이 표로 꺾은 선 차트를 만들었습니다. 여기에 추세선을 표시하고 그 식을 차트에 함께 표시하려면 어떻게 하나요?

차트에 추세선이 추가되고 그 추세선의 함수식이 표시되어 있습니다.

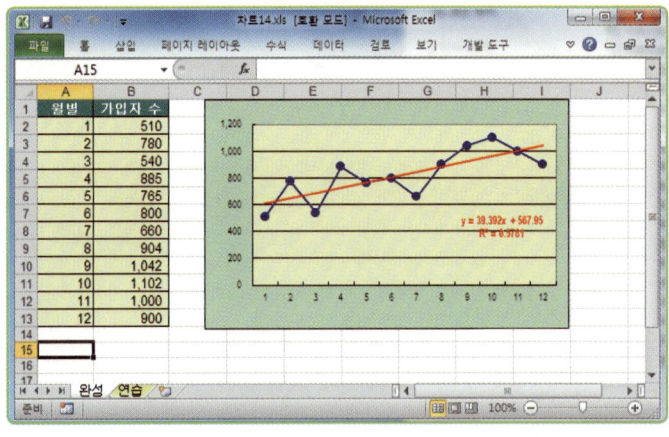

1 꺾은 선 그래프를 클릭하고 단축 메뉴를 불러 [추세선 추가]를 선택합니다.

2 [추세/회귀 유형]에서 [선형]을 선택하고 [추세선 옵션] 탭에서 [**수식을 차트에 표시**]와 [**R-제곱 값을 차트에 표시**]에 체크 표시를 하고 [닫기]를 클릭합니다.

> 추세선은 데이터의 경향을 파악할 수 있는 기능입니다. [추세선 옵션]에서 [예측]의 [앞으로]나 [뒤로]의 값을 지정하면 과거나 미래의 경향도 파악할 수 있습니다.

EXCEL PART 10

엑셀 함수 Q&A

데이터 목록 처리하기

Q&A

SECTION 209

[목록1.xlsx]
함수식으로 오름차순(내림차순) 소트를 하려면

오름차순이나 내림차순으로 소트하는 작업은 도구 모음을 이용하면 간단히 해결되지만 저는 함수식이 필요합니다. 함수식을 이용해서 소트하는 방법 좀 알려주세요.

시장 점유율 표를 오름차순과 내림차순으로 소트했습니다.

① E5 셀을 클릭하고 **=SMALL($B$5:$B$11,ROW()-ROW($E$5)+1)**을 입력합니다. E5 셀의 채우기 핸들을 잡고 E11 셀까지 드래그합니다.

② D5 셀을 클릭하고 **=INDEX($A$5:$B$11,MATCH(E5,$B$5:B $11,0),1)**을 입력한 후, 채우기 핸들을 더블클릭합니다.

③ H5 셀을 클릭하고 **=LARGE($B$5:$B$11,ROW()-ROW($E$5)+1)**을 입력합니다. H5 셀의 채우기 핸들을 잡고 H11 셀까지 드래그합니다.

④ G5 셀을 클릭하고 **=INDEX($A$5:$B$11,MATCH(H5,$B$5:B$11, 0),1)**을 입력한 후, 채우기 핸들을 더블클릭합니다.

> SMALL 함수나 LARGE 함수는 두 번째 인수를 이용해서 몇 번째로 작거나 큰 숫자를 가져옵니다. 오름차순의 경우는 1번째, 2번째...로 작은 값을 가져오면 됩니다. 이 번째를 ROW 함수로 지정합니다. 증가하는 해당 행 번호에서 시작 행 번호를 빼면 자연히 1, 2, 3...과 같은 숫자를 얻게 되고 그 숫자를 두 번째 인수로 사용합니다. 값을 소트한 후에는 옆의 열에 있는 지역을 가져오기 위해 INDEX, MATCH 함수를 사용했습니다.

[목록2.xlsx]

SECTION 210 역순으로 기록하려면

직급별로 인원수를 기록한 데이터가 있습니다. 이 데이터를 역순으로 기록하는 함수식이 필요합니다. 현재는 임원부터 사원까지 인원수가 기록되어 있는데 이를 사원부터 임원으로 기록해야 합니다.

원본 데이터를 역순으로 기록한 표를 만들었습니다.

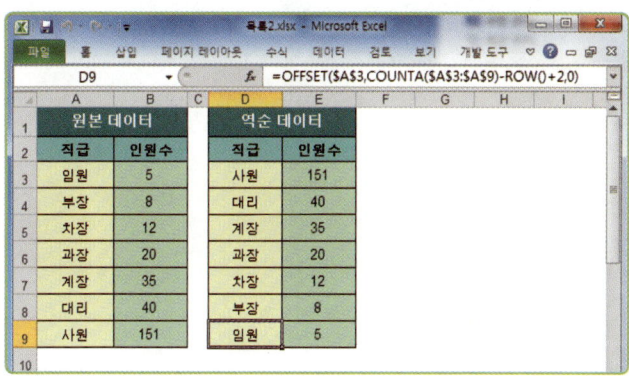

① D3 셀에 **=OFFSET($A$3,COUNTA($A$3:$A$9)-ROW()+2,0)**을 입력합니다. D9 셀까지 드래그합니다.

② E3 셀에 **=OFFSET($B$3,COUNTA($B$3:$B$9)-ROW()+2,0)**를 입력하고 채우기 핸들을 더블클릭합니다.

OFFSET 함수로 동적으로 데이터의 위치를 계산합니다. A3 셀로부터 멀리 떨어진 행의 데이터부터 먼저 가져옵니다. 멀리 떨어진 셀부터 가져오기 위해 COUNTA($A$3:$A$9)-ROW()+2 식이 사용되며 +2는 제목이 2줄 있기 때문입니다.

SECTION 211

[목록3.xlsx]

중복되지 않게 데이터를 뽑으려면

날짜 별로 당직을 선 사람의 명단이 있는데 중복해서 당직을 선 사람도 있습니다.
이 목록에서 당직을 선 사람을 중복되지 않게 추출하려면 어떻게 하나요?

C열에 중복되지 않게 당직자 명단을 기록했습니다.

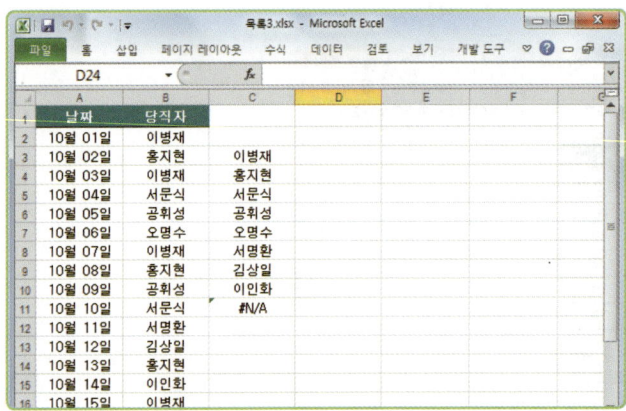

1 C3 셀에 다음 식을 입력하고, 수식 입력줄에 커서를 위치시키고 Ctrl + Shift + Enter 키를 누릅니다.

=INDEX($B$2:$B$16,MATCH(0,COUNTIF($C$2:C2,$B$2:$B$16),0))

2 C3 셀의 채우기 핸들을 잡고 #NA가 표시될 때까지 드래그합니다.

이 식은 배열식이기 때문에 식을 입력한 후 Ctrl + Shift + Enter 키를 눌러서 중괄호를 입력합니다. 반드시 C2 셀을 비워두고 C3 셀부터 식을 입력합니다. COUNTIF 함수는 각 셀이 C열에 있으면 1, 아니면 0인 배열을 반환합니다. MATCH 함수는 그 배열 값 중에서 0의 위치를 반환하고 INDEX 함수로 그 값을 가져옵니다.

[목록4.xlsx]

SECTION 212 2개의 목록에서 2번째 목록에 없는 값만 추출하려면

행사 참가 예정자 명단과 실제로 행사에 참여한 사람의 명단이 있습니다. 참가 예정자 중에서 참여하지 않은 사람들만 명단을 만드는 방법을 알려주세요.

A열에 있는 이름 중에서 C열에 없는 이름만 E열에 기록했습니다.

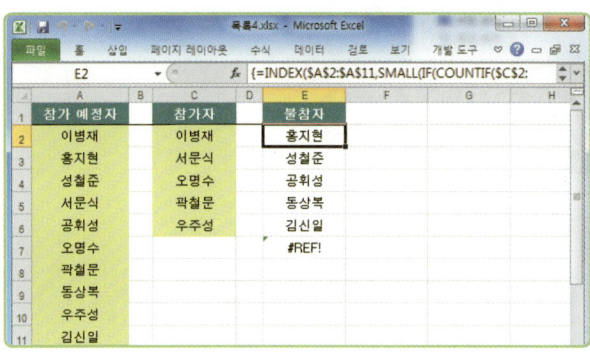

1 E2 셀에 다음의 식을 입력하고, 수식 입력줄에 커서를 위치시키고 Ctrl + Shift + Enter 키를 누릅니다.

=INDEX($A$2:$A$11,SMALL(IF(COUNTIF($C$2:$C$6,$A$2:$A$11)=0,ROW($A$2:$A$11),1000),ROW()−ROW($E$2)+1)−ROW($E$2)+1)

2 C2 셀의 채우기 핸들을 잡고 #REF 에러가 표시될 때까지 드래그합니다.

> COUNTIF 함수는 참가 예정자 중 참가자에 있으면 1, 아니면 0으로 구성된 배열을 반환합니다. IF 식은 참가자에 없는 이름은 그 셀의 행 번호, 없는 이름은 1000으로 구성된 배열을 반환합니다. 이제 SMALL 함수로 작은 값부터 가져오면 참가 예정자에서의 행 번호입니다. 가져올 순번을 계산하기 위해 가져온 값의 개수를 계산하는 ROW()−ROW($E$2) 식에 1을 더합니다. 목록이 A2 셀부터 시작되므로 −ROW($E$2)+1 식으로 행을 조절합니다. INDEX 함수로 그 값을 가져옵니다.

[목록5.xlsx]

SECTION 213 1차, 2차 표에 모두 있는 값만 추출하려면

평가 시험에 응시한 직원들의 명단이 있습니다. 시험은 2차까지 치르게 되어 있는데 1차와 2차 시험에 모두 응시한 직원들의 명단을 만들어야 합니다. 1차 응시자 명단과 2차 응시자 명단이 있는 상태인데 어떻게 해야 하는지요?

E열에 1차와 2차 모두 응시한 직원의 명단이 있습니다.

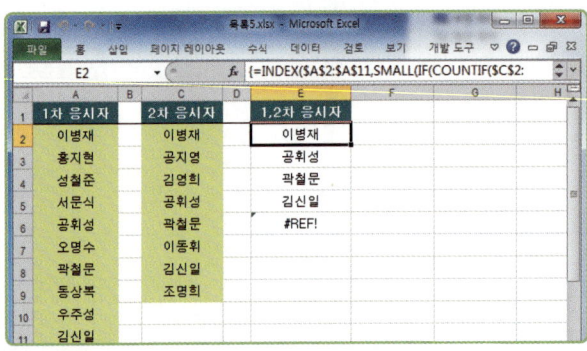

① E2 셀에 다음의 식을 입력하고, 수식 입력줄에 커서를 위치시키고 Ctrl + Shift + Enter 키를 누릅니다.

=INDEX($A$2:$A$11,SMALL(IF(COUNTIF($C$2:$C$9,$A$2:$A$11)>0,ROW($A$2:$A$11),1000),ROW()−ROW($E$2)+1)−ROW($E$2)+1)

② E2 셀의 채우기 핸들을 잡고 #REF가 표시될 때까지 드래그합니다.

COUNTIF 함수는 1차 응시자와 2차 응시자에 모두 있으면 1, 아니면 0으로 구성된 배열을 반환합니다. IF 식은 2개 목록에 모두 있으면 그 셀의 행 번호, 아니면 1000으로 구성된 배열을 반환합니다. 이제 SMALL 함수로 작은 값부터 가져오면 1차 응시자에서의 행 번호입니다. 가져올 순번을 계산하기 위해 가져온 값의 개수를 계산하는 ROW()−ROW($E$2) 식에 1을 더합니다. 목록이 A2 셀부터 시작되므로 −ROW($E$2)+1 식으로 행을 조절합니다. INDEX 함수로 그 값을 가져옵니다.

[목록6.xlsx]

SECTION 214 평균보다 큰 값만 추출하려면

점수 목록에서 전체 점수의 평균 점수보다 큰 점수만 따로 모아 점수 목록을 만들려면 어떻게 해야 하나요?

E열에 평균 값보다 큰 값만 추출했습니다.

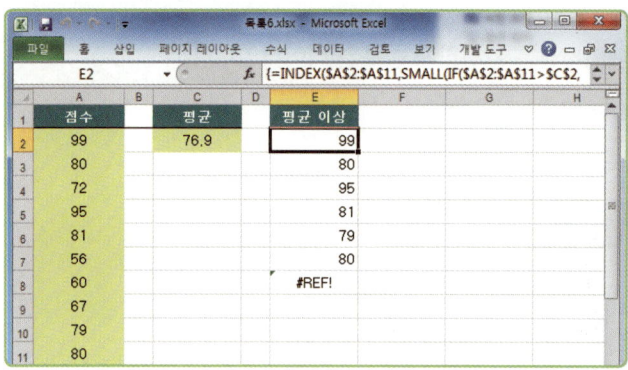

① E2 셀에 다음의 식을 입력한 후, 수식 입력줄에 커서를 위치시키고 Ctrl + Shift + Enter 키를 누릅니다.

=INDEX($A$2:$A$11,SMALL(IF($A$2:$A$11>$C$2,ROW($A$2:$A$11)-ROW($E$2)+1,100),ROW()-ROW($E$2)+1))

② E2 셀의 채우기 핸들을 잡고 #REF가 표시될 때까지 드래그합니다.

> IF 식은 A열의 점수가 평균 점수보다 크면 그 셀의 행 번호, 아니면 100으로 구성된 배열을 반환합니다. SMALL 함수로 하나씩 작은 값을 가져오며 작은 순번을 결정하기 위해 ROW()-ROW($E$2)+1 식을 사용합니다. INDEX 함수로 그 값이 지정하는 행의 값을 가져옵니다.

[목록7.xlsx]

SECTION 215 중복된 입력된 데이터를 골라내려면

의료 보험 자료를 준비하려고 병원에 관한 데이터를 입력해두었습니다. 그런데 혹시 중복 입력된 데이터가 있는지도 모르겠습니다. 1개의 데이터가 3개의 항목으로 구성되었는데 3개 항목이 모두 똑 같은 데이터는 있을 수 없습니다. 그런 데이터를 걸러 내려면 어떻게 해야 하나요?

D열에 "TRUE"라고 표시된 데이터들은 완전하게 중복된 데이터입니다.

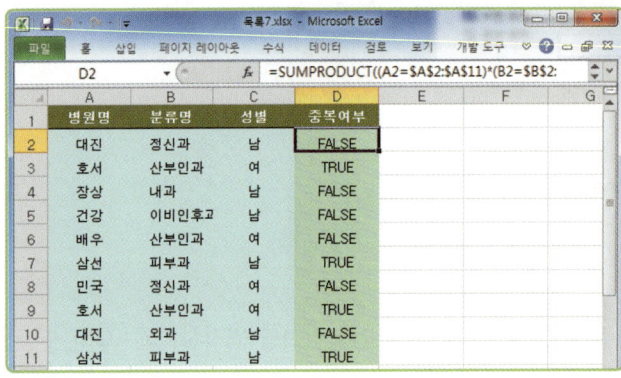

1 D2 셀에 다음의 식을 입력합니다.

=SUMPRODUCT((A2=$A$2:$A$11)*(B2=$B$2:$B$11)*(C2=$C$2:$C$11))>1

2 D2 셀의 채우기 핸들을 더블클릭합니다.

> SUMPRODUCT 함수는 인수로 사용된 3개의 식을 검사하여 각기 1 (TRUE)이나 0 (FALSE)으로 구성된 배열을 반환하고, 그 배열 값들을 대응하는 값끼리 곱한 후 더합니다. 따라서 2번 이상 등장하면 최종 값이 1을 넘고 그 경우 TRUE를 기록합니다. 만일 항목이 더 있으면 인수식을 추가하면 됩니다.

[목록8.xlsx]

SECTION 216
데이터 목록에 몇 번 등장하는지 알려면

의료 보험과 관련된 병원의 자료를 만들어 두었습니다. 그런데 동일한 병원이 2번 이상 등장하는 경우가 있습니다. 그래서 목록에 있는 모든 병원에 대해 각기 목록에 몇 번 등장하는지 알고 싶습니다. 어떤 함수식을 사용해야 하나요?

C열에 각 병원이 몇 번 등장하는지 기록되어 있습니다.

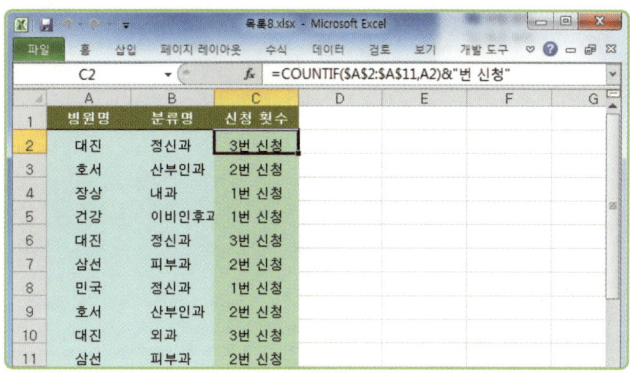

1 C2 셀에 다음 식을 입력합니다.

=COUNTIF($A$2:$A$11,A10)&"번 신청"

2 C2 셀의 채우기 핸들을 더블클릭합니다.

> COUNTIF 함수로 각 이름이 등장하는 횟수를 세어서 그 횟수와 "번 신청"을 결합해서 기록합니다.

SECTION 217

0은 제외하고 평균을 구하려면?

[목록9.xlsx]

직원들을 대상으로 직무에 대한 평가 시험을 보았습니다. 그런데 일부 직원의 경우, 시험에 응시하지 않아 0점 처리가 되었습니다. 시험 점수의 전체 평균을 구해야 하는데 0점인 경우는 제외하고 구해야 합니다. 구해주세요!

C13 셀에 0점을 제외한 평균 점수가 구해졌습니다.

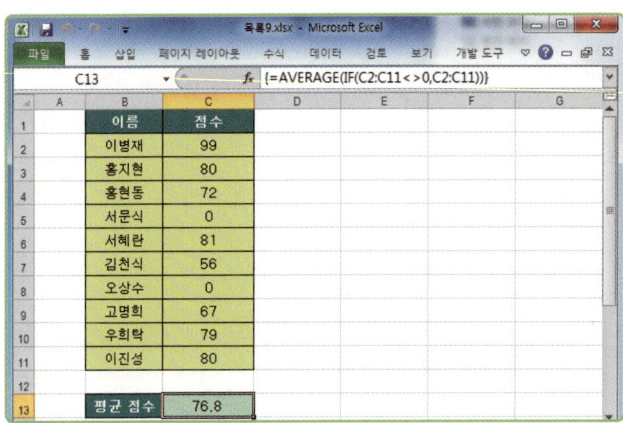

1 C13 셀에 =AVERAGE(IF(C2:C11<>0,C2:C11))을 입력하고, 수식 입력줄에 커서를 위치시키고 Ctrl + Shift + Enter 키를 누릅니다.

C2:C11<>0 식은 각 점수에 대해 0 보다 크면 TRUE (1), 아니면 FALSE (0)로 구성된 배열을 반환합니다. IF 식은 그 중 TRUE인 경우에만 대응하는 값을 반환하고, AVERAGE 함수로 그 값들의 평균을 구합니다.

[목록10.xlsx]

평균에 가장 근접한 값은?

직원들을 대상으로 엑셀 평가 시험을 실시했습니다. 그래서 평균 점수를 AVERAGE 함수로 구해 놓았습니다. 직원들의 점수 중에서 평균 점수에 제일 근접한 점수를 찾으려면 어떻게 해야 할까요?

C14 셀에 평균 점수에 제일 근접한 점수가 표시되었습니다.

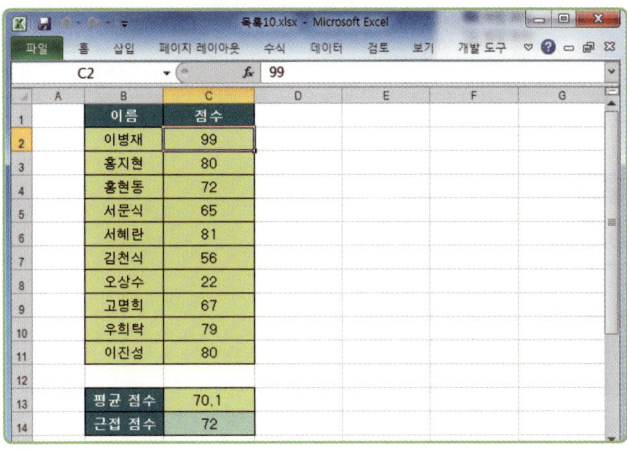

1 C14 셀에 다음 식을 입력하고, 수식 입력줄에 커서를 위치시키고 Ctrl + Shift + Enter 키를 누릅니다.

=INDEX(C2:C11,MATCH(SMALL(ABS(C13−C2:C11),1),ABS(C13−C2:C11),0))

ABS 함수는 평균값에서 각 셀의 값을 뺀 절대 값 배열을 반환합니다. SMALL 함수로 평균값과 제일 오차가 적은 값을 찾은 후, 그 값의 위치를 MATCH 함수로 구해 INDEX 함수로 그 값을 가져옵니다.

SECTION 219

특정 값 이상만 평균을 구하려면

직원들을 대상으로 직무 능력 평가 시험을 보아서 점수를 기록해두었습니다. 60점이 안되면 재시험을 보아야 합니다. 이번 시험 점수의 평균을 구해야 하는데 60점 미만은 재시험을 보기 때문에 제외하고, 60점 이상의 합격자만 평균을 구하려면 어떻게 해야 하나요?

C13 셀에 60점 이상인 직원들의 점수에 대해 평균을 구해놓았습니다.

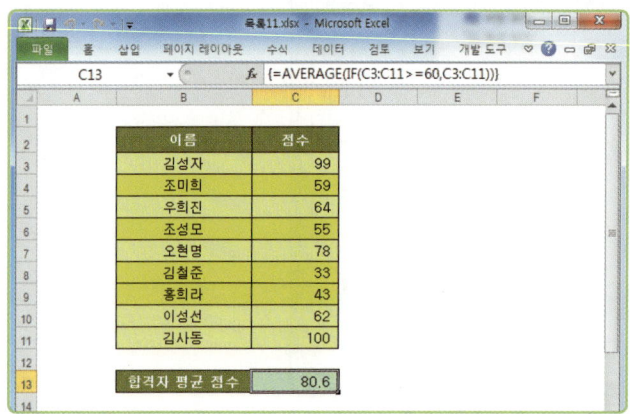

1 C13 셀을 클릭하고 =AVERAGE(IF(C3:C11>=60,C3:C11))을 입력한 후, 수식 입력줄에 커서를 위치시키고 Ctrl + Shift + Enter 키를 눌러 중괄호를 입력합니다.

> 이 식은 배열식이기 때문에 Ctrl + Shift + Enter 키를 눌러서 중괄호를 입력해야 합니다. IF 식은 C3 셀에서 C11 셀까지 조사하면서 60점 이상인 점수 배열을 반환합니다. AVERAGE 함수는 그 점수 배열의 평균을 구합니다.

[목록12.xlsx]

SECTION 220
제품별로 수량 합계와 평균을 구하려면

오전 12시까지 주문을 받아 제품을 발송하는 업무를 담당하고 있습니다. 마감을 하고 항상 각 제품별로 통계 작업을 합니다. 그런데 각 제품별로 수량의 합계와 평균을 구해야 합니다. 간단히 식을 알려주세요.

주문 목록에서 각 제품별로 합계와 평균 수량을 구해서 옆의 표에 기록했습니다.

1 F3 셀에 **=SUM(IF($B$3:$B$11=E3,$C$3:$C$11))**을 입력한 후, 수식 입력줄에 커서를 놓고 Ctrl + Shift + Enter 키를 눌러 중괄호를 입력합니다.

2 F3 셀의 채우기 핸들을 더블클릭합니다.

3 G3 셀에 **=AVERAGE(IF($B$3:$B$11=E3,$C$3:$C$11))**을 입력한 후, 수식 입력줄에 커서를 놓고 Ctrl + Shift + Enter 키를 눌러 중괄호를 입력합니다.

4 G3 셀의 채우기 핸들을 더블클릭합니다.

> 이 식은 배열식이기 때문에 Ctrl + Shift + Enter 키를 눌러서 중괄호를 입력해야 합니다. 첫째 식에서 IF($B$3:$B$11=E3,$C$3:$C$11) 식은 B3:B11 셀에서 디카(E3)만을 골라 대응하는 수량들의 배열을 반환합니다. 그 후에 SUM 함수로 그 배열의 합계를 구합니다.

[목록13.xlsx]

SECTION 221 요일별로 판매액 합계와 평균을 구하려면

날짜 별로 저희 회사 신제품의 판매 수량과 금액을 기록한 시트가 있습니다. 이 시트에서 요일 별로 판매 금액의 합계와 평균을 구하려면 어떻게 해야 하나요? 간단한 식을 하나 알려주시면 정말 고맙겠습니다.

요일 별로 판매액의 합계와 평균을 정리한 표를 만들었습니다.

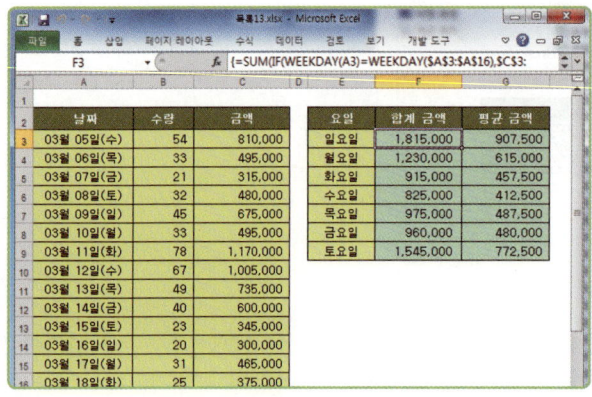

① F3 셀에 다음의 식을 입력하고, 수식 입력줄에 커서를 놓고 Ctrl + Shift + Enter 키를 눌러 중괄호를 입력합니다.

=SUM(IF(WEEKDAY(A3)=WEEKDAY($A$3:$A$16),$B$3:$B$16))

② F3 셀의 채우기 핸들을 더블클릭합니다.

③ G3 셀에 다음의 식을 입력하고 수식 입력줄에 커서를 놓고 `Ctrl` + `Shift` + `Enter` 키를 눌러 중괄호를 입력합니다.

=AVERAGE(IF(WEEKDAY(A3)=WEEKDAY($A$3:$A$16),$C$3:$C$16))

④ G3 셀의 채우기 핸들을 더블클릭합니다.

> 첫 번째 식의 경우, IF 식은 WEEKDAY 함수로 요일을 구한 후, 판매 목록에서 해당 요일의 데이터에 대해서만 금액들의 배열을 만듭니다. 그 후 SUM 함수로 그 배열의 합계를 구합니다. 두 번째 식은 금액 배열에 대해 AVERAGE 함수로 평균을 구한다는 것만 다릅니다.

SECTION 222

[목록14.xlsx]

동적으로 상위 N개의 합계와 평균을 구하려면

저희 회사의 신제품 판매 현황을 기록한 표가 있습니다. 날짜와 수량, 금액이 기록되어 있지요. 이 표에서 제가 3을 입력하면 3등까지 상위 금액의 합계와 평균을 구하려면 어떻게 하나요? 뒤에 데이터가 추가되어도 계속 사용할 수 있게 함수식을 구성해야 합니다. 골치 아퍼!!

개수에 숫자를 입력하면 상위부터 그 등수까지 합계와 평균이 구해집니다. 뒤에 300행까지 데이터를 추가할 수 있게 함수식을 구성했습니다.

① E5 셀에 다음 식을 입력하고 수식 입력줄에 커서를 놓고 Ctrl + Shift + Enter 키를 눌러 중괄호를 입력합니다.

=SUM(IF($B$3:$B$300>=LARGE($B$3:$B$300,E3),$B$3:$B$300))

② E7 셀에 다음 식을 입력하고 수식 입력줄에 커서를 놓고 Ctrl + Shift + Enter 키를 눌러 중괄호를 입력합니다.

=AVERAGE(IF($C$3:$C$300>=LARGE($C$3:$C$300,E3),$C$3:$C$300))

B3:B300에서 300은 300행까지 데이터가 입력되는 것으로 가정한 것입니다. E3 셀의 값이 3이라면 LARGE($B$3:$B$300,E3) 식은 수량에서 3번째로 큰 값을 가져옵니다. IF 식은 3번째로 큰 수량까지만 모아 배열을 만듭니다. 그 후 SUM과 AVERAGE 함수로 그 배열의 합계와 평균을 구합니다.

[목록15.xlsx]

SECTION 223
동적으로 N개 이내에서 최대, 최소 금액을 구하려면

날짜, 수량, 금액을 기록한 판매 기록표가 있습니다. 이 데이터에서 제가 4를 입력하면 처음부터 4일 동안, 5를 입력하면 처음부터 5일 동안의 판매 데이터에서 최대 금액과 최소 금액을 구해야 합니다. 입력하는 날짜 수에 따라 조사하는 범위가 달라지게 하려면?? 잘 안되여... 도와주삼!

E3 셀에 숫자를 입력해보세요. 처음부터 그 날수 범위 내에서 최대 금액과 최소 금액이 구해집니다. 뒤에 데이터를 계속 추가해도 동일하게 적용됩니다.

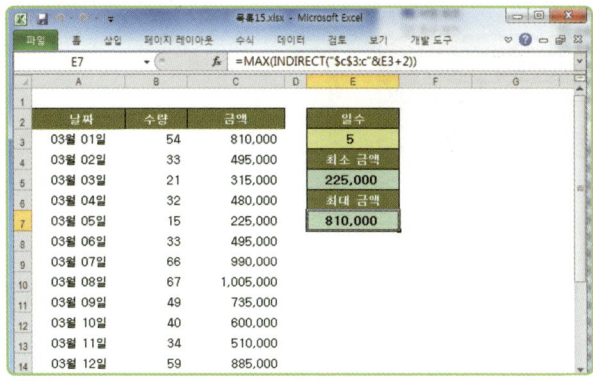

① E5 셀에 =MIN(INDIRECT("$C$3:C"&E3+2))를 입력합니다.

② E7 셀에 =MAX(INDIRECT("C3C"&E3+2))를 입력합니다.

INDIRECT("c3:c"&E3+2) 식은 셀 주소를 만드는 식입니다. E3 셀에 입력된 일수가 5인 경우, $C$3:C7과 같은 주소를 반환합니다. 그 후 MIN 함수로 그 범위 내에서 최소 값을 구합니다. 따라서 E3 셀의 값에 따라 최소 값과 최대 값을 찾는 범위가 달라집니다.

SECTION 224

팔릴 때마다 자동으로 재고가 조절되려면

[목록16.xlsx]

상품을 주문하는 대로 주문일지에 기록하고 있습니다. 고객 이름과 상품, 수량 등을 기록하고 있는데 제가 입력할 때마다 해당 제품의 현재 재고가 표시되었으면 좋겠습니다. 세일 중이라서 한정 판매를 하고 있기 때문에 각 제품의 초기 수량은 100개로 정해져 있는 상태입니다.

입력할 때마다 상품별로 판매량과 현재 재고가 표시됩니다.

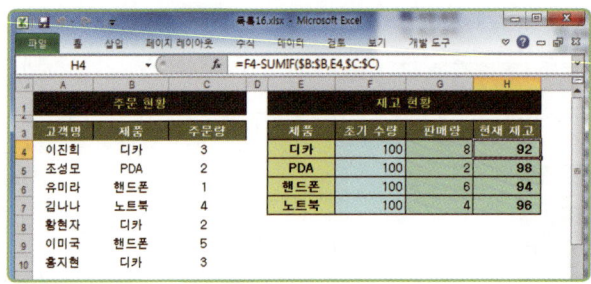

① G4 셀에 **=SUMIF($B:$B,E4,$C:$C)**를 입력한 후, 채우기 핸들을 더블클릭합니다.

② H4 셀에 **=F4-SUMIF($B:$B,E4,$C:$C)**를 입력한 후, 채우기 핸들을 더블클릭합니다.

SUMIF($B:$B,E4,$C:$C) 식은 B열의 상품 중에서 E4 셀의 상품과 동일한 상품에 대해서 C열 수량을 더합니다. 그 값을 F4 셀의 초기 수량에서 빼면 현재 재고를 구할 수 있습니다.

[목록17.xlsx]

SECTION 225 석차를 올바로 또는 거꾸로 구하려면

아주 간단한 문제인데요. 석차를 구하는 방법을 알려주세요. 석차를 거꾸로 구할 수도 있나요? 제일 낮은 점수가 1등이 되게.... ㅎㅎ

D열은 정상적인 석차입니다. E열은 점수가 낮은 사람이 1등입니다.

① D3 열에 =RANK(C3,$C$3:$C$11,0)을 입력하고, 채우기 핸들을 더블클릭합니다.

② E3열에 =RANK(C3,$C$3:$C$11,1)을 입력하고 채우기 핸들을 더블클릭합니다.

> RANK 함수는 석차를 구하는 함수입니다. 3번째 인수가 0이면 정상적인 석차가 구해지고, 1이면 낮은 점수가 1등으로 처리 됩니다. 0은 생략할 수 있습니다.

[목록18.xlsx]

SECTION 226
데이터를 입력, 삭제할 때마다 동적으로 석차를 구하려면

점수에 따라 석차를 구하는데 동적인 석차를 구할 수는 없나요? 데이터를 입력할 때마다 현재 입력된 데이터까지 석차가 계속 구해지게...

뒤에 데이터를 추가해보세요. 석차가 계속 갱신됩니다. 삭제를 해도 마찬가지 입니다.

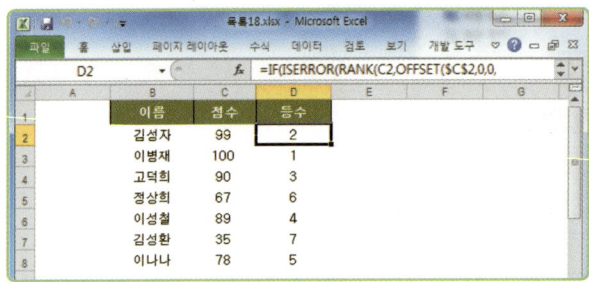

① D2 셀에 다음 식을 입력합니다.

=IF(ISERROR(RANK(C2,OFFSET($C$2,0,0,COUNTA($C:$C)−1,1))),"",RANK(C2,OFFSET($C$2,0,0,COUNTA($C:$C)−1,1)))

② D2 셀의 채우기 핸들을 잡고 데이터를 입력할 행까지 드래그합니다.

> OFFSET($C$2,0,0,COUNTA($C:$C)−1,1) 식은 C열에서 점수가 입력된 행까지를 범위로 지정합니다. RANK 함수는 그 범위 내에서 석차를 구합니다. IF식과 ISERROR 식은 식을 입력한 후, 미리 아래 행으로 드래그할 때 에러가 표시되는 것을 방지하기 위해서 사용되었습니다.

SECTION 227

[목록19.xlsx]

반별 석차와 학년별 전체 석차를 구하려면

RANK 함수를 사용하면 석차를 쉽게 구할 수 있는 건 아는데요. 학년별 석차도 RANK 함수로 구할 수 있나요? 반별 석차를 구하고 나서 학년별 석차는 어떻게 구해야 하는지 모르겠어요. 반별로 점수가 정리되어 있거든요.

반별로 반별 석차를 구하고 2개 반을 합쳐서 학년별 석차도 구했습니다.

1 D4 셀에 =RANK(B4,($B$4:$B$13,$G$4:$G$10))을 입력한 후 채우기 핸들을 더블클릭합니다.

2 D4 셀을 클릭하고 Ctrl + C 키를 눌러 복사합니다. I4 셀을 클릭하고 Ctrl + V 키를 눌러 붙여넣기를 합니다. I4 셀의 채우기 핸들을 더블클릭합니다.

> RANK(B4,($B$4:$B$12,$G$4:$G$10)) 식은 2개의 영역을 1개의 영역처럼 사용합니다. ($B$4:$B$12,$G$4:$G$10)와 같이 콤마로 영역을 구분하면 그 영역은 연속적인 영역처럼 처리됩니다. 따라서 이 RANK 식은 1반과 2반을 모두 합쳐서 석차를 구하게 됩니다.

[목록20.xlsx]

SECTION 228
동점일 때 특정 점수로 석차를 조절하려면

RANK 함수를 사용해서 석차를 구하면 동점일 경우 동일한 석차가 부여되잖아요.
동점일 경우에 국어 점수가 높은 사람에게 우선순위를 주려면 어떻게 하나요?

F열은 RANK 함수로 구한 석차입니다. G열은 국어 점수로 조절한 석차입니다.

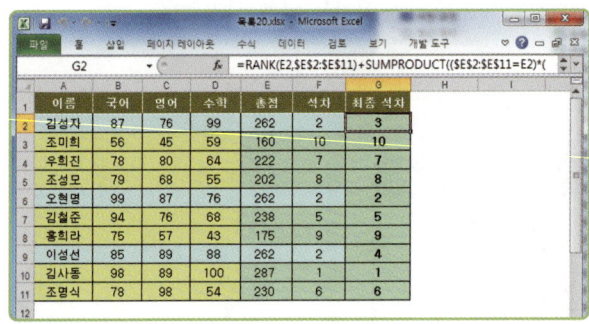

① G2 셀에 다음 식을 입력합니다.

=RANK(E2,$E$2:$E$11)+SUMPRODUCT(($E$2:$E$11=E2)
*($B$2:$B$11>B2))

② G2 셀의 채우기 핸들을 더블클릭합니다.

($E$2:$E$11=E2) 식은 E2 셀과 동일한 총점이 있으면 1, 아니면 0을 반환합니다. ($B$2:$B$11>B2) 식은 B2 셀의 국어 점수보다 큰 점수가 있으면 1 아니면 0을 반환합니다. 이제 2개 배열을 곱한 후 더하면 동점이면서 국어 점수가 큰 개수가 나옵니다. 이 값을 RANK 함수로 구한 일반 석차에 더합니다. 만일 국어 점수도 동점인 경우 다른 점수를 더 고려한다면 SUMPRODUCT 내의 조건식을 추가하면 됩니다.

금액을 100원, 10원에서 반올림하려면

[목록21.xlsx]

저의 거래처에 대금을 지불할 때는 1000원 단위로 지불합니다. 1000 원 이하의 우수리 금액이 있을 때는 반올림을 하지요. 이 반올림이 좀 헷갈리고 있습니다. 반올림에 대해 좀 갈켜 주세요.

C열과 D열에 반올림한 결과가 기록되었습니다.

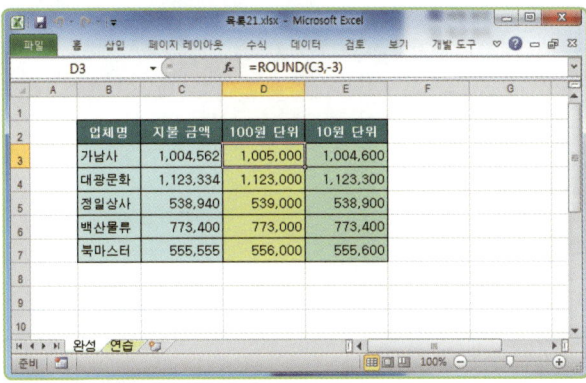

① C2 셀에 **=ROUND(B2,−3)**을 입력하고 채우기 핸들을 더블클릭합니다.

② D2 셀에 **=ROUND(B2,−2)**를 입력하고 채우기 핸들을 더블클릭합니다.

POUND 함수로 반올림을 합니다. 100원 단위는 −3, 10원 단위는 −2를 두 번째 인수로 지정해야 합니다.

[목록22.xlsx]

SECTION 230
금액을 100원 단위로 정리하려면

우리 사무실에서는 거래처에 대금을 지불할 때 100원 단위로 지불합니다. 우수리 금액이 있으면 무조건 올림을 해서 지불합니다. 이렇게 무조건 올림을 하거나 내림을 하는 간단한 방법을 알려주세요.

D열은 100원 단위로 무조건 올림을 했고, E열은 100원 단위로 무조건 내림을 한 금액입니다.

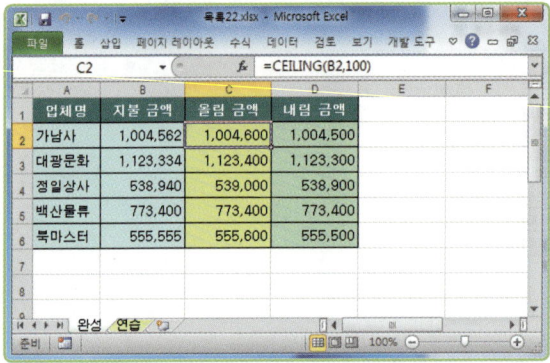

① D3 셀에 **=CEILING(B2,100)**을 입력하고 채우기 핸들을 더블클릭합니다.

② E3 셀에 **=FLOOR(B2,100)**을 입력한고 채우기 핸들을 더블클릭합니다.

만일 10원 단위로 작업한다면 두 번째 인수를 10으로 지정하면 됩니다. CEILING 함수는 두 번째 인수의 배수로 무조건 올림 합니다. FLOOR 함수는 두 번째 인수의 배수로 무조건 내림합니다.

SECTION 231

[목록23.xlsx]
소수 이하 자리에서 반올림, 올림, 내림을 하려면

소수 이하의 값을 조절하는 방법을 알고 싶습니다. 소수 이하 2번째 자리에서 반올림하려면 어떻게 하나요? 좀 헷갈리고 있어요.

소수 이하 2자리에서 반올림, 올림, 내림한 결과를 보여주고 있습니다.

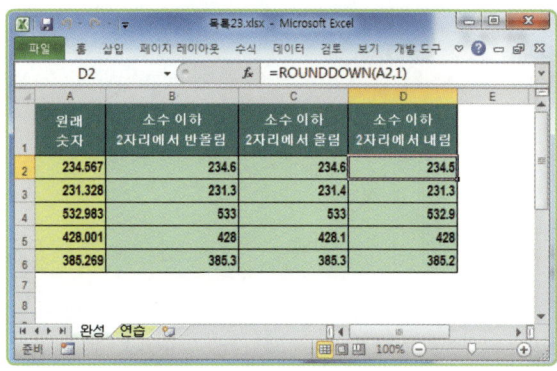

① B2 셀에 =ROUND(A2,1)을 입력한 후, 채우기 핸들을 더블클릭합니다.

② C2 셀에 =ROUNDUP(A2,1)을 입력한 후, 채우기 핸들을 더블클릭합니다.

③ D2 셀에 =ROUNDDOWN(A2,1)을 입력한 후, 채우기 핸들을 더블클릭합니다.

> 소수 이하 2째 자리에서 작업을 할 때 두 번째 인수가 1임을 유의해야 합니다. 여기서 1은 의미 있는 자리 수를 뜻합니다. 소수 이하의 보여지는 자리 수를 조절하려면 셀에 범위를 지정하고 도구 모음에서 [자릿수 조절] 도구를 클릭합니다.

EXCEL PART 11

엑셀 함수 Q&A

재무 계산 해결하기

Q&A

[재무1.xlsx]

SECTION 232
2천만원을 년 4%의 이율로 3년간 예치하면 얼마?

여유 자금 2000 만원을 3년간 예치해두려고 합니다. 년 이율은 4%입니다. 3년 후에 저는 얼마를 받게 되는지 계산하는 방법을 알려주세요.

B6 셀에 결과가 기록되어 있습니다.

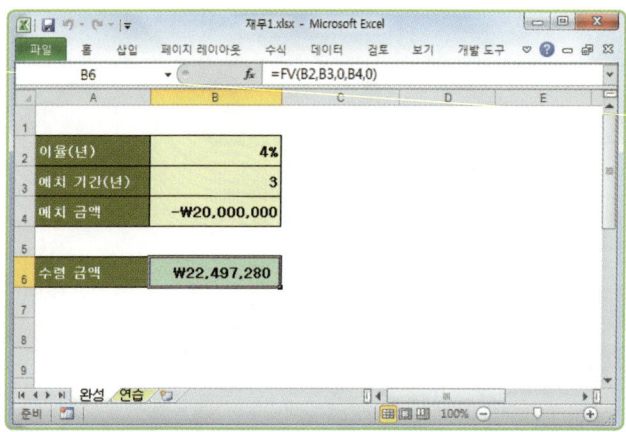

1 B6 셀에 =FV(B2,B3,0,B4,0)을 입력합니다.

이 식은 =FV(4%,3,0,-20000000,0)과 같이 작성해도 됩니다.

> 3년 후에 받을 미래 가치를 계산하는 작업이므로 FV 함수를 사용합니다. 이율 4%는 연간 이율이므로 예치 기간도 년으로 따져서 3이어야 합니다. 예치 금액 2000만원은 3년 후의 이득을 위해 지불해야 하는 금액이므로 음수로 기술합니다.

[재무2.xlsx]

SECTION 233
500만원을 년리 10%로 예치하면 언제 1억이 될까?

500만원으로 1억 만들기에 도전하려고 합니다. 좀 무리이긴 한데... 좌우간 연리 10%의 고금리로 500만원을 예치하면 언제 꿈의 1억원을 만질 수 있는지요?

B6 셀에 년 수가 기록되었습니다.

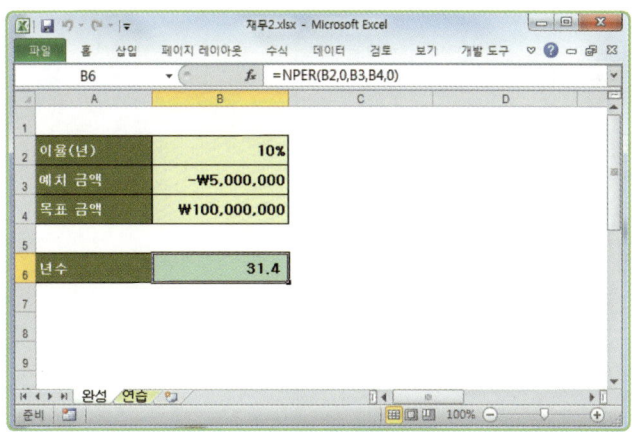

① B6 셀에 =NPER(B2,0,B3,B4,0)을 입력합니다.

이 식은 =NPER(10%,0,-5000000,100000000,0)과 같이 작성해도 됩니다.

기간을 구할 때는 NPER 함수를 사용합니다. 500만원은 예금을 하는 사람이 미래를 위해 지불해야 하는 돈이므로 음수로 기술해야 합니다.

[재무3.xlsx]

SECTION 234
매월 50만원씩 월이율 1%로 적립하면 3년 후에는 얼마?

제가 만일 오늘부터 50만원씩 매월 1%의 이율로 3년간 적립을 하면 나중에 얼마를 받게 되는지 알고 싶습니다.

B6 셀에 귀하가 수령할 금액이 기록되었습니다. 좋겠습다!

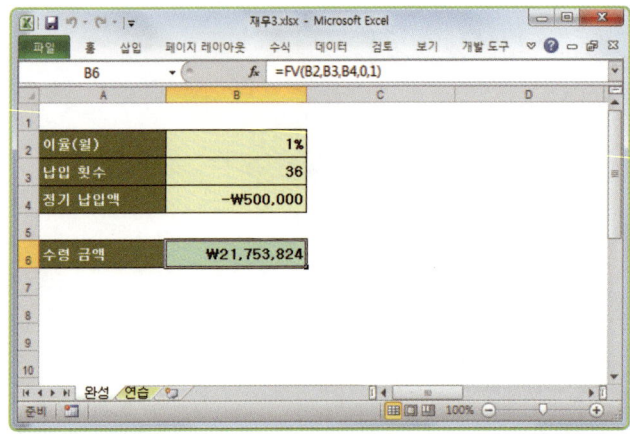

① B6 셀에 =FV(B2,B3,B4,0,1)을 입력합니다.

이 식은 =FV(1%,36,−500000,0,1)과 같이 작성해도 됩니다.

3년 후의 미래 가치를 알아야 하므로 FV 함수를 사용해야 합니다. 기간은 3년이고, 이율은 월 단위이기 때문에 납입 횟수를 월로 환산해서 36을 입력해야 합니다. 정기 납입액은 미래를 위해 지불하는 돈이므로 음수로 기술합니다.

[재무4.xlsx]

SECTION 235 | 천만원을 년리 7%로 3년간 빌리면 얼마를 갚아야 하나?

금융 기관에서 1000만원을 대출을 받았습니다. 년 이율이 7%인데 3년 후에 대출금을 갚아야 합니다. 그러면 3년 후에 저는 얼마를 상환하는 건가요?

B6 셀에 결과 기록되었습니다.

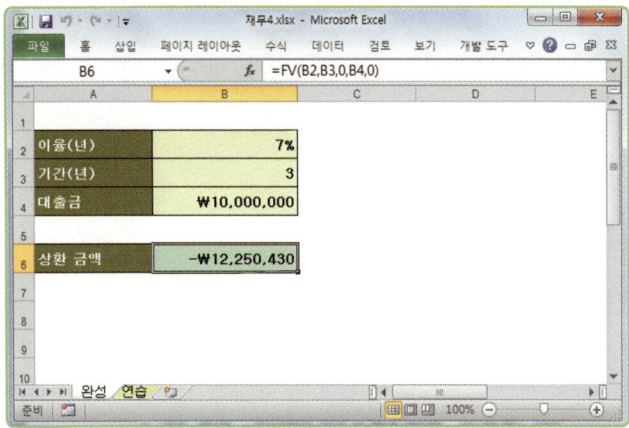

① B6 셀에 **=FV(B2,B3,0,B4,0)**을 입력합니다.

이 식은 **=FV(7%,3,0,10000000,0)**으로 입력해도 됩니다.

상환 금액은 지불해야 하는 금액이므로 음수로 표시됩니다. 이율이 년리이기 때문에 기간도 년 단위로 3을 지정해야 합니다.

SECTION 236

당좌대월 상태에서 50만원씩 적립해서 1억이 되는 기간은?

[재무5.xlsx]

현재 저는 800만원의 당좌 대월이 있는 상태입니다. 이 상태에서 매월말 50만원씩 적립을 하려고 합니다. 월 이율이 0.6%일 때 적립금의 총액이 1억이 되려면 몇 년이 걸리나요?

B7 셀과 B8 셀에는 당좌대월과 적립금의 이자가 모두 0.6%인 경우의 결과가 있습니다. B10 셀과 B11 셀은 당좌 대월 이자는 0.8%이고, 적립금의 이자는 0.6%인 경우의 결과가 있습니다.

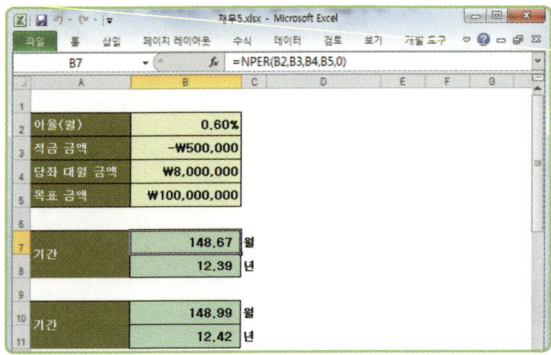

① B7 셀에 =NPER(B2,B3,B4,B5,0)을 입력합니다.

② B8 셀에 =B7/12를 입력합니다.

③ B10 셀에 =NPER(0.008,B3,B4,0,0)+NPER(B2,B3,0,B5,0)을 입력합니다.

④ B11 셀에 =B10/12를 입력합니다.

기간을 구해야 하므로 NPER 함수를 사용합니다. 당좌 대월은 대출을 받은 돈이기 때문에 양수로 기술합니다. 하지만 적립금은 지불해야 하는 돈이기 때문에 음수로 기술합니다. 당좌 대월 이자와 적립금의 이자가 다른 경우의 식이 B10 셀의 식입니다.

SECTION 237

[재무6.xlsx]
2년 후에 받을 3천만원의 권리는 얼마에 양도할 수 있을까?

제가 거래업체에서 받을 돈이 3천만원이 있습니다. 그런데 그 회사의 사정이 안 좋아 2년 동안 지불을 유예해달라고 합니다. 하지만 저는 돈이 필요한 상태라서 이 권리를 다른 사람에게 양도 하려고 합니다. 년 할인율을 8.5%로 가정하면 저는 얼마를 받게 되나요?

B6 셀에 양도 금액이 기록되었습니다.

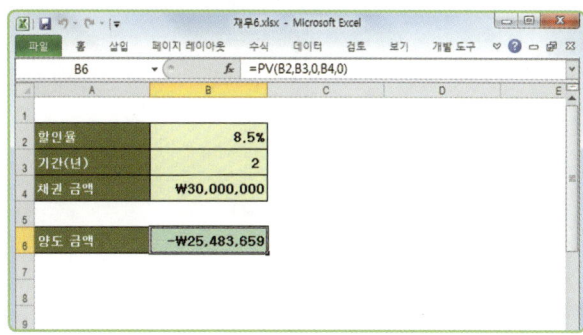

1 B6 셀에 =PV(B2,B3,0,B4,0)을 입력합니다.

이 식은 =PV(8.5%,2,0,30000000,0)과 같이 입력해도 됩니다.

> 미래의 3천만원에 대한 현재 가치를 구하는 작업이기 때문에 PV 함수를 사용합니다. 양도 금액은 권리를 양도 받는 사람이 지불하는 금액이기 때문에 음수로 표시됩니다.

SECTION 238

년간 4800만원의 임대수익이 있는 상가를 얼마에 사야?

[재무7.xlsx]

앞으로 5년 동안 매년 4800만원의 임대 수익이 보장되는 상가가 있습니다. 임대료는 매월말에 나오고 할인율을 8%로 가정하면 이 상가를 구입하기 위해서 얼마를 지불해야 하나요?

B6 셀에 결과가 기록되어 있습니다.

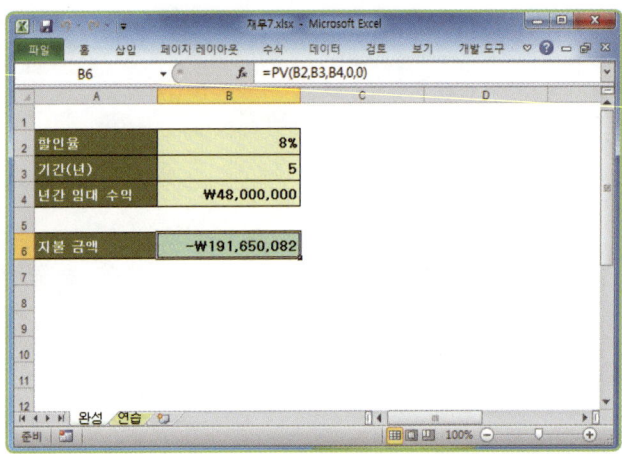

1 B6 셀에 **=PV(B2,B3,B4,0,0)**을 입력합니다.

이 식은 **=PV(8%,5,48000000,0,0)**으로 입력해도 됩니다.

고정된 수입이 예상되는 임대 자산의 현재 가치를 구해야 하므로 PV 함수를 사용해야 합니다. 자산을 취득하기 위해 지불해야 하는 금액이므로 지불 금액은 음수로 표시됩니다.

[재무8.xlsx]

SECTION 239

4개월 만기의 천만원짜리 어음을 950만원 받으면 할인율은?

거래처에서 4개월 만기의 1000만원짜리 어음을 받았습니다. 금융 기관에서 할인을 하려고 하는데 950만원을 준다고 합니다. 이 경우 할인율은 얼마인가요?

B6 셀에 결과가 기록되었습니다.

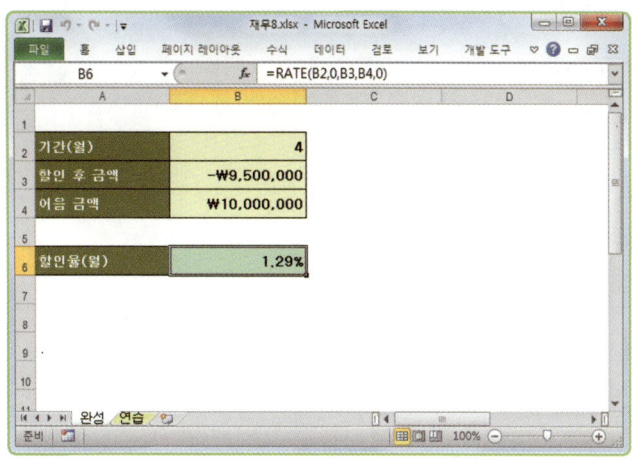

1 B6 셀에 **=RATE(B2,0,B3,B4,0)**을 입력합니다.

이 식은 **=RATE(4,0,-9500000,10000000,0)**을 입력해도 됩니다.

> 이율을 구해야 하므로 RATE 함수를 사용합니다. 할인 후 금액은 금융 기관에서 지불하는 돈이므로 음수로 기술합니다. 어음 금액은 금융 기관이 4개월 후 취득하는 금액이므로 양수로 기술합니다.

[재무9.xlsx]

SECTION 240
매월 250만원의 임대료 받는 상가는 얼마주고 사야 하나?

매월 초에 선불로 250만원의 임대료 수익을 올릴 수 있는 상가가 있습니다. 이 상가는 5년 후에는 5억원 정도를 받을 수 있을 거라고 합니다. 매월 0.75%의 할인율을 적용하면 이 상가는 얼마를 지불하고 사야 하나요?

B7 셀에 구입 금액이 기록되었습니다.

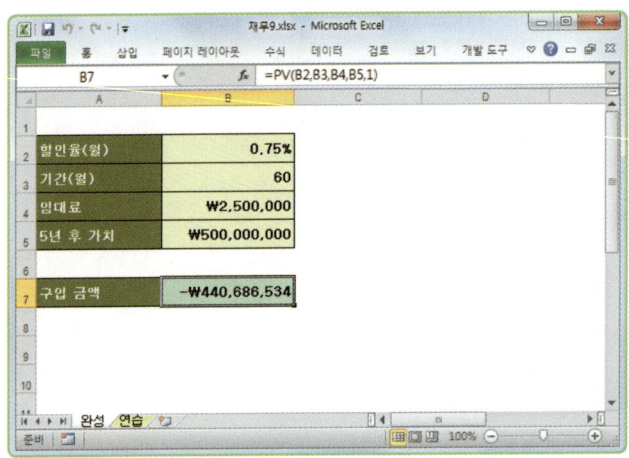

① B7 셀에 **=PV(B2,B3,B4,B5,1)**을 입력합니다.

또는 **=PV(0.75%,60,2500000,500000000,1)**을 입력해도 됩니다.

> 상가의 현재 가치를 계산하는 문제이므로 PV 함수를 사용합니다. 할인율이 월 단위이기 때문에 기간도 월로 조절해서 60을 지정합니다. 구입 금액은 지불하는 돈 이므로 음수로 표시됩니다. 만일 임대료를 매월 말에 후불로 받는다면 마지막의 1을 0으로 수정해야 합니다.

[재무10.xlsx]

2억에 산 임대 상가를 5년 후 3억에 팔면 수익률은?

매월 초에 선불로 120만원의 임대료를 받는 상가를 2억원에 분양 받았습니다. 이 상가를 5년 후에 3억원에 팔 수 있다는데 그러면 수익률은 어떻게 되나요?

B7 셀에 수익률이 기록되었습니다.

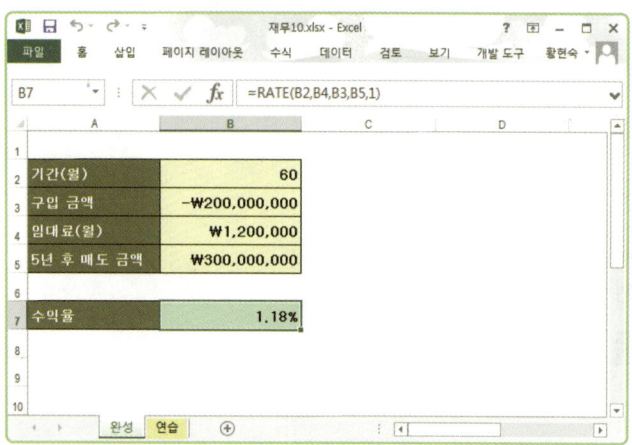

① B7 셀에 =RATE(B2,B4,B3,B5,1)을 입력합니다.

이 식은 =RATE(60,1200000,-200000000,300000000,1)을 입력해도 됩니다.

임대료가 월 단위이므로 기간도 월로 환산해서 60을 지정해야 합니다. 구입 금액은 지불하는 금액이므로 음수로 기술합니다. 매도 금액은 받는 금액이므로 양수로 기술합니다. 만일 임대료를 매월 말 후불로 받는다면 마지막 인수 1을 0으로 수정합니다.

SECTION 242

[재무11.xlsx]
1억 6천만원짜리 임대 상가의 5년 후 매각 금액은?

매월 선불로 100만원의 임대료를 받을 수 있는 상가를 1억 6천만원을 지불하고 구입했습니다. 이 상가를 5년 후에 매각하려고 합니다. 매월 1%의 수익률을 기대한다면 이 상가의 5년 후 매각 금액은 얼마가 되나요?

B7 셀에 매각 금액이 기록되었습니다.

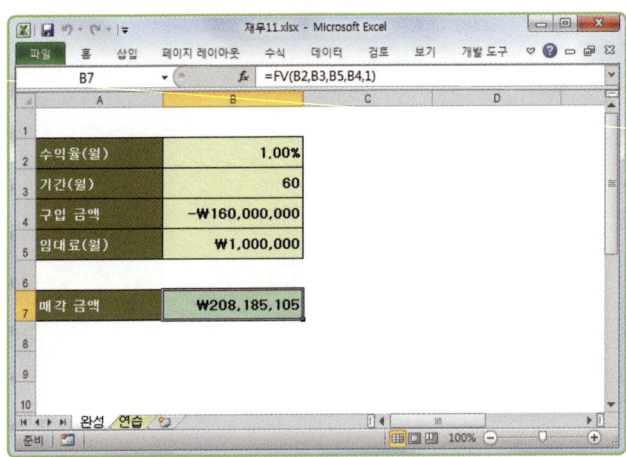

① B7 셀에 **=FV(B2,B3,B5,B4,1)**을 입력합니다.

이 식은 **=FV(1%,60,1000000,-160000000,1)**을 입력해도 됩니다.

5년 후의 상가의 미래 가치를 따지는 문제이므로 FV 함수를 사용합니다. 기대 수익률이 월 단위이므로 5년을 월로 환산해서 60을 지정합니다. 구입 금액을 지불하는 금액이므로 음수로 기술합니다. 임대료를 매월 말에 받는다면 마지막 인수 1을 0으로 수정합니다.

[재무12.xlsx]

SECTION 243

2천만원을 월 0.5% 이율로 3년 동안 상환하면 월 납입액은?

2천만원을 빌렸습니다. 이 차입금은 3년에 걸쳐 매월 말에 갚기로 하고 이자는 월 0.5%의 이율로 지급하기로 했습니다. 제가 매월 납입해야 하는 금액은 얼마인가요?

B6 셀에 매월의 납입 금액이 기록되었습니다.

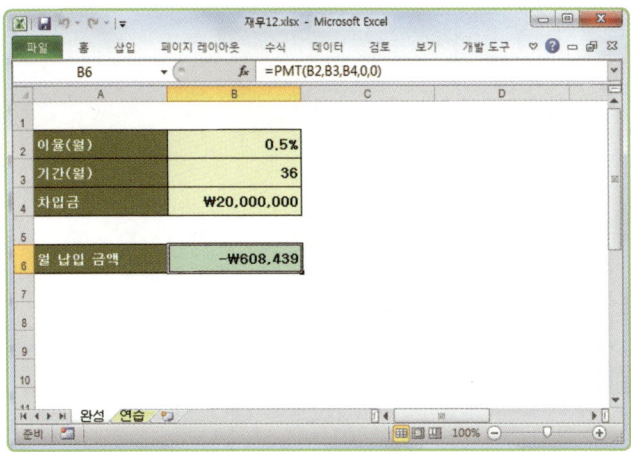

1 B6 셀에 **=PMT(B2,B3,B4,0,0)**을 입력합니다.

이 식은 **=PMT(0.5%,36,20000000,0,0)**을 입력해도 됩니다.

> 정기 납입액을 구해야 하므로 PMT 함수를 사용해야 합니다. 이율이 월 단위이므로 기간도 월로 환산해서 36을 기술합니다. 월 납입 금액은 지불하는 돈이므로 음수로 표시됩니다.

[재무13.xlsx]

SECTION 244 월 상환 금액에 맞춰 대출 가능 금액을 알아보려면?

저는 매월 50만원씩 지불할 능력이 있습니다. 월 이율 0.45%에 20년 상환 조건으로 주택 담보 대출을 받는다면 저는 얼마까지 대출을 받을 수 있을까요?

B6 셀에 대출 가능 금액이 있습니다.

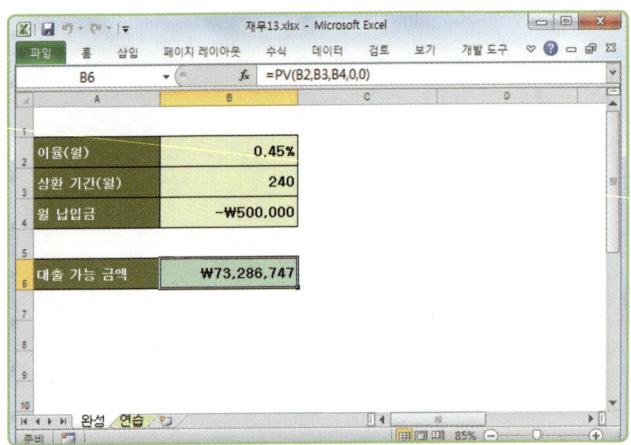

① B6 셀에 **=PV(B2,B3,B4,0,0)**을 입력합니다.

이 식은 **=PV(0.45%,240,-500000,0,0)**를 입력해도 됩니다.

대출금의 현재 가치를 구하므로 PV 함수를 사용합니다. 납입금이 월 단위이므로 기간과 이율도 월 단위로 계산합니다. 월 납입금은 매월 지불하는 돈이므로 음수로 기술합니다. 대출 가능 금액은 지불 받는 돈이므로 양수로 표시됩니다.

[재무14.xlsx]

SECTION 245 주택 담보 대출의 상환 기간을 계산하려면?

주택을 담보로 1억 5천만원을 대출 받고 매월 120만원씩 상환하려고 합니다. 월 이율은 0.45% 인데 완전히 상환하려면 몇 년이나 걸릴까요?

B6 셀에 기간이 기록되었습니다.

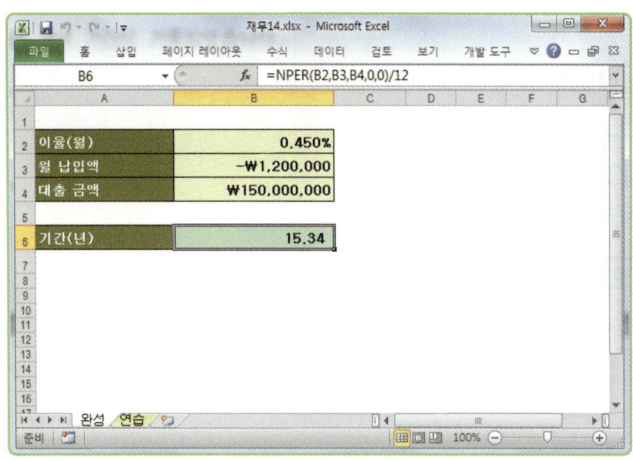

① B6 셀에 =NPER(B2,B3,B4,0,0)/12를 입력합니다.

이 식은 =NPER(0.45%,-1200000,150000000,0,0)/12를 입력해도 됩니다.

기간을 구해야 하므로 NPER 함수를 사용합니다. 이율과 납입금이 월 단위이기 때문에 결과도 월 단위로 나옵니다. 년으로 변환하기 위해서 12로 나누었습니다. 월 납입액은 지불하는 금액이기 때문에 음수로 기술합니다.

[재무15.xlsx]

SECTION 246 천만원을 빌리고 월 100만원씩 12개월 갚으면 이율은?

1000 만원을 빌리고 매월 선불로 100 만원씩 12번을 갚기로 했습니다. 1년에 걸쳐 총 1200 만원을 상환하는 셈인데 이 경우 이율이 얼마인가요?

월 이율과 년간 이율들이 B6, B8, B9 셀에 구해졌습니다.

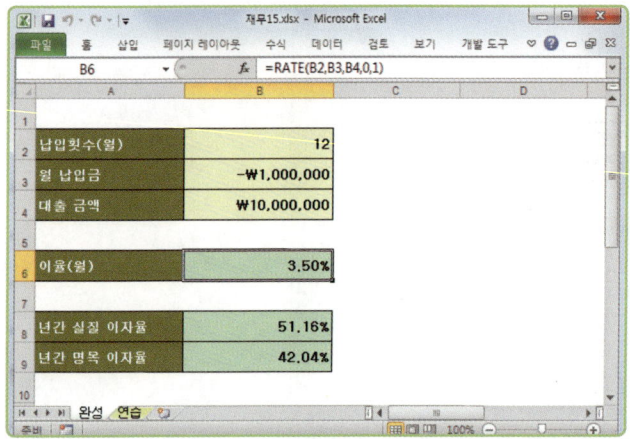

① B6 셀에 **=RATE(B2,B3,B4,0,1)**을 입력합니다.

　이 식은 **=RATE(12,−1000000,10000000,0,1)**을 입력해도 됩니다.

② B8 셀에 **=(1+B6)^12−1**을 입력합니다.

③ B9 셀에 **=B6*12**를 입력합니다.

이율을 구하는 문제이므로 RATE 함수를 사용해야 합니다. 월 납입금은 지불하는 돈이므로 음수로 기술합니다. 매월 선불로 납입하므로 마지막 인수를 1로 기술합니다. 만일 후불이라면 마지막 인수를 0으로 기술합니다. 실질 이자율은 복리 계산을 합니다.

[재무16.xlsx]

2년 만기 7% 이율로 대출시 매회 이자는?

천만원을 연리 7%로 대출을 받았습니다. 만기는 2년입니다. 저의 경우 매회 지불하게 되는 이자가 얼마인지 알고 싶습니다.

B7 셀부터 회차별로 이자가 기록되었습니다. 6회까지만 구했습니다.

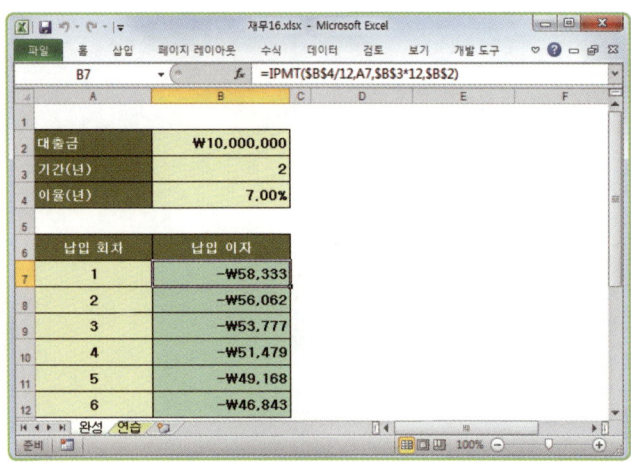

① B7 셀에 =IPMT($B$4/12,A7,$B$3*12,$B$2)을 입력하고 채우기 핸들을 더블클릭합니다.

이자를 구해야 하기 때문에 IPMT 함수를 사용합니다. 납입 이자는 지불되는 돈이므로 음수로 표시됩니다. 이율이 년 단위이므로 기간도 년 단위로 기술합니다.

[재무17.xlsx]

SECTION 248
2년 만기 7% 이율로 대출시 매회 상환 원금은?

천만원을 연리 7%로 대출을 받았습니다. 만기는 2년입니다. 저의 경우 매회 상환하게 되는 원금이 얼마인지 알고 싶습니다.

B7 셀부터 회차별로 원금이 기록되었습니다. 6회까지만 구했습니다.

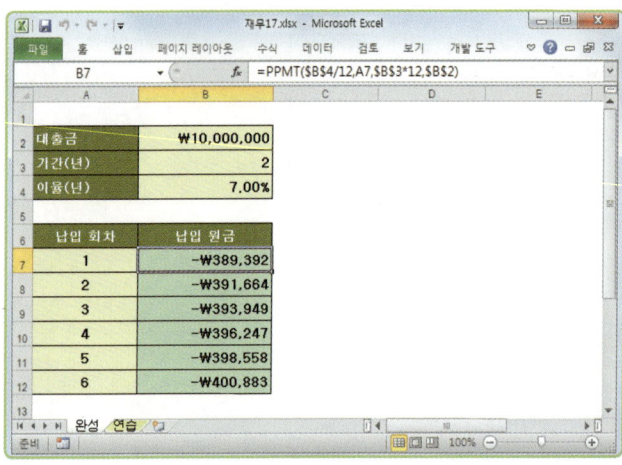

① B7 셀에 **=PPMT($B$4/12,A7,$B$3*12,$B$2)**를 입력하고 채우기 핸들을 더블클릭합니다.

이자를 구해야 하기 때문에 PPMT 함수를 사용합니다. 납입 원금은 지불되는 돈이므로 음수로 표시됩니다. 이율이 년 단위이므로 기간도 년 단위로 기술합니다.

[재무18.xlsx]

SECTION 249 회차별 대출 원금, 이자, 누적 납입금, 잔액은?

2천만원을 연리 5.5%로 대출을 받았습니다. 만기는 1년 입니다. 제가 지불해야 하는 원금, 이자, 누적 납입금, 대출 잔액 등을 볼 수 있는 표를 좀 만들어주세요. 부탁!

4가지 금액을 보여주는 표를 만들었습니다.

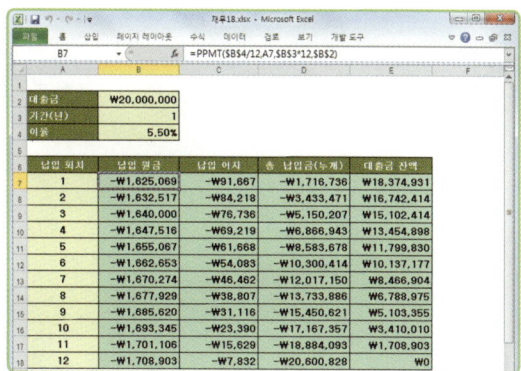

① B7 셀에 =PPMT($B$4/12,A7,$B$3*12,$B$2)를 입력하고 채우기 핸들을 더블클릭합니다.

② C7 셀에 =IPMT($B$4/12,A7,$B$3*12,$B$2)를 입력하고 채우기 핸들을 더블클릭합니다.

③ D7 셀을 클릭하고 =B7+C7을 입력합니다.

④ E7 셀을 클릭하고 =$B$2+SUM($B$7:$B7)을 입력합니다.

원금을 계산할 때는 PPMT 함수를, 이자를 계산할 때는 IPMT 함수를 사용해야 합니다. 기간이 1년이기 때문에 회차별 계산을 위해 이율을 12로 나누었습니다.

[재무19.xlsx]

SECTION 250
4회에서 6회까지 대출 이자 총계를 구하려면?

2500만원을 연리 5%의 이율로 대출을 받았습니다. 만기는 1년입니다. 4회차에서 6회차까지만 이자의 총액을 알고 싶습니다.

B8 셀에 4회에서 6회까지의 이자 총액이 구해졌습니다.

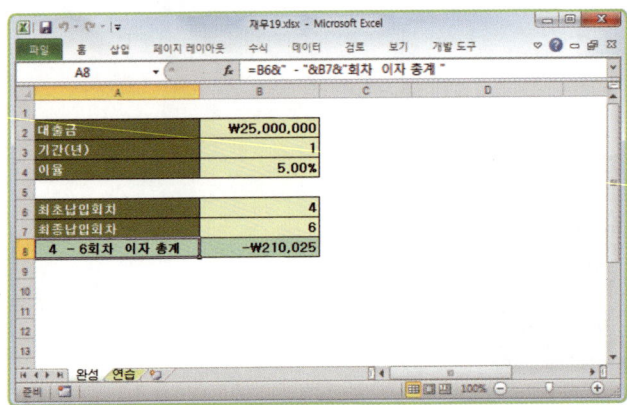

1 A8 셀에 =B6&" - "&B7&"회차 이자 총계 "를 입력합니다.

2 B8 셀에 =CUMIPMT(B4/12,B3*12,B2,B6,B7,0)을 입력합니다.

A8 셀의 식은 입력된 회차를 & 연결자로 연결해서 제목을 표시합니다. 특정 회차 동안의 이자의 총계를 구할 때는 CUMIPMT 함수를 사용해야 합니다. 기간은 1년이고 회차별 이자 계산을 해야 하기 때문에 이율을 12로 나누었습니다. 이자는 지불하는 돈이므로 음수로 표시됩니다.

[재무20.xlsx]

SECTION 251 4회에서 6회까지 대출 상환 원금 총계를 구하려면?

2500만원을 연리 5%의 이율로 대출을 받았습니다. 만기는 1년입니다. 4회차에서 6회차까지만 상환 원금의 총액을 알고 싶습니다.

B8 셀에 4회에서 6회까지의 원금의 총액이 구해졌습니다.

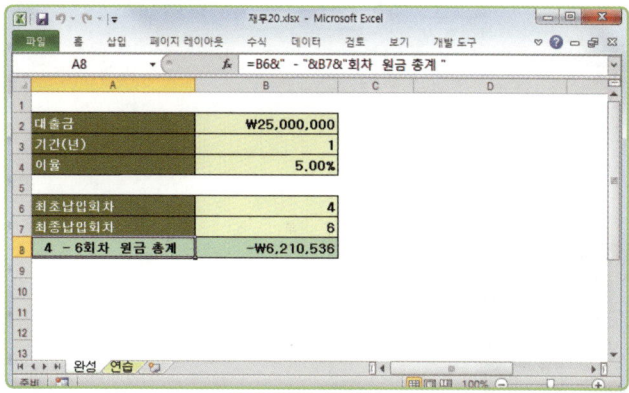

① A8 셀에 =B6&" - "&B7&"회차 원금 총계 "를 입력합니다.

② B8 셀에 =CUMPRINC(B4/12,B3*12,B2,B6,B7,0)을 입력합니다.

A8 셀의 식은 입력된 회차를 & 연결자로 연결해서 제목을 표시합니다. 특정 회차 동안 원금의 총계를 구할 때는 CUMPRINC 함수를 사용해야 합니다. 기간은 1년이고 회차별 이자 계산을 해야 하기 때문에 이율을 12로 나누었습니다. 상환 원금은 지불하는 돈이므로 음수로 표시됩니다.

SECTION 252

정액법으로 차량의 감가상각비를 구하려면?

[재무21.xlsx]

저희 회사에서 운영하는 업무용 차량에 대해 감가상각비를 구해야 합니다. 사용 연한 동안 매년 동일한 금액을 감가 상각하는 정액법으로 감가상각비용을 계산하는 방법을 알려주세요.

감가상각 금액과 누계액 그리고 잔존 가치를 년수별로 구했습니다.

① C7 셀에 =SLN($C$2,$C$4,$C$3)을 입력한 후, 채우기 핸들을 더블클릭합니다.

② D7 셀에 =C7을 입력하고, D8 셀에 =C8+D7을 입력한 후, D8 셀의 채우기 핸들을 더블클릭합니다.

③ E7 셀에 =$C$2-D7을 입력하고 채우기 핸들을 더블클릭합니다.

매년 동일한 금액을 감가상각을 할 때는 SLN 함수를 사용합니다. 잔존 가치는 취득 원가에서 감가상각비용의 누계액을 빼서 계산했습니다.

[재무22.xlsx]

SECTION 253 정률법으로 차량의 감가상각비를 구하려면?

저희 회사에서 운영하는 업무용 차량에 대해 감가상각비를 구해야 합니다. 사용 연한 동안 매년 동일한 비율로 감가 상각하는 정률법으로 감가상각비용을 계산하는 방법을 알려주세요.

감가상각 금액과 누계액 그리고 잔존 가치를 년수별로 구했습니다.

① C8 셀에 =DB($C$2,$C$4,$C$3,B8,$C$5)을 입력한 후, 채우기 핸들을 더블클릭합니다.

② D8 셀에 =C8을 입력하고, D9 셀에 =C9+D8을 입력한 후, D9 셀의 채우기 핸들을 더블클릭합니다.

③ E8 셀에 =$C$2-D8을 입력한 후, 채우기 핸들을 더블클릭합니다.

매년 동일한 비율로 감가상각을 할 때는 DB 함수를 사용합니다. 잔존 가치는 취득 원가에서 감가상각비용의 누계액을 빼서 계산했습니다.

SECTION 254

[재무23.xlsx]
년수 합계법으로 차량의 감가상각비를 구하려면?

저희 회사에서 운영하는 업무용 차량에 대해 감가상각비를 구해야 합니다. 가속 상각법의 하나인 년수 합계법으로 감가상각비용을 계산하는 방법을 알려주세요.

감가상각 금액과 누계액 그리고 잔존 가치를 년수별로 구했습니다.

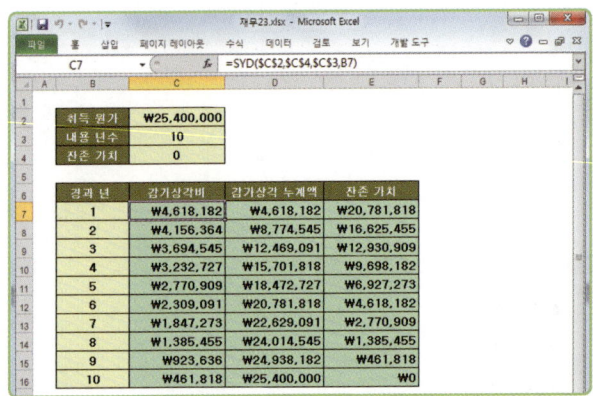

① C7 셀에 **=SYD($C$2,$C$4,$C$3,B7)**을 입력한 후, 채우기 핸들을 더블클릭합니다.

② D7 셀에 **=C7**을 입력하고, D8 셀에 **=C8+D7**을 입력한 후, D8 셀의 채우기 핸들을 더블클릭합니다.

③ E7 셀에 **=$C$2-D7**을 입력한 후, 채우기 핸들을 더블클릭합니다.

> 년수 합계법으로 감가상각을 할 때는 SYD 함수를 사용합니다. 잔존 가치는 취득 원가에서 감가상각비용의 누계액을 빼서 계산했습니다.

[재무24.xlsx]

이중 체감법으로 차량의 감가상각비를 구하려면?

저희 회사에서 운영하는 업무용 차량에 대해 감가상각비를 구해야 합니다. 이중 체감법으로 감가상각비용을 계산하는 방법을 알려주세요.

감가상각 금액과 누계액 그리고 잔존 가치를 년수별로 구했습니다.

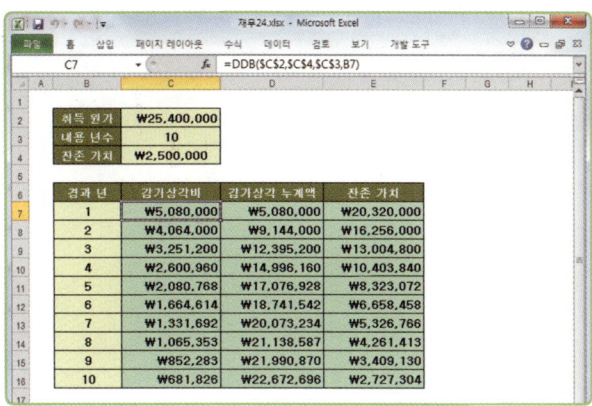

① C7 셀에 **=DDB($C$2,$C$4,$C$3,B7)**을 입력한 후, 채우기 핸들을 더블클릭합니다.

② D7 셀에 **=C7**을 입력하고, D8 셀에 **=C8+D7**을 입력한 후, D8 셀의 채우기 핸들을 더블클릭합니다.

③ E7 셀에 **=$C$2-D7**을 입력한 후, 채우기 핸들을 더블클릭합니다.

> 이중 체감법으로 감가상각을 할 때는 DDB 함수를 사용합니다. 잔존 가치는 취득 원가에서 감가상각비용의 누계액을 빼서 계산했습니다.

SECTION 256

명목 금리와 실질 금리를 변환하려면

[재무25.xlsx]

금융 기관에서 제시하는 금리는 명목 금리인걸로 압니다. 하지만 실제로 지불하는 금액은 복리 계산을 하는 실질 금리라고 하는데... 명목 금리와 실질 금리는 어떻게 변환할 수 있나요?

금리를 변환하는 작업은 연간 복리 계산 횟수에 따라 달라집니다. 2개의 금리 변환표를 만들었습니다.

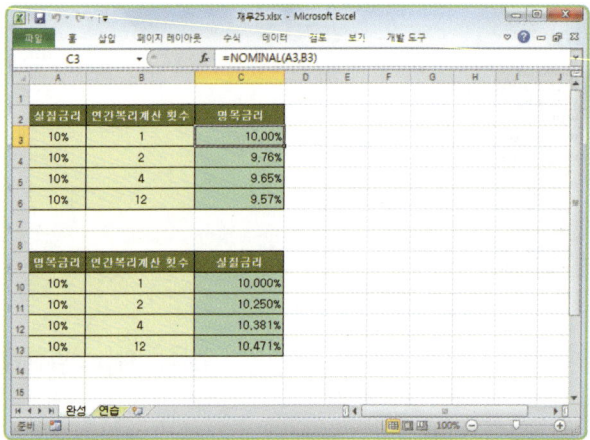

1 C3 셀에 =NOMINAL(A3,B3)을 입력하고 채우기 핸들을 더블클릭합니다.

2 C10 셀에 =EFFECT(A10,B10)을 입력하고 채우기 핸들을 더블클릭합니다.

> 실질 금리를 명목 금리로 변환할 때는 NORMAL 함수를 사용하고, 명목 금리를 실질 금리로 변환할 때는 EFFECT 함수를 사용합니다.

EXCEL PART 12

엑셀 함수 Q&A

논리, 에러, 정보 처리하기

Q&A

[논리1.xlsx]

SECTION 257 점수대별로 평점을 부여하려면

회사에서 기본 직무 능력을 평가하기 위해 엑셀, 파워포인트, 워드 등 3가지 실기 테스트를 했습니다. 100점 만점으로 채점을 해서 총점과 평균까지 구했죠. 이제 평균 점수를 기준으로 90점 이상이면 A, 80점 이상이면 B, 70점 이상이면 C, 60점 이상이면 D, 59점 이하이면 F로 평점을 매겨야 합니다. 한 개의 식으로 처리하는 예를 보여주세요.

G열에 평점이 기록되었습니다.

① G2 셀에 다음 식을 입력합니다.

=IF(F2>=90,"A",IF(F2>=80,"B",IF(F2>=70,"C",IF(F2>=60,"D","F"))))

② G2 셀의 채우기 핸들을 더블클릭합니다.

제일 처음 등장하는 IF 식부터 하나씩 실행됩니다. 90점 이상이면 "A"를 기록하고 아니면 다시 IF 식을 실행해서 80점 이상인가를 확인합니다. 80점 이상이면 "B"를 기록하는 방식으로 평점이 계산됩니다. IF 식 안에 또 IF 식을 기술할 수 있다는 점을 이용합니다.

[논리2.xlsx]

SECTION 258
60점 미만의 과락 점수에 대해 "불합격" 처리하려면

직원들의 기본 직무 능력을 평가하기 위해 3 과목의 시험을 보았습니다. 평균이 60점 이상이면서 과락 점수가 없으면 "합격"입니다. 그러나 한 과목이라도 60점 미만이 있거나, 평균이 60점이 안되면 "불합격"입니다. 이 조건으로 "합격"과 "불합격"을 기록하는 식을 알려주세요.

G열에 "합격"이나 "불합격"이 기록되었습니다.

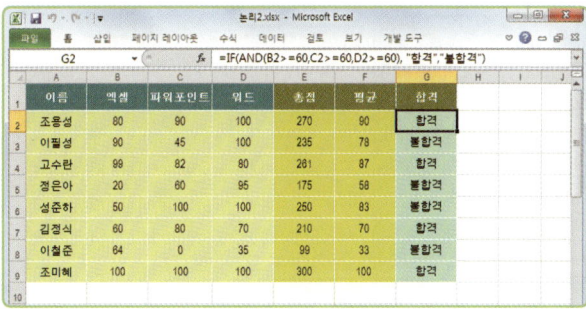

1 G2 셀에 다음 식을 입력합니다.

=IF(AND(B2>=60,C2>=60,D2>=60), "합격","불합격")

2 G2 셀의 채우기 핸들을 더블클릭합니다.

AND 함수는 그 안에 기술된 3개의 조건이 모두 충족되어야 TRUE를 반환합니다. 즉, 위의 식에서는 3개 과목이 모두 60점 이상이어야 TRUE를 반환합니다. 3개 과목이 모두 60점 이상이면 당연히 평균은 60점 이상이 됩니다. 그리고 그 중 한 과목이라도 60점 미만이 있으면 AND 함수의 결과는 FALSE가 됩니다. AND 함수를 계산한 후 TRUE이면 IF 식에 의해 "합격"이 기록되고, 아니면 "불합격"이 기록됩니다.

[논리3.xlsx]

SECTION 259

행사 참석자와 불참자를 구분하려면

전 직원이 참석하는 수해복구 행사에 참석자의 명단이 있습니다. 이 명단과 직원 전체 명단을 비교해서 참석 여부를 기록해야 합니다. 참석자에 대해 "참석"이라고 기록하고 불참자에 대해서 불참"이라고 기록하는 방법을 알려주세요/

D열에는 "참석"을 기록했습니다. E열에는 "불참"을 기록했습니다. "참석"을 기록하는 방법과 "불참"을 기록하는 방법을 보여줍니다.

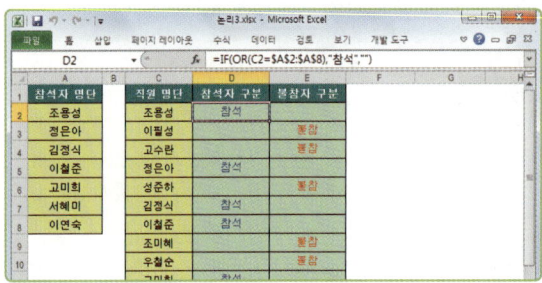

① D2 셀에 **=IF(OR(C2=$A$2:$A$8),"참석","")**을 입력한 후, 채우기 핸들을 잡고 D14 셀까지 드래그합니다.

② E2 셀에 **=IF(AND(C2<>$A$2:$A$8),"불참","")**을 입력한 후, 수식 입력줄에 커서를 위치시키고, Ctrl + Shift + Enter 키를 눌러 중괄호를 입력합니다. 이 식은 배열식입니다.

③ E2 셀의 채우기 핸들을 잡고 E14 셀까지 드래그합니다.

> OR(C2=$A$2:$A$8) 식은 C2 값과 A2:A8 셀의 값을 비교하면서 한번이라도 TRUE가 나오면, 더 이상 조사하지 않고 TRUE를 반환하여 IF 식이 실행됩니다. 따라서 배열이 필요 없습니다. AND(C2<>$A$2:$A$8) 식은 C2 값과 A2:A8 셀의 값을 비교해서 모두 TRUE이어야 최종 결과가 TRUE이기 때문에 비교의 결과를 모아둔 배열이 필요합니다. 그래서 이 식은 배열식이고, 따라서 Ctrl + Shift + Enter 키를 눌러 중괄호를 입력해야 합니다.

[논리4.xlsx]

SECTION 260

"서울", "경기"의 "디카" 구매자에게만 경품을 주려면

온라인 쇼핑몰을 운영하고 있습니다. 저희는 가끔 경품을 제공하는 이벤트를 실시합니다. 이번에는 서울이나 경기도에 거주하시는 분들 중에서 디카를 구입한 분들에게만 경품을 제공하려고 합니다. 판매 기록에서 이들을 골라내서 "당첨"이라고 기록하려면 어떻게 해야 할까요?

조건에 맞는 고객들은 E열에 "당첨"이라고 기록됩니다.

① E2 셀에 =IF(AND(B2="디카",OR(C2="서울",C2="경기")),"당첨","")을 입력합니다.

② E2 셀의 채우기 핸들을 더블클릭합니다.

> 먼저 OR(C2="서울",C2="경기") 식으로 거주지가 서울이거나 경기이면 TRUE를 반환하게 합니다. B2="디카" 식은 디카를 구입했으면 TRUE를 반환합니다. 이제 AND 함수로 2개의 결과가 모두 TRUE인 경우만 TRUE를 반환하게 합니다. 최종 결과가 TRUE이면 IF 식으로 "당첨"을 기록하게 합니다.

SECTION 261

[논리5.xlsx]

한 과목이라도 공백이면 "재시험"을 기록하려면

직원들을 대상으로 기본 직무 능력 시험을 보았습니다. 3 과목에 대해 총점을 구하고 있는데 시험을 못 본 경우는 그 과목이 공백으로 남아 있습니다. 0점은 0점으로 기록되었고요. 출장 등의 이유로 응시를 못한 공백 점수가 있는 경우는 총점 대신에 "재시험"이라고 기록해야 합니다. 어떻게 하나요?

E열에 총점이 기록됩니다. 그러나 한 과목이라도 공백이 있으면 "재시험"이 기록됩니다.

① E2 셀에 다음 식을 입력합니다.

=IF(AND(ISNUMBER(B2),ISNUMBER(C2),ISNUMBER(D2)),B2+C2+D2,"재시험")

② E2 셀의 채우기 핸들을 잡고 E9 셀까지 드래그합니다.

> ISNUMBER 함수로 3개 과목이 숫자인가를 확인합니다. 이 함수는 만일 공백이 있다면 FALSE를 반환합니다. AND 함수는 3개 과목이 모두 숫자이서 모두 TRUE를 반환한 경우에만 TRUE를 반환합니다. IF 식은 AND 함수의 결과가 TRUE인 경우는 총점을 기록하고, 아니면 "재시험"을 기록합니다.

[논리6.xlsx]

SECTION 262 시간 계산에서 음수가 나오지 않게 하려면

직원들의 작업 시간을 계산하고 있는데 자꾸 음수가 나와서 고민입니다. 시작 시간에서 종료 시간을 빼면 간단히 작업 시간이 나옵니다. 그런데... 하루가 넘어 가는 경우, 음수가 나오기도 합니다. 예를 들어, 저녁 10시에 시작해서 새벽 4시에 끝나는 경우, 단순한 뺄셈으로는 결과가 음수가 되어 에러가 나옵니다. 이 문제를 해결할 쿨한 방법이 없나요?

D열에 에러 없이 작업 시간이 기록되었습니다.

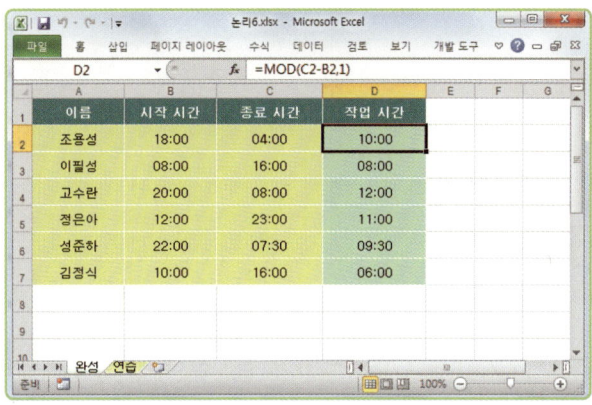

① D2 셀에 =MOD(C2-B2,1)을 입력한 후, 채우기 핸들을 더블클릭합니다.

MOD 함수는 나머지를 구하는 함수입니다. 나머지가 음수인 경우는 없습니다. 그래서 1로 나누어 음수를 없애고 있습니다.

[논리7.xlsx]

SECTION 263
VLOOKUP 함수 사용시 #NA 에러를 없애려면

VLOOKUP 함수를 사용해서 표에서 값을 찾다가 해당되는 값이 없으면 NA# 에러가 발생하잖아요? 그 #NA 표시를 없애는 방법 좀 알려주세요.

IF 식을 이용해서 #NA 에러가 발생하는 경우는 "불참"이라고 기록했습니다.

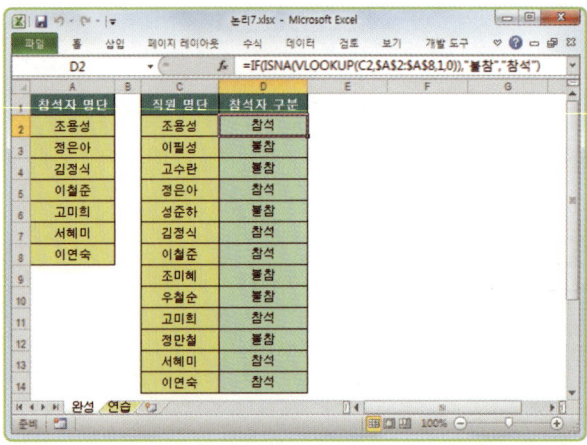

① D2 셀에 =IF(ISNA(VLOOKUP(C2,$A$2:$A$8,1,0)),"불참","참석")을 입력합니다.

② D2 셀의 채우기 핸들을 더블클릭합니다.

> VLOOKUP 함수를 이용하는 상황에 따라 다를 수 있지만 ISNA 함수를 사용하면 #NA 에러가 발생하는 걸 감지할 수 있습니다. 그래서 위의 식에서는 #NA 에러가 발생하면 "불참"이라고 기록하게 했습니다. 이와 같이 IF 식과 ISNA 함수를 사용하면, #NA 에러가 발생하는 경우, #NA가 아닌 다른 글자나 공백이 표시되게 할 수 있습니다.

[논리8.xlsx]

SECTION 264 작업 중인 시트의 완전한 경로 이름을 알려면

제가 현재 작업하고 시트에 대해 완전한 경로 이름을 얻으려면 어떻게 하나요? 하드디스크부터 시작해서 시트 이름까지 완전한 경로 이름을 구하는 방법을 알려주세요.

C8 셀에 완전한 경로 이름이 있습니다. C열을 더 크게 늘려 보세요. 그 외 셀에 대한 다른 정보도 C열에 기록되어 있습니다.

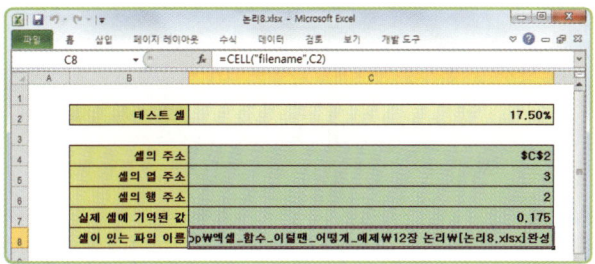

① C4 셀에 **=CELL("address",C2)**를 입력합니다.

② C5 셀에 **=CELL("col",C2)**를 입력합니다.

③ C6 셀에 **=CELL("row",C2)**를 입력합니다.

④ C7 셀에 **=CELL("contents",C2)**를 입력합니다.

⑤ C8 셀에 **=CELL("filename",C2)**를 입력합니다.

CELL 함수는 지정한 셀에 대한 정보를 반환합니다. 첫 번째 인수에 12개의 인수를 지정해서 12개의 정보를 얻을 수 있습니다. 그 중 "filename" 인수를 지정하면 현재 사용 중인 시트의 완전한 경로가 표시됩니다. 첫 번째 인수의 종류는 도움말에도 자세히 나와 있습니다.

SECTION 265

[논리9.xlsx]

현재 작업 중인 시트의 이름만 표시하려면

현재 제가 작업하고 있는 시트의 이름을 기술하려면 어떻게 하나요? CELL 함수를 사용하면 시트의 완전한 경로를 얻을 수 있는데… 거기서 시트 이름만 추출하려면 어떻게 해야 하는지요?

C2 셀에 현재 작업 시트의 이름이 표시되었습니다.

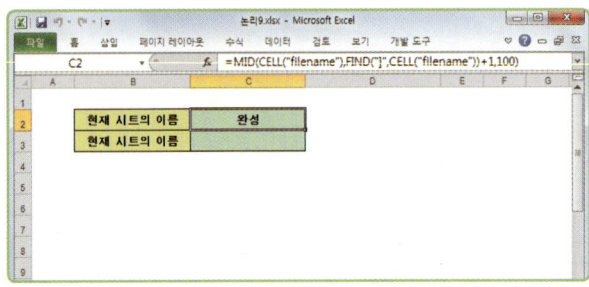

1 C3 셀에 다음 식을 입력합니다.

=MID(CELL("filename"),FIND("]",CELL("filename"))+1,100)

CELL("filename") 식은 시트의 완전한 경로 이름을 반환합니다. 그런데 시트 이름은 파일 이름 뒤에 기술되고 파일 이름은 [ ] 안에 표시됩니다. 따라서 FIND 함수로 "]" 문자를 찾아서 1을 더하면 시트 이름의 시작 위치가 됩니다. MID 함수로 전체 경로 이름에서 시트 이름 부분만 가져옵니다. 100은 시트 이름을 최대 100자까지로 가정한 겁니다.

SECTION 266

[논리10.xlsx]

작업 중인 엑셀 파일의 이름을 표시하려면

현재 작업 중인 엑셀 파일의 이름을 기록하려면 어떻게 하나요? CELL 함수를 사용하면 시트의 완전한 경로를 알려주고 그 안에 현재 작업 중인 파일의 이름이 표시되기는 하는데… 그 중에서 파일 이름만 깨끗하게 빼내는 식 좀 알려주세요.

C2 셀에 파일 이름이 기록되었습니다.

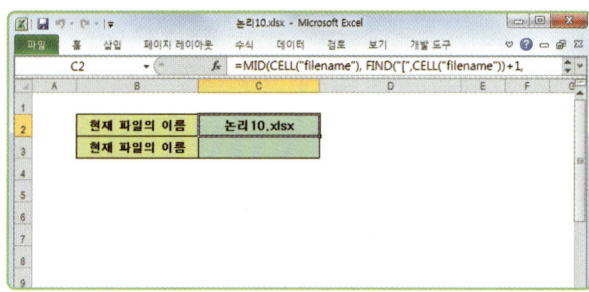

1 C3 셀에 다음의 식을 입력합니다. 식을 여러 줄에 입력하려면 수식 입력줄에서 원하는 위치에 커서를 놓고 Alt + Enter 키를 누릅니다.

=MID(CELL("filename"),FIND("[",CELL("filename"))+1,
FIND("]",CELL("filename"))-FIND("[",CELL("filename"))-1)

위의 CELL 함수는 시트의 완전한 경로 이름을 반환합니다. 그 중에서 파일 이름은 [ ] 안에 기술됩니다. 따라서 "[" 문자 바로 다음부터 "]" 문자 바로 앞까지를 가져오면 됩니다. FIND("[",CELL("filename"))+1 식은 "[" 문자 바로 앞 문자를 지정합니다.

FIND("]",CELL("filename"))-FIND("[",CELL("filename"))-1 식은 파일 이름의 길이를 계산합니다.

EXCEL **PART 13** 업무에

엑셀 함수
Q&A

바로 써먹는 실무 문서 만들기

Q&A

[매입매출장.xlsm]

S·E·C·T·I·O·N 267 매입매출장 만들기

실무에서 곧장 사용할 수 있는 매입매출장을 하나 만들어주세요. 버튼을 누르면 인쇄도 되는 완벽한 문서를 만들어주시면 정말 고맙게 사용하겠습니다.

매입액과 매출액의 공급가액과 세액은 발행금액을 입력하면 자동으로 계산됩니다. 인쇄하기 버튼을 클릭하면 자동으로 인쇄됩니다. 함부로 지우면 안 되는 셀들은 보호조치가 되어 있습니다. 암호는 0838입니다.

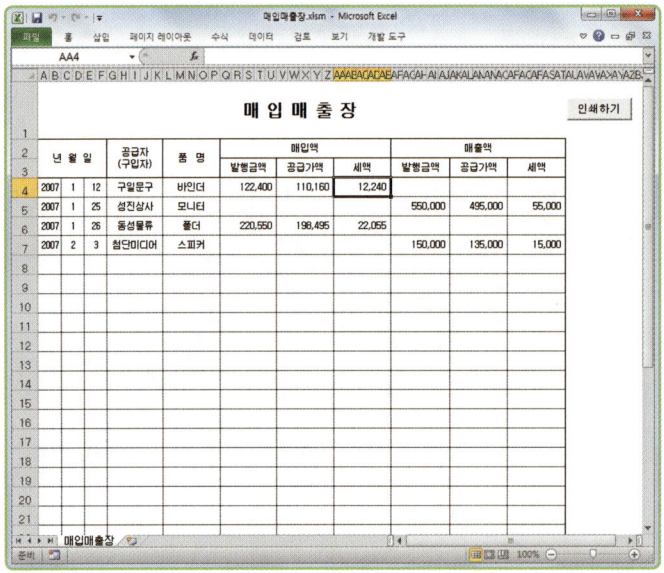

① [매입매출장연습.xlsx]에서 연습하세요. 매입액의 공급가액의 첫 번째 셀인 V4 셀에 =IF(Q4="","",Q4*0.9)를 입력합니다. 채우기 핸들을 잡고 33행까지 드래그합니다.

② AA4 셀에 =IF(Q4="","",Q4*0.1)을 입력합니다. 채우기 핸들을 잡고 33행까지 드래그합니다.

③ AK4 셀에 **=IF(AF4="","",AF4*0.9)**를 입력합니다. 채우기 핸들을 잡고 33행까지 드래그합니다.

④ AP4 셀에 **=IF(AF4="","",AF4*0.1)**을 입력합니다. 채우기 핸들을 잡고 33행까지 드래그합니다.

⑤ Q34 셀에 **=SUM(Q4:U33)**를 입력합니다. (셀을 병합하면 첫 번째 셀에 내용이 입력됩니다. 그래서 =SUM(Q4:Q33)을 입력해도 됩니다. 나머지 셀들도 마찬가지 입니다.) V34 셀에 **=SUM(V4:Z33)**를 입력합니다. AA34 셀에 **=SUM(AA4:AE33)**를 입력합니다. AF34 셀에 **=SUM(AF4:AJ33)**를 입력합니다. AK34 셀에 **=SUM(AK4:AO33)**를 입력합니다. AP34 셀에 **=SUM(AP4:AT33)**를 입력합니다.

⑥ 이제 인쇄하기 매크로를 만듭니다. 작업 순서를 그대로 따라야 합니다. 메뉴에서 [보기][매크로][매크로][매크로 기록]을 선택합니다.

⑦ [매크로 기록] 창이 나오면 [매크로 이름]에 "**인쇄하기**"를 입력하고 [확인]을 클릭합니다.

⑧ 메뉴에서 [파일][인쇄]를 선택합니다. [인쇄] 창이 나오면 [확인]을 클릭합니다.

⑨ [보기][매크로][매크로][기록 중지]를 클릭합니다. 인쇄 매크로가 완성되었습니다.

⑩ 이제 인쇄하기 버튼을 만듭니다. 메뉴에서 [개발도구][컨트롤][삽입][양식 컨트롤][단추]를 클릭합니다.

개발도구 탭이 없으면 [파일][옵션][리본 사용자 지정]에서 설정하면 됩니다.

⑪ 시트에서 드래그해서 버튼을 그립니다. [매크로 지정] 창이 뜨면 "**인쇄하기**"를 선택하고 [확인]을 클릭합니다. 버튼의 글자를 "인쇄하기"로 수정합니다. 이제 버튼을 클릭하면 자동으로 인쇄가 됩니다.

⑫ 이제 함부로 수정하면 안 되는 셀에 암호를 걸어서 보호 조치를 합니다. A열의 왼쪽, 1행의 위쪽 모서리 클릭해서 시트 전체를 선택하고, 단축 메뉴를 불러 [셀 서식]을 선택합니다. [보호] 탭에서 [잠금],[숨김]의 체크 표시를 해제하고 [확인]을 클릭합니다.

⑬ V4:V33 셀에 범위를 지정하고 단축 메뉴를 불러 [셀 서식]을 선택한 후, [보호] 탭에서 [잠금],[숨김]에 체크 표시를 하고 [확인]을 클릭합니다.

⑭ 매입액의 세액과 매출액의 공급가액과 세액 셀들, 아래의 합계 셀들에도 13번 작업을 합니다.

⑮ 메뉴에서 [검토][변경 내용][시트 보호]를 선택합니다. [잠긴 셀의 내용과 워크 시트 보호]에 체크 표시를 한 후, 암호를 입력하고 [확인]을 클릭합니다. 이렇게 하면 [잠금],[숨김]에 체크가 된 셀들은 수정할 수도 없고, 셀에 기록된 수식이 수식 입력줄에 표시되지도 않습니다.

IF(Q4="","",Q4*0.9) 식은 Q4 셀의 발행 금액이 입력되어야 공급가액을 계산합니다. 발행 금액의 10%가 세액이므로 0.9를 곱해서 공급가액을 계산합니다.

함수식이 들어있는 셀의 내용을 함부로 지우거나 수정하지 못하게 시트에 보호 조치를 했습니다. 그냥 시트에 보호 조치를 하면 모든 셀에 접근이 불가능해집니다. 그래서 전체 시트의 [잠금],[숨김]을 해제한 후, 보호해야 할 셀들만 [잠금],[숨김]을 해두고 암호를 부여합니다. 그러면 [잠금],[숨김]이 된 셀들만 접근할 수도 없고, 수식을 볼 수도 없습니다.

[금전출납부.xlsm]

SECTION 268 금전출납부 만들기

엑셀로 만든 금전출납부가 필요합니다. 실무에서 사용할 수 있는 금전출납부를 하나 만들었으면 좋겠습니다. 인쇄 작업은 간단하기는 하지만 그래도 버튼을 누르면 저절로 인쇄되게 만들면 폼 날 거 같은데...

잔고는 자동으로 계산되며 잔고 셀들은 수정할 수 없게 보호 조치가 되어 있습니다. 인쇄하기 버튼을 클릭하면 자동으로 인쇄됩니다. 암호는 0838입니다.

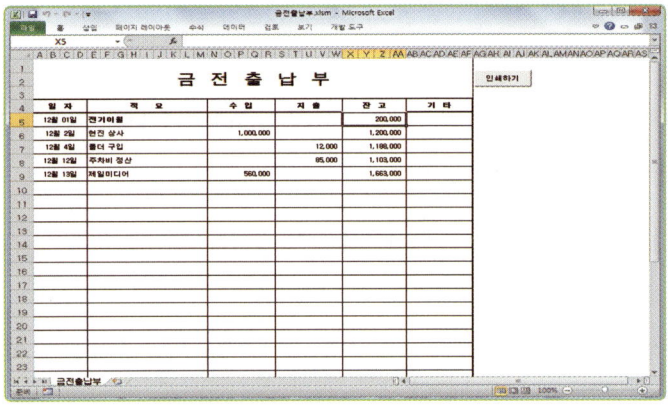

① [금전출납부연습.xlsx]에서 연습하세요. X6 셀에 =IF(AND(S6="",N6 =""),"",X5+N6−S6)을 입력한 후, 채우기 핸들을 잡고 34행까지 드래그합니다.

② 이제 인쇄하기 매크로를 만듭니다. 작업 순서를 그대로 따라야 합니다. 메뉴에서 [보기][매크로][매크로][매크로 기록]을 선택합니다.

③ [매크로 기록] 창이 나오면 [매크로 이름]에 "인쇄하기"를 입력하고 [확인]을 클릭합니다.

④ 메뉴에서 [파일][인쇄]를 선택합니다. [인쇄] 창이 나오면 [확인]을 클릭합니다.

⑤ [보기][매크로][매크로][기록 중지]를 클릭합니다. 인쇄 매크로가 완성되었습니다.

⑥ 이제 인쇄하기 버튼을 만듭니다. 메뉴에서 [개발도구][컨트롤][삽입][양식 컨트롤][단추]를 클릭합니다.

개발도구 탭이 없으면 [파일][옵션][리본 사용자 지정]에서 설정하면 됩니다.

⑦ 시트에서 드래그해서 버튼을 그립니다. [매크로 지정] 창이 뜨면 "**인쇄하기**"를 선택하고 [확인]을 클릭합니다. 이제 버튼을 클릭하면 자동으로 인쇄가 됩니다.

⑧ 이제 함부로 수정하면 안 되는 셀에 암호를 걸어서 보호 조치를 합니다. A열의 왼쪽, 1행의 위쪽 모서리 클릭해서 시트 전체를 선택하고, 단축 메뉴를 불러 [셀 서식]을 선택합니다. [보호] 탭에서 [잠금]의 체크 표시를 해제하고 [확인]을 클릭합니다.

⑨ 잔고 셀들에 범위를 지정하고 단축 메뉴를 불러 [셀 서식]을 선택한 후, [보호] 탭에서 [잠금]에 체크 표시를 하고 [확인]을 클릭합니다.

⑩ 메뉴에서 [검토][변경 내용][시트 보호]를 선택합니다. [잠긴 셀의 내용과 워크 시트 보호]에 체크 표시를 한 후, 암호를 입력하고 [확인]을 클릭합니다. 이렇게 하면 [잠금]에 체크가 된 셀들은 수정할 수가 없습니다.

IF(AND(S6="",N6=""),"",X5+N6–S6) 식은 수입과 지출이 모두 비었을 때만 잔액에 공백을 기록합니다.

함수식이 들어있는 셀의 내용을 함부로 지우거나 수정하지 못하게 시트에 보호 조치를 했습니다. 그냥 시트에 보호 조치를 하면 모든 셀에 접근이 불가능해집니다. 그래서 전체 시트의 [잠금]을 해제한 후, 보호해야 할 셀들만 [잠금]을 해두고 암호를 부여합니다. 그러면 [잠금]이 된 셀들만 접근할 수가 없습니다.

[견적서.xlsm]

SECTION 269 견적서와 거래명세서 만들기

견적서가 필요합니다. 가능한 많은 부분이 자동화되었으면 좋겠구요. 거래업체나 품목을 콤보 상자에서 선택하고, 규격이나 단가, 공급가액, 세액, 합계 등이 자동으로 계산되는 견적서를 본 적이 있는데 어떻게 하는지 알려주세요!

거래처 이름과 품명을 콤보 상자로 선택하고 수량만 입력하면 나머지 내용은 자동으로 계산됩니다. 수정하면 안 되는 내용은 보호 조치가 되어 있고, [인쇄하기] 버튼을 클릭하면 자동으로 인쇄됩니다. 암호는 0838입니다. "거래처" 시트와 "제품" 시트에 거래처와 제품을 추가할 수 있으며, 추가된 내용은 각기 콤보 상자에도 추가로 표시됩니다.

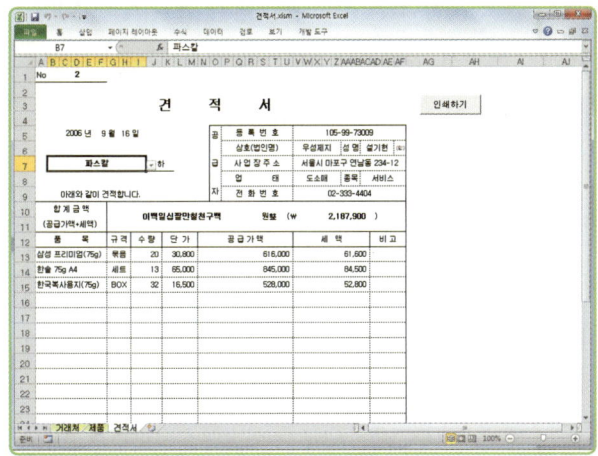

① [견적서연습.xlsx]를 열고 실습합니다. 제일 먼저 이름을 정의해야 합니다. 메뉴에서 [수식]-[정의된 이름]-[이름 정의]를 선택합니다. [이름]에 "상호"를 입력하고 [참조 대상]에 다음의 식을 입력합니다.

=OFFSET(거래처!$A$1,1,0,COUNTA(거래처!$A:$A)-1,1)

② [수식][정의된 이름][이름 정의]를 선택합니다. [이름]에 "제품표"를 입력하고 [참조 대상]에 다음의 식을 입력합니다.

=OFFSET(제품!$A$1,0,0,COUNTA(제품!$A:$A),3)

③ [수식][정의된 이름][이름 정의]를 선택합니다. [이름]에 "품목"을 입력하고 [참조 대상]에 다음의 식을 입력합니다.

=OFFSET(제품!$A$1,1,0,COUNTA(제품!$A:$A)-1,1)

④ [수식][정의된 이름][이름 정의]를 선택합니다. [이름]에 "규격"을 입력하고 [참조 대상]에 다음의 식을 입력합니다.

=OFFSET(제품!$B$1,1,0,COUNTA(제품!$B:$B)-1,1)

⑤ [수식][정의된 이름][이름 정의]를 선택합니다. [이름]에 "단가"를 입력하고 [참조 대상]에 다음의 식을 입력한 후, [확인]을 클릭합니다.

=OFFSET(제품!$C$1,1,0,COUNTA(제품!$C:$C)-1,1)

⑥ "견적서" 시트로 와서 귀하 앞의 B7 셀을 클릭하고 메뉴에서 [데이터][데이터 도구][데이터 유효성 검사]를 선택합니다. [제한 대상]에서 "목록"을 선택하고 [원본]에 "=상호"를 입력한 후 [확인]을 클릭합니다.

⑦ 품목 셀인 A13:A33 셀에 범위를 지정하고, 메뉴에서 [데이터][데이터도구][데이터 유효성 검사]를 선택합니다. [제한 대상]에서 "목록"을 선택하고 [원본]에 "=품목"을 입력한 후 [확인]을 클릭합니다.

⑧ 규격의 첫 번째 셀인 G13 셀에 =IF(A13="","",VLOOKUP(A13,제품표,2,0))을 입력합니다. 채우기 핸들을 잡고 G33 셀까지 드래그합니다.

⑨ 단가의 첫 번째 셀인 K13 셀에 =IF(A13="","",VLOOKUP(A13,제품표,3,0))을 입력합니다. 채우기 핸들을 잡고 K33 셀까지 드래그합니다.

⑩ 공급가액의 첫 번째 셀인 N13 셀에 =IF(A13="","",I13*K13)을 입력합니다. 채우기 핸들을 잡고 N33 셀까지 드래그합니다.

⑪ 세액의 첫 번째 셀인 V13 셀에 =IF(A13="","",N13*0.1)을 입력합니다. 채우기 핸들을 잡고 V33 셀까지 드래그합니다.

⑫ 맨 아래 합계의 N34 셀에 =SUM(N13:U33)을 입력합니다(=SUM (N13:N33)을 입력해도 됩니다). V34 셀에 =IF(N34="","",N34*0.1)을 입력합니다.

⑬ W10 셀에 =SUM(N34:AC34)를 입력합니다.

⑭ G10 셀에 =W10을 입력합니다. G10 셀에는 [셀 서식][표시 형식][범주] [기타][형식]에서 "숫자(한글)"을 지정해두었습니다.

⑮ 이제 250번 문제의 6번 작업부터 참고해서 인쇄하기 매크로를 만들고, 셀 보호 조치를 합니다.

> 상호나 제품이 추가되면 추가된 데이터도 자동으로 사용할 수 있도록 동적인 범위를 지정하기 위해 OFFSET 함수를 사용했습니다. 품목이 입력되면 VLOOKUP 함수를 이용해서 해당 품목의 규격과 단가를 가져옵니다.
>
>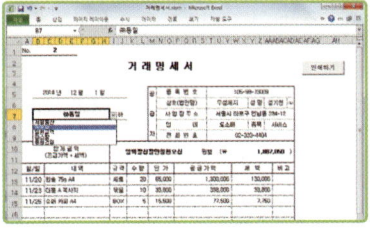
>
> [거래명세서.xlsm]를 보세요. 견적서와 거래명세서는 만드는 절차가 완전히 똑 같습니다. 거래명세서에는 내역 옆에 날짜가 추가되었을 뿐 만드는 절차는 동일합니다. 거래명세서의 암호는 0838입니다.

[세금계산서.xlsm]

SECTION 270
세금계산서 만들기

엑셀로 세금계산서를 만들었으면 좋겠습니다. 공급받는 자와 공급자 용이 모두 작성되고 버튼을 클릭해서 출력도 될 수 있게 해주세요. 최대한 자동화된 형식으로 만들려면 좀 까다로운 부분이 있더군요.

공급받는 자의 상호를 클릭하면 콤보 상자에 거래처가 표시되고 거래처를 선택하면 나머지 정보는 자동으로 기록됩니다. 품목 콤보 상자에서 품목을 선택하고, 수량을 입력하면 나머지 항목들은 자동 계산됩니다. "청구"와 "영수"도 콤보 상자로 선택할 수 있습니다. 공급받는자만 입력하면 공급자는 자동으로 기록됩니다. "거래처" 시트와 "제품" 시트에 거래처와 제품을 추가할 수 있으며, 추가된

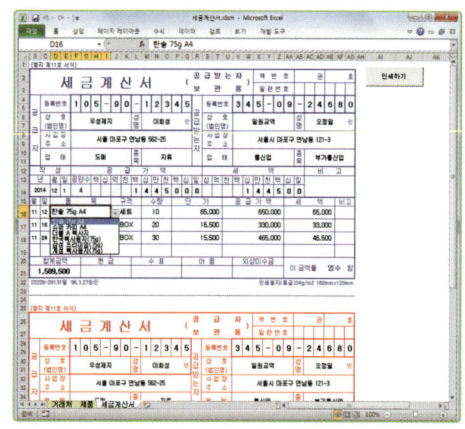

내용은 각기 콤보 상자에도 추가로 표시됩니다. 수정해서는 안 되는 셀들에는 보호 조치를 해두었습니다. 암호는 0838입니다. 인쇄하기 버튼을 클릭하면 자동으로 인쇄됩니다.

① [세금계산서연습.xlsx]에서 연습하세요. 먼저 이름을 정의해야 합니다. 메뉴에서 [수식][정의된 이름][이름 정의]를 선택합니다. [이름]에 "거래처표"를 입력합니다. [참조 대상]에 다음의 식을 입력합니다.

=OFFSET(거래처!$A$1,1,0,COUNTA(거래처!$A:$A)-1,7)

② [수식][정의된 이름][이름 정의][이름]에 "상호"를 입력합니다. [참조 대상]에 다음의 식을 입력합니다.

=OFFSET(거래처!$A$1,1,0,COUNTA(거래처!$A:$A)-1,1)

③ [수식][정의된 이름][이름 정의][이름]에 "제품표"를 입력합니다. [참조 대상]에 다음의 식을 입력합니다.

=OFFSET(제품!$A$1,1,0,COUNTA(제품!$A:$A)-1,3)

④ [수식][정의된 이름][이름 정의][이름]에 "품목"을 입력합니다. [참조 대상]에 다음의 식을 입력하고 [확인]을 클릭합니다.

=OFFSET(제품!$A$1,1,0,COUNTA(제품!$A:$A)-1,1)

⑤ V6 셀을 클릭하고 메뉴에서 [데이터][데이터 도구][데이터 유효성 검사]를 선택합니다. [제한 대상]에서 "목록"을 선택하고 [참조]에 **=상호**를 입력합니다.

⑥ V4 셀에 =MID(VLOOKUP($V$6,거래처표,3,0),COLUMN()-21,1)을 입력하고, 채우기 핸들을 잡고 AG4 셀까지 드래그합니다.

⑦ AC6 셀에 =VLOOKUP(V6,거래처표,2,0)을 입력합니다.

⑧ V8 셀에 =VLOOKUP(V6,거래처표,4,0)을 입력합니다.

⑨ V10 셀에 =VLOOKUP(V6,거래처표,6,0)을 입력합니다.

⑩ AC10 셀에 =VLOOKUP(V6,거래처표,7,0)을 입력합니다.

⑪ F14 셀에 =IF(COUNTIF(H14:R14," ")=11,"",COUNTIF(H14:R14," "))를 입력합니다.

⑫ H14 셀에 다음의 식을 입력한 후, 채우기 핸들을 잡고 R14 셀까지 드래그합니다.

=MID(TEXT(SUM($U$16:$Z$19),REPT("?",11)),COLUMN()-7,1)

⑬ S14 셀에 다음의 식을 입력한 후, 채우기 핸들을 잡고 AB14 셀까지 드래그합니다.
=MID(TEXT(SUM($AA$16:$AA$19),REPT("?",10)),COLUMN()-18,1)

⑭ D16:D19 셀에 범위를 지정하고 메뉴에서 [데이터][데이터 도구][데이터 유효성 검사]를 선택합니다. [제한 대상]에서 "목록"을 선택하고 [참조]에 "=품목"을 입력합니다.

⑮ J16 셀에 =IF(ISBLANK(D16),"",VLOOKUP(D16,제품표,2,0))을 입력합니다. 채우기 핸들을 잡고 J19 셀까지 드래그합니다.

⑯ P16 셀에 =IF(ISBLANK(D16),"",VLOOKUP(D16,제품표,3,0))을 입력합니다. 채우기 핸들을 잡고 P19 셀까지 드래그합니다.

⑰ V16 셀에 =IF(ISBLANK(D16),"",M16*P16)을 입력합니다. 채우기 핸들을 잡고 V19 셀까지 드래그합니다.

⑱ AA16 셀에 =IF(ISBLANK(D16),"",U16*0.1)을 입력합니다. 채우기 핸들을 잡고 AA19 셀까지 드래그합니다.

⑲ B21 셀에 =SUM(U16:AE19)를 입력합니다.

⑳ AE20 셀을 클릭하고 메뉴에서 [데이터][데이터 도구][데이터 유효성 검사]를 선택합니다. [제한 대상]에서 "목록"을 선택하고 [참조]에 "청구,영수"를 입력합니다.

㉑ 아래의 세금 계산서는 위의 세금 계산서의 각 셀의 값을 1:1로 그대로 가져갑니다. 셀들을 클릭하고 수식을 보면 알 수 있습니다.

㉒ 이제 250번 문제의 6번 작업부터 참고하면서 인쇄하기 매크로를 만들고, 필요한 셀에 보호 조치를 합니다.

거래처나 품목의 추가를 대비해서 동적 범위를 지정하는 OFFSET 함수를 사용해서 이름을 정의했습니다. 상호가 입력되면 VLOOKUP 함수로 거래처 정보를 가져옵니다.

공급 가액이나 세액을 한 칸씩 기록하는 다음 식을 분해해 봅시다.

=MID(TEXT(SUM($U$16:$Z$19),REPT("?",11)),COLUMN()-7,1)
REPT("?",11) 식은 "?"를 11개 기록하는 대신 REPT 함수를 사용한 겁니다. "?" 서식 코드는 값이 없으면 공백으로 표시합니다.

중요한 것은 이 "?" 코드를 사용함으로써 TEXT 함수가 공급 가액의 합계 즉, SUM 함수의 결과 값을 11개의 문자로 변환한다는 것입니다. 숫자가 있으면 그 숫자를 문자로 변환해서 표시하고, 없으면 그냥 공백을 표시합니다.

이제 변환된 11개의 문자를 한 칸씩 기록하면 됩니다. 한 칸씩 기록하기 위해서 MID 함수가 사용됩니다. 11개의 변환된 문자 중 첫 번째 문자를 제일 앞 열에 기록하고, 마지막 문자를 제일 뒤 열에 기록하기 위해 COLUMN 함수를 사용합니다. COLUMN 함수는 해당 열의 번호를 반환합니다.

따라서 현재 열의 번호에서 고정 값 7을 빼면 왼쪽 열일 수록 값이 작습니다. 즉 MID 함수를 이용해서 가져오는 문자의 위치가 앞부터 시작됩니다.

공급 가액의 첫 번째 자리를 기준으로 따져 봅시다. 공급 가액의 첫 번째 자리는 H열 즉, 8번째 열이기 때문에 8-7=1이 되므로 MID(11개의 문자, 1, 1)이 되어 11개의 문자 중에서 첫 번째 문자부터 1개의 문자를 가져오게 됩니다.

두 번째 자리는 I열입니다. 즉 9번째 열이므로 9-7=2가 됩니다. 그러면 MID 식은 MID(11개의 문자, 2, 1)가 되어, 11개의 문자에서 2번째부터 1개를 가져옵니다.

오른쪽으로 갈수록 COLUMN 함수가 반환하는 값이 커집니다. 그러면 MID 함수의 두 번째 인수 값이 커집니다. 그래서 가져오는 문자의 위치가 자꾸 커지고 자꾸 오른쪽의 문자를 가져오게 됩니다. 그렇게 하나씩 가져오는 겁니다.

이번에는 공란수를 기록하는 다음의 식을 봅시다.
IF(COUNTIF(H14:R14," ")=11,"",COUNTIF(H14:R14," "))

여기서 " "와 ""의 차이점을 유의해야 합니다. 겹 따옴표 사이에 1개의 공백이 있는 경우는 1개의 공백문자를 의미합니다. 공백도 문자로 취급되며 한 칸을 띄어쓰기한 것처럼 표시됩니다. 하지만 겹 따옴표 사이에 공백이 없는 경우는 빈 문자열을 의미합니다. 빈 문자열은 아무 것도 표시하지 않습니다.

그래서 위의 식에서는 COUNTIF로 공급 가액(H14:R14)의 공백 문자(" ")의 개수를 세어서 공백 문자의 개수가 11개이면 그 셀을 비워두게 했습니다. 공백 문자가 11개이라는 것은 공급 가액이 기록되지 않은 것입니다. 그냥 COUNTIF 식만 사용하면 공급 가액이 비어있는 경우 공란수가 11로 기록됩니다. 이걸 방지하기 위해 IF 식을 하나 더 사용했습니다.

DOWNLOAD
예제파일 다운로드 방법

'실무에서 꼭 필요한 엑셀 함수 Q&A'의 예제 파일은 교학사 홈페이지(www.kyohak.co.kr)에서 다운 받으실 수 있습니다.

- [IT/기술/수험서]에 마우스 커서를 올려놓은 후 [도서자료] 클릭합니다.
- 검색란에 '엑셀함수'를 입력합니다.
- 해당 도서명의 게시물을 클릭하여 첨부파일을 다운 받습니다.
- 다운 받은 후 압축 프로그램을 이용하여 압축을 풀어 사용합니다.